JN301894

地域空間の包容力と社会的持続性

阿部大輔
的場信敬 編

日本経済評論社

目次

はじめに：ソーシャル・サステイナビリティの視点 ………… 1

第1章　都市環境の形成とソーシャル・サステイナビリティ ……… 11
　1．世界の都市再生運動にみるサステイナビリティの理念　　12
　2．政策の「統合性」とソーシャル・サステイナビリティ　　24
　3．ソーシャル・サステイナビリティの概念的枠組み　　27

PART I　都市縮小時代における空間・コミュニティの再構築

第2章　中学校を核とした「つながり」が子どもを支援する ……… 35
　　　　－岡山市地域協働学校を事例に－
　1．開かれた学校から地域とともにある学校へ　　36
　2．岡山市立岡輝中学校区「地域協働学校」　　38
　3．連携の広がりへ　　48
　4．地域の核としての学校の役割とその可能性　　51

第3章　「第二の郊外化」をマネジメントする ………… 55
　　　　－多文化共生の空間形成に挑む南欧都市－
　1．都市再生と「第二の郊外化」　　56
　2．コミュニティの統合的再生：カタルーニャ州の試み　　58
　3．バルセロナ：都市再生後の断層を修復する　　68
　4．トリノ：青空市場を核に移民街の再生を図る　　71
　5．社会的包摂を目指す新たな都市計画像　　78

第4章　コンパクトシティ再考 ……………………………………… 83
　　　　－段階的都市縮小の可能性－

　　1.　ロードサイド型コンパクトシティの着想　　　　　　　　84
　　2.　コンパクトシティ導入の時間的制約　　　　　　　　　　86
　　3.　交通システムとコンパクトシティ論　　　　　　　　　　92
　　4.　幹線道路ネットワークを利用したロードサイド型コンパクト
　　　　シティ　　　　　　　　　　　　　　　　　　　　　　　94
　　5.　よりよい都市環境の構築に向けて　　　　　　　　　　　99

第5章　モバイル施設のネットワークが地域空間を変える………… 103

　　1.　「地域空間」の創出：たなカー＆ぷらっと　　　　　　　104
　　2.　交流空間の創出：千葉県香取市　　　　　　　　　　　　107
　　3.　移動販売の福祉的機能のサポート：島根県津和野町　　　113
　　4.　世代を超えたまちづくりへの参加：千葉県柏市　　　　　120
　　5.　都市縮小時代の「たたみ方」と「動き方」　　　　　　　125

PART II　政策・計画への参加プロセスのリノベーション

第6章　社会的持続性を志向するコミュニティ開発政策 …………… 133

　　1.　英国の持続可能な発展の視座　　　　　　　　　　　　　134
　　2.　ウェールズの持続可能な発展へのアプローチ　　　　　　135
　　3.　ウェールズの地域再生　　　　　　　　　　　　　　　　136
　　4.　コミュニティーズ・ファースト事業の評価　　　　　　　143
　　5.　社会的要請としての社会的持続性の追求　　　　　　　　151

第7章　合併後のまちづくりの新展開 ……………………… 155
－旧足助町（豊田市）のいま－

1. 合併検証とまちづくり　156
2. 平成の大合併と社会的持続性　157
3. 旧足助町のまちづくり　160
4. 合併後のまちづくり　166
5. まちづくりの可能性　172

第8章　公害地域から持続可能なまちづくりへ ……………… 177
－西淀川・あおぞら財団の取り組み－

1. 持続可能な交通まちづくり　178
2. 西淀川公害とあおぞら財団　179
3. 交通まちづくりの模索　186
4. 西淀川交通まちづくりプロジェクトの展開　191
5. 公害地域から持続可能なまちづくりへ　196

PART III　人的資源の継続的創出

第9章　内子町における地域住民のエンパワメントの可能性 …… 205

1. キャパシティ構築とエンパワメント　206
2. 住民と行政による地域づくりの取り組み　207
3. 地域づくり型温暖化対策プロジェクト　216
4. 内子町における地域住民のエンパワメントのあり方　218

第10章　貧困地区のコミュニティ・エンパワメント ……………… 223
－「図書館」と「起業」によるコロンビア・メデジンの試み－

1. スラム地区の負の連鎖：麻薬と暴力の蔓延　224

2. Medellín, La Más Educada 政策の展開　　　　　　　231
　　3. 公園図書館プロジェクトによる疲弊地区の「モニュメント
　　　　化」　　　　　　　　　　　　　　　　　　　　　　237
　　4. 起業の文化を醸成する：コミュニティのエンパワメント　241
　　5. 空間整備と雇用創出の統合的アプローチ　　　　　　　244

第11章　シビックプライドと都市のサステイナビリティ ………… 247
　　　　－都市のリテラシーを育むための「空間」・「仕事」・「学習」－

　　1. なぜシビックプライドが必要か　　　　　　　　　　　248
　　2. 人生に寄り添う都市空間　　　　　　　　　　　　　　254
　　3. 都市の魅力を生み出す仕事　　　　　　　　　　　　　260
　　4. 都市と主体的に関わるための学習プログラム　　　　　265

おわりに：地域空間の包容力を求めて ……………………………… 277

索引　282

はじめに：ソーシャル・サステイナビリティの視点

本書の意図

　サステイナビリティの実現が世界中の都市・地域の中心的政策課題となって久しい．近年では，コンパクト・シティやクリエイティブ・シティ等の都市論が政策・計画として実装されつつある．

　一方，わが国では，少子高齢化と急速な人口減少が進展する中，多くの都市で，中心市街地・公共空間の衰退・荒廃，伝統的な地縁組織の弱体化，犯罪や自殺の増加，不登校，DV などの家庭問題，若年失業・ホームレスの増加，様々な産業における後継者不足などの社会問題が深刻化している（山内 2008）．家庭や学校，職場などでの人間関係の希薄化は，都市再生の現場である公共空間の存在意義をも揺らがしている．自然災害の多発で露呈した現代都市の脆弱性の問題もある．そうした課題を解決すべき都市・社会・福祉政策は，依然として縦割りのテーマごとの対応に終始し，統合的なアプローチを見いだせぬままである．多様な主体の協働によるコミュニティの維持・再生や空間のマネジメントを通じた諸政策の統合的調整等は古くからの政策課題であるが，今後さらに重要性を増していくと考えられる．都市空間における公共性のあり方を改めて議論する必要がある．

　そこで本書は，地域力の保全や向上が命題となっている**現代都市・地域における持続可能性概念の社会的側面，すなわちソーシャル・サステイナビリティの可能性に迫る**．特に，社会問題を空間・プロセス・人材継承の問題として統合的に解決を図っている国内外の事例に光を当てる．社会的な隔離や格差を解消しようとする伝統的なアプローチに加えて，近年では多文化共生や自らのアイデンティティと地域の関係性の構築，参加を通した社会への帰属感の醸成等がより議論の前面に出てきている．

わが国のまちづくりにおいても，地区の再生に伴うジェントリフィケーションへの対応，社会的弱者の生活の質の担保，出自の異なる移民との共生，地域を支える人材育成といったテーマ群は，今後避けて通れない問題となることが予想される．

量的な充足が達成されつつある現在，20世紀型の工学的アプローチによる地域の計画・運営に変わり，都市と農村の関係の再構築も含めた地域空間のマネジメントが必要になってきている．近代都市計画への一種の対抗運動として生まれたわが国のまちづくり運動は，開発計画に対する反対運動を起源にもつものが多かったが，都市縮小時代にはより創造的・持続的にまちを支える運動へと脱皮する必要がある．その実践の方法論が問われている．

本書の構成

本書では，文化的で包容力に満ちた地域空間の実現に寄与する様々な政策や取り組みを議論するために，以下の点に着目する（図1）．
① 「空間・コミュニティの再構築による質の保持」
② 「参加プロセスのリノベーション」（政策への日常的参加）
③ 「人的資源の継続的創出」
④ 以上の①〜③の実現を支える「政策のデリバリー・モデル」（政策決定力，リーダーシップ等の戦略性）

各章の内容を簡単に紹介しよう．

第1章「都市環境の形成とソーシャル・サステイナビリティ」は，地域空間における社会的持続可能性を論じる社会的文脈ならびに政策的文脈を明らかにする．サステイナビリティやサステイナブル・デベロップメントと，それに隣接する専門分野との関係性や概念の変容に迫る考察はこれまでにたびたびなされてきた．本章では，1980年代から世界各国，各都市で相互に影響を受けながら展開されてきた，自動車に支配された都市空間を再び人間の手に取り戻そうとする「都市再生運動」に注目し，サステイナブル・シティ

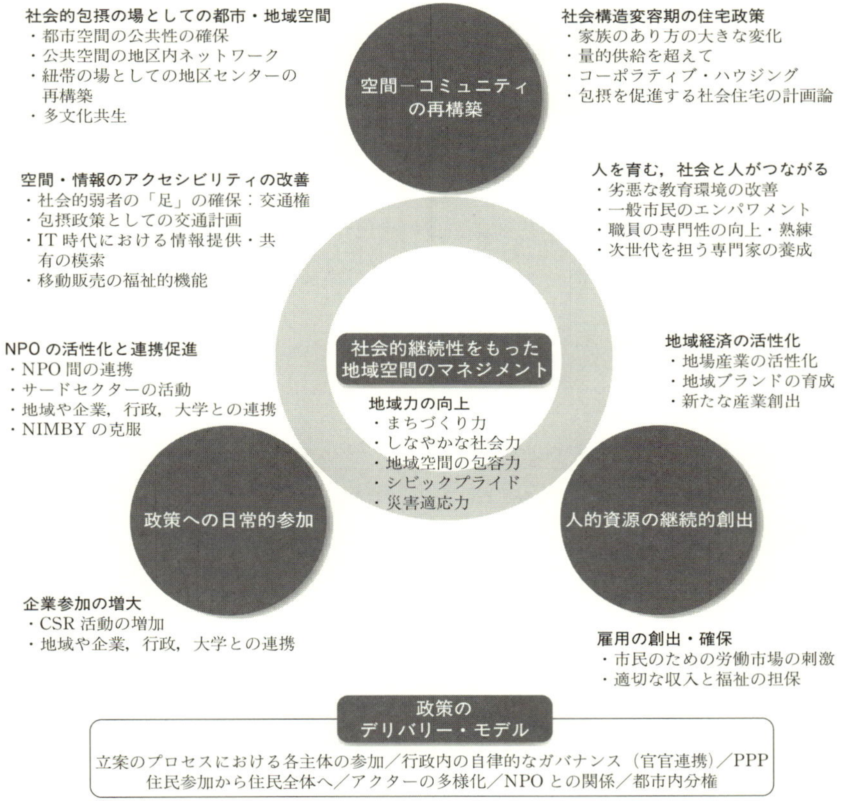

はじめに：ソーシャル・サステイナビリティの視点　　3

社会的包摂の場としての都市・地域空間
・都市空間の公共性の確保
・公共空間の地区内ネットワーク
・紐帯の場としての地区センターの再構築
・多文化共生

空間―コミュニティの再構築

社会構造変容期の住宅政策
・家族のあり方の大きな変化
・量的供給を超えて
・コーポラティブ・ハウジング
・包摂を促進する社会住宅の計画論

空間・情報のアクセシビリティの改善
・社会的弱者の「足」の確保：交通権
・包摂政策としての交通計画
・IT 時代における情報提供・共有の模索
・移動販売の福祉的機能

人を育む，社会と人がつながる
・劣悪な教育環境の改善
・一般市民のエンパワメント
・職員の専門性の向上・熟練
・次世代を担う専門家の養成

NPO の活性化と連携促進
・NPO 間の連携
・サードセクターの活動
・地域や企業，行政，大学との連携
・NIMBY の克服

社会的継続性をもった地域空間のマネジメント
地域力の向上
・まちづくり力
・しなやかな社会力
・地域空間の包容力
・シビックプライド
・災害適応力

地域経済の活性化
・地場産業の活性化
・地域ブランドの育成
・新たな産業創出

政策への日常的参加

人的資源の継続的創出

企業参加の増大
・CSR 活動の増加
・地域や企業，行政，大学との連携

雇用の創出・確保
・市民のための労働市場の刺激
・適切な収入と福祉の担保

政策のデリバリー・モデル
立案のプロセスにおける各主体の参加／行政内の自律的なガバナンス（官官連携）／PPP
住民参加から住民全体へ／アクターの多様化／NPO との関係／都市内分権

図1　ソーシャル・サステイナビリティを捉える視点（筆者作成）

論および政策の展開の一端を明らかにする．続いて EU，米国，わが国で都市政策における持続可能性の概念がどのように具体化してきたのかを，主に空間形成の観点から整理する．そして，ソーシャル・サステイナビリティが重要視されている近年の状況を記述し，いくつかの定義を紹介しつつ，本書の視点を描く．

続いて，上記の①〜③を論点として設定し，各論を展開する．

第1部は，「**都市縮小時代における空間・コミュニティの再構築**」である．人口が急激に，あるいは緩やかに，しかし定常的に減少していく「都市縮小時

代」には，公共施設や住宅，インフラといった物的環境の空間資源が過剰化する．それらの多くは市場原理の外側に置かれ，市場性を失う．そうした空間構成要素を戦略的に活用するのか，あるいは徐々に除去し，また別の価値を持つ空間資源として再生するのか．その空間戦略が基礎自治体に問われることになる．

第2章「中学校を核とした地域の「つながり」が子どもを支援する－岡山市地域協働学校を事例に－」は，社会構造の変化の中で疲弊が進んだ公立中学校に着目し，コミュニティ・スクールとしての再生の鼓動を素描する．立地にめぐまれた中心市街地の公立施設の再生は，空間的な意味を持つだけでなく，将来の都市地域を担う若年層のエンパワメントの役割を担いうる点で，きわめて重要な課題である．学校施設は，地域に根付く共通の思い出の場所として，将来的に有効な地域資源として捉えることも可能である．近年，文部科学省の「廃校リニューアル50選」に見られるように，廃校については施設としての潜在的価値に対する認識が高まり，地域レベルで興味深い取り組みが蓄積されてきている．次に考えるべきは，依然として学校機能を残しているものの，質量の両面で荒廃が進む既存の小中学校の再生であろう．

第3章「《第二の郊外化》をマネジメントする－多文化共生の空間形成に挑む南欧都市－」は，スペインのカタルーニャ州（バルセロナ）とイタリアのトリノを事例に，都市再生の過程で顕在化した社会的弱者のゲットー化，すなわち都市内で進行している第二の郊外化の状況を指摘し，それに対する政策の展開を明らかにする．EUのUPP（Urban Pilot Project）やそれに続くURBANの理念と実態に見られるように，EUレベルの政策において，物的空間や自然環境の回復・再生とそこに住まう人々の生活の再生は不可分であった．近年では，国外からの移民が大量に流入し，従来の社会的包摂の意味合いが変質せざるを得ない状況も発生しつつある．本章では，物的空間の再生と社会的包摂の視点を統合することに伝統的に意識的であった南欧諸都市がもつ，現代都市計画論の論理構成が説明される．

第4章「コンパクトシティ再考－段階的都市縮小の可能性－」は，現行の

政策展開を踏まえながら，都市縮小時代において必要不可欠となるコンパクト・シティの導入可能性を再検討する．コンパクト・シティ論は，サステイナビリティ概念のうち，特に環境の論理が強く働く政策である．日本版コンパクト・シティ政策の先進的自治体である富山市は，目指すべき都市構造として「団子と串」モデルを想定している．つまり，一定程度の中心性をもつ市街地に拡散した機能を集約させ，これら「団子」を公共交通網という「串」でつなぐ，というレトリックである．「団子」の代表格が中心市街地であることは論をまたないが，串でつなぐべきその他の「団子」はどの程度の規模を想定すべきなのか，あるいは「団子」間のスケールはどの程度なのかについては，地域的な文脈を充分に考慮する必要があるだろう．現状では，機能の集積先として中心市街地が想定されているが，地方都市の移動ベースの生活の質を踏まえれば，縮小に対するより細かな段階設定が求められよう．同論文は，交通工学の視点から，ロードサイドに沿って延びる市街地の社会的存在価値を踏まえながら，より現実な政策の実装として，交通ネットワークを踏まえた「都市のたたみ方」を展望する．

第5章「モバイル施設のネットワークが地域空間を変える」は，コンパクト・シティ政策が実装されていく中で，そうした政策の対象外におかれている中山間地域での交流空間の維持・再生の意義を論じる．わが国の中山間地域では，交通手段の弱体化・交流空間の喪失に加えて，生鮮食料品の入手が困難となり，最終的には条件不利地域に住む人々の健康被害に至る「フード・デザート」問題も現実味を帯びてきた．ここで紹介されるNPO組織balloonの取り組みは，条件不利地域における生活の質の実践的な支え方，そして都市縮小時代における弱体化した中山間地域の現実的な生き残り方を示唆している．また，balloonのように，「簡単に，早く，安上がりに」(Lighter, Quicker, Cheaper) 設備をこしらえ，地域に入っていくその行為そのものが，疲弊した農山村地域の再生の糸口になりうることを示している．

***

地域力の維持・向上は自治体の規模を問わず重要な課題であるが，果たし

てそれらはどのようなプロセスで実現されるのだろうか．第2部ではこの課題に対して，「政策・計画への参加プロセスのリノベーション」の視点から迫る．財政逼迫・少子高齢化社会の中で対処すべき様々な問題の複雑性は，社会全体で新たな公共の構築を要請している．地域の様々な主体が水平的調整と垂直的調整の中で柔軟かつ創造的に連携し，マルチ・ボトム・ライン型の地域社会の形成が図られる必要がある．ここでは以下の3章において，各地の挑戦的取り組みに着目したい．

第6章「社会的持続性を志向するコミュニティ開発政策」は，ウェールズ政府のコミュニティーズ・ファースト政策を事例として取り上げ，住民の「キャパシティ・ビルディング」の政策的可能性に迫る．地域住民は，政策・計画プロセスに参加するだけでなく，その参加という行為を通じて，自らがより自覚的に政策評価への関与を深めていくなど，螺旋的に地域に関わり続ける存在とならなければならない．そうしたプロセス実現のためには，個人の意識改革やスキルの取得，経済格差や教育格差の解消が欠かせない．地域社会への関わりは，参加プロセスのデザインに留まるのではなく，こうした能力開発が出発点となる．

第7章「合併後のまちづくりの新展開－旧足助町（豊田市）のいま－」は，地域再生を考えるにあたりわが国の特有の政治的文脈である市町村合併に着目し，旧足助町を事例に合併前後でまちづくり運動がどのように変容したのかを跡づけ，今後の持続的な地域運営の可能性に迫る．足助町は合併のはるか以前から住民が主体となり町並み保存に取り組んできた，景観まちづくりのトップランナーである．同論文は，旧足助町以外に特筆すべき歴史的町並みを有さない豊田市との合併の前後で，地域のまちづくり運動の主体や基礎自治体の関わりがどのように変化したかを論じる．

第8章「公害地域から持続可能なまちづくりへ－西淀川・あおぞら財団の取り組み－」は，公害に苦しんできた大阪・西淀川における交通まちづくりの展開と今後の展望を，長らく住民と協働しながらまちづくりを支援してきた「あおぞら財団」の取り組みをベースに，明らかにしている．公害地域や

環境悪化地域は，程度の差こそあれ，近代の都市政策が産み落とした「負の遺産」である．近代日本が見落としてきた政策上の空白地域の環境再生，社会再生をいかに図っていくかは，今後，社会的に持続可能な地域を実現するにあたり，避けては通れない問題である．一般的に，地域のまちづくりは，魅力的な地域資源の発掘から始まることが多い．しかし，負の歴史を背負った西淀川のような地域では，そうした定石が必ずしも有効に働くとは限らない．むしろ，負の歴史そのものを地域固有の資源として認識する必要があるのではないだろうか．次世代に向けてそうした負の遺産を正に転換するというストーリーづくりじたいを共通の目標とし，活動を展開していくというアプローチからしか，地域独自のまちづくり文化は胚胎しないはずだ．西淀川は，日本のまちづくりのカッティング・エッジを鮮やかに示している．

＊＊＊

第3部のテーマは「**人的資源の継続的創出**」である．わが国の都市再生・地域再生はこれまで，往々にして空間的側面，経済的側面に力点を置きがちであった．地域を支える「われわれ」が，プロ・アマを問わず責任ある社会の構成員として役割を果たすためにどのようなリテラシーを身につけるべきか．この点についてこれまでに十分な議論の蓄積がなされてきたわけではない．

第9章「内子町における地域住民のエンパワメントの可能性」は，伝統的に住民と行政が協働し，すぐれたまちづくり運動を展開してきた愛媛県内子町において，将来の地域の担い手創造の意識を持ちながら，実際に政策として展開している現状を追う．欧州諸都市のように必ずしも行政主体ではなく，住民主体で独自の論理構成を構築してきたわが国のまちづくり運動であるが，成功事例が明らかとなる中で，まちづくりの時間性の問題，すなわちまちづくり運動と世代交代の問題が浮上してきた．ある世代が牽引したまちづくり運動が，うまく世代交代が果たせずにその後運動が停滞してしまう事例は多々ある．内子の試みは，人材育成を見据えた次世代のまちづくり論を先取りしている．

第10章「貧困地区のコミュニティ・エンパワメントー「図書館」と「起業」によるコロンビア・メデジンの試みー」は，スラム問題が深刻な南米コロンビアのメデジン市におけるスラム住民のエンパワメントの取り組みを紹介する．メデジンは，山裾にへばりつくスラム市街地と都心を結ぶケーブルカーを導入するとともに，市内の不良住宅市街地の住民のエンパワメントと劣悪な居住環境の改善を目指して，広場を併設した図書館を建設し，統合的な地区再生に取り組んできた．メデジンで注目したいのは，そうした空間的改善だけではなく，そこに住まう人々の社会的な再生の取り組みである．中南米のスラムにおいて，その鍵を握るのは雇用であるが，メデジンも例外ではない．CEDEZOと呼ばれる起業支援センターを設立し，住民の社会参加の促進を図っている．メデジンの試みは，たんなる雇用の創出ではなく「起業」の文化を地区に根付かせようとする意欲的なものである．

第11章「シビックプライドと都市のサステイナビリティー都市のリテラシーを育むための「空間」・「仕事」・「学習」ー」は，都市や地域への愛着や誇りを「シビックプライド」と定義し，シビックプライドを高めることがサステイナブルな地域形成に寄与する可能性を説く．住民であるわれわれの地域への帰属意識は，コミュニティ，都市，地域に至るまで様々なスケールで存在する．郷土愛とはまた違う意味をもつシビックプライドを喚起あるいは顕在化させることで，地域空間の包容力や社会的持続性はいかに支えられていくのだろうか．本章は，ソーシャル・ライフやパブリック・スペース，まち学習といったキーワードを縦横に散りばめながら，ある地域に住まうときにわれわれが持つべきリテラシーについても考察を行っている．

宇沢弘文は，「一つの国ないし特定の地域に住むすべての人々が，ゆたかな経済生活を営み，すぐれた文化を展開し，人間的に魅力ある社会を持続的，安定的に維持することを可能にするような自然環境と社会的装置」を社会的共通資本と定義した．本書は，ここでいう「社会的装置」を構成する様々な要素のうち，主に「空間・コミュニティ」「参加プロセス」「人材育成」に着

目し,国内外の都市や中山間地域の事例を考察しながら,包容力に満ちあふれた地域空間をつくりあげるための理念や方法を探る.

参考文献
宇沢弘文(2003)『都市のルネッサンスを求めて－社会的共通資本としての都市 1－』,東京大学出版会.
山内直人(2008)「都市のサステイナビリティとソーシャル・キャピタルの役割」建設コンサルタンツ協会,pp. 8-11.

第1章
都市環境の形成とソーシャル・サステイナビリティ

阿部大輔・的場信敬

サステイナブルな都市の実現に向けた様々な試みが世界中の都市で展開されている．サステイナビリティは多様な解釈，用い方を可能にする曖昧な用語でもある．持続可能な都市環境の形成が重要だと言っても，現在進行形で急速な都市化に歯止めが利かないアジアやアフリカ，中南米の発展途上諸国と，日本やアメリカ，欧州のように都市化が成熟段階に達し人口減少が課題となっている諸国では，政策立案に向けたビジョンや方法論，課題は異なっている．

とはいえ，サステイナブルな都市環境を長期的・短期的な観点からいかに構築していくのかという点においては共通する課題も少なくない．そのひとつが持続可能性の社会的側面，すなわちソーシャル・サステイナビリティに関連するテーマ群であろう．グローバリゼーションが進展するにつれ，メガシティへの経済活動の一極集中，地場産業の衰退，社会階層の二極化，大多数の市民の貧困化が世界レベルで顕著で確認されるようになってきた（東京大学 cSUR-SSD 研究会 2007）．社会を構成する市民としての基本的ニーズに程度の差はあるものの，格差社会への対応（特に移動手段の確保と住宅供給）や福祉システムの設計とそれを支える空間の整備（短期的には超高齢化するコミュニティのマネジメントや住宅の住み替え支援の仕組みなど）は現代都市が当面する大きな課題だ．

本章では，サステイナビリティの問題が都市・地域においてどのように議論され政策的に実装されてきたかを，主に空間的側面に着目しながら簡潔に整理しつつ，近年重要性を増しているソーシャル・サステイナビリティの議論の展開を把握する．

1. 世界の都市再生運動にみるサステイナビリティの理念

(1) 都市再生運動史

サステイナビリティの理解や都市形態的応答は，国や都市によって大きく異なり，その定義や解釈の一般化は容易でない．発展途上国においては，都

市人口の約30%を占めるスラム市街地をいかに改善していくかが長年にわたり大きな課題となっている．一方，わが国のように，都市化が成熟段階に達した都市では，衰退した中心市街地の再生や産業構造の変化に伴って生じた工場跡地（ブラウンフィールド），都市化の段階において浸食した自然の回復等が重要な課題となる．問題市街地の都市内での地理的状況や政策的重要性は地域によって大きく異なっても，少なくとも空間の観点からは，衰退が進んだ地域を空間的な再生へと導くことで，そこに住まう人々の生活の質も向上させることが重要となろう．

疲弊した都市環境を，主に空間の観点から再生し，人間らしい環境を取り戻そうとする運動が，特に1980年代から2000年にかけて欧州諸都市を席巻した．欧州に端を発し，いわば建築・都市計画分野からの近代の見直し論の一環として，都市のあり方を根底から問い直す「都市再生運動」が国際的に展開されてきた．

環境の側面から見たサステイナビリティのひとつの形態的応答として議論が進んだのがコンパクト・シティ論である．都市のアイデンティティを担う歴史的環境の保全，公共交通の導入による自動車交通量の削減と歩行者空間の創出，見捨てられていた公共空間の回復，郊外の有効な土地利用コントロールによる自然環境の保全（グリーン・コンパクト・シティ）は，都市再生運動初期の事例に共通し，かつ現代でもなお有効なデザイン・ボキャブラリーだ．

バルセロナ現代文化センター（CCCB）が1999年に企画展示し，その後出版された《ヨーロッパのレコンキスタ：都市の公共空間1980-1999》は，単機能ゾーニングを本質的思想とする近代都市計画と自動車中心のフォーディズム的政策がいかに都市から人間性を奪ったかを指摘し，欧州諸都市の都市再生のプロセスにおける公共空間の役割の重要性を説く．この展示は，バルセロナやマドリード，テラッサといったスペイン国内の都市だけでなく，トランビアの整備を軸に中心地の再生を図ったストラスブール，ライン側沿いの幹線道路を地下化することで川沿い空間を拡幅したデュッセルドルフ，

刑務所の跡地という負の歴史を抱えた敷地を市民が憩う現代的な空間としてコンバージョンしたラ・ヴィレット公園のパリといった他国の重要な事例を分析することで，国を問わず欧州レベルにおいて「都市」が政策の中心的命題になっていること，そして同時代的に人間中心主義的アーバンデザインのあり方が問われている状況を鮮やかに示した（阿部 2012）．

　公共交通の整備による人間中心の環境づくり，質の高い公共空間の回復に集約される1980-90年代の欧州の都市再生は，「都市のレコンキスタ（回復運動）」（バルセロナ現代文化センター）や「都市のルネッサンス」（宇沢弘文）とも表現される．都市再生運動は，自動車中心の社会構造がもたらした都市の「非人間性」を問題視し，都市空間と人間生活の関係を再構築しようとした，まさに「ルネッサンス」的政策の展開であった．

　チャールズ皇太子が『英国の未来像−建築に関する考察』（*A Vision of Britain: a personal view of architecture*）において，近代建築や近代都市計画の非人間性を批判し，英国社会が目指すべき都市像としてどこか牧歌的な雰囲気を備えた都市の中の村「アーバン・ビレッジ」を自らのデッサンとともに提言したのは1989年のことだった．EUレベルで都市環境の再生がおおきな政策課題となり，具体的なプログラムとしてUPP（Urban Pilot Project），URBANといった補助金スキームが整備されたのは，まさに1990年代であった．欧州だけでなく，アメリカでも，アワニー原則（Ahwahnee Principles）が発表された1991年以降，アメリカ型郊外住宅地の低密度で単調な居住環境の反省に立ち，伝統コミュニティ回帰型の郊外住宅地のスタイルを空間的イメージに持つニュー・アーバニズムが展開していく．近代を支えた重工業・製造業のオルタナティブとして創造産業が注目され，文化芸術の力を活用し伝統産業の再構築を図りながら総合的な都市環境の改善へとつなげる創造都市論が台頭し始めるのも1990年代末である．つまり，1980年代以降，おそらくは現在に至るまで，固有の問題を抱えた世界中の様々な都市が，人間生活の基盤・舞台としての都市環境そのものの再生を希求し，政策的な挑戦を続けてきた．まさに「都市再生」の時代に，われわれ

は生きているである.

(2) 「リバブル」であることの追求

都市再生運動は同時に数多くの都市政策の戦略概念も生み出した．すでに本章にも登場しているように，サステイナブル・シティ，コンパクト・シティ，クリエイティブ・シティ，ニュー・アーバニズム，アーバン・ビレッジなどである．都市縮小が不可避な状況が明らかになった昨今では，拡散した都市圏をいかにコンパクトにたたむかというシュリンキング・シティ論も盛んだ．

こうした概念が乱立する一方で，いずれのアプローチも「サステイナブルな都市環境づくりとは，リバビリティ（暮らしやすさ）を備えた都市づくりである」（東京大学 cSUR-SSD 研究会 2007）という点において共通していると言ってよい．

例えば，現在のサステイナブル・シティ論の源流にある EU のコンパクト・シティ論は「高密度居住」「多様性と混合用途」「ヒューマンスケールな都市空間」をそのイメージとするまちなかの存在抜きには語れない．主に英国で実践されたアーバン・ビレッジは，刺激に満ちた都市生活を享受しながらも，その中にかつての村落が有していた人間的なコミュニティ生活を回復させようとするものであり，「適切な規模の開発」「歩行者中心の空間づくり」「用途の混在および豊かな雇用機会」「多様な建築とサステイナブルな都市形態」「住宅や業務用途におけるテナントの混在」「自給自足であること」の 6 原則を掲げている（Neal ed., 2003）．アメリカで定着したニュー・アーバニズムは，①公共交通指向型開発（Transit-Oriented Development: TOD）による自動車への依存を軽減する市街地形成，②用途混在や職住のバランスを考慮した歩行者主体の複合的なコミュニティの創出，③多様なニーズに応じた住宅の供給といった都市デザイン手法を採用する．サステイナブルな都市の将来像は，地域独自の変数によってイメージやアプローチに差異は出るものの，大局的には以下のような志向を備えていると言えよう．

- 良質な公共空間の回復・創出（街路・広場・水辺空間）
- 都市の歴史的・文化的アイデンティティの継承（町並み・建造物・伝統行事）
- 街路の歩行者空間化・ヒューマンスケールの都市空間
- 生態系への配慮
- 公共交通を優先した移動手段の導入
- 空間のネットワーク化
- 多様性と混合用途
- 遊休地・遊休施設の再生
- エリアマネジメント
- 場所に対する帰属意識とコミュニティの再生

(3) EUの地域政策の潮流：「競争力強化」と「社会的包摂」
①社会的環境の再生：排除から包摂へ

EUは1990年の「都市環境緑書」(Green Paper on the Urban Environment) 以降，数多くの調査研究を行い，衰退した地域の再生に向けた各種のプログラムを構築し，欧州諸都市の再生を後押しした．市場原理では再整備が容易には進まない疲弊した市街地の再生に向けて，59都市を対象としたUPP（第Ⅰ期：1989-93年，第Ⅱ期：1995-99年），188都市を対象としたURBAN（第Ⅰ期：1994-99年，第Ⅱ期：2000-06年），そして2000年以降の東欧諸国の参入を踏まえたURBACTがプログラム化されてきた．サステイナブル・シティは都市・地域分野でのEUを象徴する政策キーワードでもあったし，現在でもなおそうである．

都市・地域政策におけるサステイナビリティは，環境問題への対応を中心とする概念から，ボトムアップ型の内発的な経済発展，拡大する地域間の格差の是正，社会的弱者の包摂など，環境にとどまらない多様な課題を併せ持つ概念へと次第に変化してきている．

概念の拡大のひとつのきっかけが，1994年のオールボー憲章（Charter of

European Cities & Towns Towards Sustainability）の採択であった．EUの統合に起因する高い失業率や社会階層の分化を問題視し，環境保全，経済発展に加えて，改めて社会的持続性（生活の質，市民の福祉，社会的平等・公正など）の実現を検討する必要性を指摘した．基礎自治体間の交流を促進するサステイナブル都市キャンペーンが展開されていく中，EUの都市政策の専門家グループは1996年にサステイナブル都市報告書（European Sustainable Cities）を取りまとめ，欧州の文脈を踏まえながら，あるべき都市空間の未来像を描いていく．翌1997年には『都市アジェンダに向けて』（Toward an Urban Agenda in the European Union）と題した報告書が公表され，都市・地域政策を通じた「経済競争力向上」と「雇用創出」の必要性が確認された．

2000年のリスボン戦略は，それまでの空間の再生を通した人間生活の再生を謳った「アーバン・ルネッサンス」から，「競争力強化」と「社会的結束」を優先課題として位置づけた．同年から開始されたURBAN IIは，①競争力の強化，②社会的排除への対抗，③物的・環境的再生，を主題に設定している（岡部・福原2007）．ほぼ同時期に出版され，イギリスの都市政策の基礎にサステイナビリティを位置づけた *Sustainable Communities: Building for the Future* は，5つの重要な要素として「社会的結束・包摂」「自然環境の保護と強化」「自然資源の慎重な利用」「持続可能な経済成長」「開発計画におけるサステイナブル・デベロップメントの統合」を掲げている（ODPM, 2005）．このように，EUレベルでは，1990年代後半から継続的に社会的持続性の重要性に言及されてきた．その姿勢は，UPPやURBANといった都市再生事業の対象地が「開発ポテンシャルの高さ」ではなく「自力では再生が困難な社会的に衰退した地域」を基準に選定されたことからも明らかであろう．

衰退地域の社会的統合の問題は，換言すればそこに住まう社会的弱者の再生の問題である．とりわけ，増え続ける移民との共生の問題がある．欧州において，社会のこれまでの構築や今後の発展を移民に負っていない都市は稀であるから，移民の社会的統合はどこでも重要な課題であり続けている（宮

島 2009)．1992 年に「連帯のヨーロッパへ　社会的排除との闘いを強化し，統合を促進する」と題された文書が採択された後，1999 年にアムステルダム条約が発効し，EU レベルでの移民政策は形をとるようになってきた．URBACT プログラムの一環である FTN（Fast Track Networks）では，コミュニティ再生や交通政策の推進，エネルギー効率の良い住宅開発などに並んで，「移民管理や社会的統合の促進」「社会的弱者としての若者の統合」も主課題として取り組まれている．

②ブリストル協定と「サステイナブル・コミュニティ」

『都市アジェンダに向けて』に続いて発表された『EU における持続可能な都市の発展－行動のフレームワーク』（Urban Sustainable Development in the EU: A Framework for Action）は，①経済的繁栄と雇用の強化，②平等・社会的包摂・コミュニティ再生の促進，③都市環境の保全・改善，④良好な都市のガバナンスと地域のエンパワメントへの寄与の 4 点を基本的枠組みとしており，「環境」「経済」「社会」の統合的取り組みが進むことで，地域レベルでのガバナンスが進むという発想に立っていた（白石 2005）．

2005 年のブリストル協定（Bristol Accord）は「サステイナブル・コミュニティ」の考え方を打ち出し，都市再生の環境的側面や経済的側面に特化した政策から，より統合的な地域再生への志向を明確にする．ブリストル協定では，「現在および将来にわたって人々が住み，働き続けたいと思う」ことに加え，「現在および将来の居住者の様々な要求に応え，環境に配慮し，高い生活の質に貢献」し，「安全かつ包括的であり，よく計画・建設・運営され，全員に対して平等な機会および良質なサービスを提供する」場所を，「サステイナブル・コミュニティ」と定義した．そして持続可能なコミュニティを創出するための前提条件として，「経済成長」「社会的包摂および社会正義」「都市の役割」等を指摘し，サステイナブル・コミュニティが有するべき重要な点として，以下の 8 側面を挙げる（ODPM, 2005）．

第1章　都市環境の形成とソーシャル・サステイナビリティ　　　19

- 活発で，包括的，安全であること：地域の強い文化および共通のコミュニティ活動を背景に，公平で寛容，団結力に満ちている
- 充分にマネジメントされていること：効果的かつ包括的な参加・説明・リーダーシップとともに
- 連結されていること：人々が職場・学校・保健やその他のサービス施設に行くことを可能とする，優れた交通およびコミュニケーションサービスがある
- よいサービスが提供されること：人々のニーズに応じるとともに全員がアクセス可能な公共・民間・ボランティアのサービスがある
- 環境に配慮していること：環境を十分に配慮した居住地を人々に提供している
- 繁栄していること：活発で多様，創造力に富む地域経済がある
- 優れたデザインがなされていること：質の高い空間と自然環境がある
- 全員に対して公平であること

　国によって取り組みの濃淡は異なるものの，ブリストル協定が示した上記8点は，依然としてEUの都市レベルにおいて重要な政策課題である（Colantonio, et al., 2010）．
　2004年のロッテルダム会議の際に導出された都市整備の原則「アキ・アーバン」（Acquis Urbain）に基づき，2007年のライプチヒ憲章（Leipzig Charter on Sustainable European Cities）では，欧州における統合的都市政策の構築に向けて，社会的排除，高齢化，気候変化，モビリティに着目する必要があることを指摘している．欧州レベルにおいては，ソーシャル・サステイナビリティの問題は十分に認識されており，また，それに応じた制度的枠組みも整備されつつある．

(4) 米国におけるサステイナブル・シティ論の動向

　1999年5月に，当時のクリントン政権が発表したTowards a Sustainable Americaは，アメリカが目指すべき持続可能な社会の方向として，「健康と環境」「経済的繁栄」「平等」「自然の保護」「管理」「サステイナブル・コミュニティ」「社会への市民参加」「人口」「国際的な責任」「教育」を提言している．これらの方針は，EUほど社会的結束の方針を強く打ち出してはいないものの，ブルントラント委員会による持続可能な発展の概念の提起を基本的に踏襲している．

　サステイナブル・シティの実現にあたり，EUが各都市のアイデンティティを担ってきた高密度な歴史的市街地の価値を見直しその再生を図ったのに対し，米国では郊外部における急激な開発の悪影響を最小限に留めようとする方策に重きを置く．それが成長管理政策（Growth Management）である．米国に特徴的なサステイナビリティの捉え方は，おそらくこの成長管理政策に見ることができる．ピーター・カルソープ（Peter Calthorpe）ら建築家・アーバンデザイナー達が1991年に発表したアワニー原則以降，環境負荷が少なく，省エネを実践し，財政的にも無駄がなく，人々が親密なコミュニティを実感できるような都市づくりを行うサステイナブル・シティへの試みが開始された（保井2004）．

　都市・地域レベルで展開されたのが「スマート・グロース」（Smart Growth）運動である．スマート・グロース運動は，スプロール型の開発を抑制し，自然環境を取り戻しながら地域の価値を向上させつつ，しかし環境保護主義的に陥ることなく「賢明に」発展していくことを目指す戦略である．米国環境保護庁によると，「スマート・グロース」とは，国家の自然環境を保護し，国家のコミュニティをより魅力的で，経済的に強力で，より社会的に多様なものにするための，幅広い開発及び保全の戦略群を指す（村山2008）．都市構造の概念は，コンパクト・シティのそれと類似する．すなわち，自動車に変わり歩行者環境を優先し，主な交通手段として公共交通を志向し，多様な用途が複合したより高密度な市街地形成を目指す．計画論的には，土地利用計画，交通計画，環境計画を統合的に構築する点に特徴がある．Smart Growth Network（2007）は，スマート・グロースの10原則を以下

のように掲げている（村山 2008）．

- 幅広い住宅の機会と選択を用意する．
- 歩ける近隣地区を創造する．
- コミュニティと利害関係者の協働を奨励する．
- 場の感覚に優れた，特徴的で魅力的なコミュニティを育てる．
- 開発の意思決定を予測可能に，公平に，コストを効果的にする．
- 土地利用を複合させる．
- オープン・スペース，農地，自然の美しさ，重要な環境を保全する．
- 多様な交通の選択肢を提供する．
- 開発を強化し，開発を既存のコミュニティに向ける．
- コンパクトな建物デザインの利点を活用する．

　これらの原則は，1960年代初頭にジェーン・ジェイコブス（Jane Jacobs）が『アメリカ大都市の死と生』で示した都市構成の四原則，すなわち「用途の混在」「小規模な街区」「古い建物の存在」「高密度居住」を現代的に再構築したものと考えることができるだろう．

　上記の原則はいずれもアーバンデザインに関わるものであり，米国独自のサステイナビリティの捉え方が特徴的に表出しているわけではない．米国のサステイナブル・シティの展開に，EUのそれとやや異なる点があるならば，保井（2004）・村山（2008）が指摘するように，米国においては，自然環境の保全を図り環境負荷の少ない開発を行うだけでなく，あくまで「賢く」「成長する」方法が模索されていることである．広域的に見たときの財政支出の合理化も重視され，それに応じて誘導へ向けた重点的な投資対象も決定されている．

（5） 日本の地域再生とサステイナブル・シティ
①コンパクト・シティ

まちづくり三法の改正（2006 年）は，無秩序な郊外開発を抑制し，様々な都市機能を既成市街地に集約し，衰退した中心市街地の活力を取り戻す「コンパクト・シティ」が国レベルで大々的に推進される都市像であることを明確に示した．中心市街地活性化基本計画を国が認定する際には，コンパクト・シティ形成に向けた郊外開発抑制のための都市計画的取り組みが行われていることを条件とするなど，コンパクト・シティの形成と中心市街地の賑わいを向上させるための取り組みを総合的に推進する仕組みとした．その後，国土交通省は今後の都市政策の基本方針として『一定程度集まって住み，そこに必要な都市機能と公共サービスを集中させ，良好な住環境や交流空間を効率的に実現する「集約型都市構造」』を掲げ，コンパクト・シティとエコ・シティをひとつにまとめたエコ・コンパクト・シティの概念を提唱している．こうした集約型都市構造は，都市機能が集積する複数の集約拠点とその他の地域とが公共交通を基本に有機的に連携されている拠点ネットワーク型のスタイルをとる．パイロット事業的な存在である青森市の同心円的な都市構造ならびに土地利用構想や，富山市のコンパクト・シティ政策を形容する「団子と串」モデルは，政策としてのコンパクト・シティの像を象徴している．

コンパクト・シティ論の第一人者である海道清信の一連の著作は，コンパクト・シティの基本戦略が「（商店街を中心とする）中心市街地の活性化」「都心居住の促進」「（歴史的環境保全を含めた）既存ストックの有効活用」「郊外の土地利用コントロール」「自然環境の保全」にあることを示している（海道 2007）．すなわち，都市計画が長年直面してきた「都心－郊外－自然環境」の効果的な維持保全が論点となっており，かつ，これまでの都市計画により広域的な視点を付与することで「都市圏」という新たな計画対象の必要性を浮上させたのがわが国のコンパクト・シティ構想である，と言えそうだ．

②創造都市

　都市再生の重要な論点として文化・芸術の創造性が議論されている．脱工業社会から知識社会への変化の中で，創造的な人々を惹き付ける知的刺激と生活機能を都市が持つことが，都市再生の鍵として重視されるようになってきている（神野 2005）．

　佐々木は，欧米の創造都市論を踏まえた上で創造都市を「市民の創造活動の自由な発揮に基づいて，文化と産業における創造性に富み，同時に，脱大量生産の革新的で柔軟な都市経済システムを備え，グローバルな環境問題や，あるいはローカルな地域社会の課題に対して，創造的問題解決を行えるような『創造の場』に富んだ都市」と定義し，日本では金沢を例に挙げている（佐々木 2007）．アーバンデザイン行政の長い実績と確かな成果を踏まえ，実際に創造都市政策を大々的に推進している横浜も，わが国の創造都市の代表的存在だ．

　コンパクト・シティが都市の形態の密度を論じているのに対し，現段階での創造都市論は将来に向けてあるべき空間像に迫る都市論ではない．創造都市はその主題である「創造性」に明確な定義がなく，何が創造的かという論点に対して主観的な議論の広がりを持ちうるという点において，きわめて政治的な政策概念である．創造産業が21世紀を牽引する産業になる可能性は期待を込めつつ熱心に議論されているが，創造都市論がトリプル・ボトム・ラインの実現をどのように押し進める方法論なのか，まだ十分には議論が進んでいない．しかし，ソーシャル・サステイナビリティの観点からは，政策目標として創造都市を目指すことの意味は決して少なくない．

　第1に，創造都市の概念の根幹には，多様性への尊重がある．それは用途の多様性であるし，住まう人々の多様性でもある．そしてそうした社会構成の多様性だけでなく，その異なる社会階層が交わることでのみ，現代都市としての創造性が発揮されるはずである．その意味において，創造都市は，社会的包摂・多文化共生を推し進めうる都市論であるといえよう．近年，アートプロジェクトの目的や概念が拡大し，子供やお年寄りを対象としたアウト

リーチ活動が各地で展開されているように，文化・芸術活動のもつ社会的包摂を促進する機能も確認されつつある．

　第2に，文化や創造性を基盤とする都市再生のためには，協働のまちづくりの担い手としての多様な関係者によるネットワークを構築していくことが不可欠である．すなわち，従来のまちづくりにおける参加の質を一層改善していく必要が生じる．行政と市民という単眼的な地域のアクターの捉え方ではなく，自治体政府や地域企業，市民セクターが相互に密接な連携・ネットワークを構成していく動態を捉えていかなければならない．社会的・経済的アクターとしての活動能力を備えた市民セクターの役割が高まる（澤井 2006）．このように市民の視点を重視することで，地域社会を再評価しその固有性を尊重する思想が強まることは，前述した文化・芸術や歴史の視点を都市再生のプロセスにおいて重視することに繋がっている．

2. 政策の「統合性」とソーシャル・サステイナビリティ

(1) 社会的弱者の統合の視点から

　サステイナビリティの概念は，様々な研究領域において独自の概念の変容を遂げ，現在に至っている．サステイナブル・デベロップメントやサステイナブル・シティを対象とする論考は枚挙に暇がない[1]．多くの論考が形を変えながら指摘するのが，すでにブルントラント委員会でも指摘されていた「統合的アプローチ」の必要性である．つまり，都市や地域における生活の質の向上を実現するために「環境」「経済」「社会」の3つの諸相を統合的（integrated）・包括的（inclusive）・相互作用的（interactive）に捉えながら，政策を立案・実施していくことの必要性である．

　「環境」「経済」「社会」の3相は，有機的に結びつく性質のものというよりは，むしろ反目し合う存在でもあり，各都市はそのバランスの取り方に苦慮してきた．現場では，環境的持続性と経済的持続性のトレード・オフの関係性が注目されることが多く，それら環境・経済効果を直接的に受けること

になるコミュニティや個人の基本的なニーズ，福利等の社会的な要素は，それら2つの持続性を補助的に支える付随的な存在として検討されがちで，これらについての議論は他の2側面に比べるといまだ発展途上である（Dillard, et al., 2009）．

とはいえ，基本的ニーズの確保や市民参加といった社会的・政治的な条件を充足させることが，環境や経済の持続性につながっていくという視点は広がりつつある．EUの『都市アジェンダ』でもすでに認識されていたように，失業者に代表される社会的に排除された人々は，麻薬や犯罪などに手を染めやすく，そうした階層が増大すれば都市経済の足枷となり，都市全体の競争力低下につながっていく（岡部 2006）．社会的排除の問題は福祉問題の範囲を超えた，地域全体に影響を及ぼす課題になってきている．

都市再開発のアプローチも変わりつつある．現代の都市づくりの主要な課題は，人口が急増し経済成長率も右肩上がりだった時代のように，郊外の新市街地や団地の新規開発，大規模な不動産開発依存型の再開発ではない．都市縮小時代において，生活環境の質が低下しコミュニティも弱体化しつつある既成市街地や，計画的意図が不在の中，急ごしらえで造成した市街地，老朽化したニュータウン（オールド・ニュータウン）[2]をいかに創造的に再生させていくかが，今後の都市政策の主たる眼目となる．こうした「持続再生型市街地更新」は，当然ながらそこに住まう，相対的に弱い立場にある住民の生活の質を改善することで，地域力を地道に回復し，次世代へと継承する都市づくりの方法である（東京大学 cSUR-SSD 研究会 2007）．

(2) 「ポスト都市再生」の新たな都市問題の顕在化

都市再生運動の結果，現在までに多くの都市において一定の都市環境が形成されたが，一方で衰退市街地が再生した結果，地区のジェントリフィケーションやそれに伴うコミュニティや地区の経済構造の変質，移民の増加と多文化共生，都市内格差，貧富の拡大等の社会的格差の拡大等が新たな都市問題として浮上している．

都市が成熟期に入った現在，一定の整備水準に達した後の地区マネジメントのあり方が問われる．その際，「コミュニティの多様性」は重要な概念であり続けるだろう．多様性のある都市は変化に強い．ベルリンのリトル・イスタンブール（クロイツベルク地区），アムステルダムのイスラム街，ニューヨークのプエルト・リコ系コミュニティ，バルセロナ・ラバル地区のマグレブ系コミュニティ，トリノのポルタ・パラッツォ地区といった界隈においては，移民街として孤立してしまわないように，周辺コミュニティとの社会的包摂の可能性が模索されている（阿部 2010）．

欧州では，EU の URBAN に範をとりながら，従来の物的環境整備中心の既成市街地の再生政策を脱却し，社会的にバランスのとれた都市や地区を再生するために，地区内外のアクセシビリティやアフォーダブル住宅の整備，参加や協働を支援するプログラムを構築し，より持続的なマネジメントに取り組みつつある．社会的包摂の問題を個別的に解決するのではなく，物理的空間の改善を主目的とする都市政策の枠内に位置づけながら統合的なアプローチで解決しようと試みている．近年までに，国・州・基礎自治体の様々なレベルで，以下のような政策が実施されてきた．

- フランスの都市政策プログラム［Politique de la Ville: 1993-1998 年］
- イギリスのコミュニティ・ニューディール［New Deal for Communities: 1998 年］
- スコットランドのコミュニティ再生基金［Community Regeneration Fund: 2004 年］
- イタリアのコミュニティ協定［Contratti dei Quartiere: 1998/2001 年］
- デンマークの統合的改善スキーム［Integrated Improvement Scheme: 1997 年］
- ドイツの社会都市プログラム［Soziale Stadt: 1999 年〜］
- スペイン・カタルーニャ州の界隈法［Llei de Barris: 2004 年〜］

国際的に激しい都市間競争の時代である．都市・地域が競争力を備えるために，「プロセスとプロダクトにおけるイノベーション」「経済の多様性」「熟練した人材」「アクセシビリティ／コミュニケーション」「空間の質」「戦略性（政策決定力，リーダーシップ等）」（European Institute for Urban Affairs, 2007）といった要素が鍵を握るようになっている．都市の広告としての都市再生や経済再生のアピールが全盛の昨今，すなわち「ポスト都市再生」のいまだからこそ，ソーシャル・サステイナビリティの視点を備えた政策の展開が問われているのである．

3. ソーシャル・サステイナビリティの概念的枠組み

ソーシャル・サステイナビリティの定義については，例えばブルントラント委員会によるサステイナブル・デベロップメントのそれのような，世界的に知悉されたものは見当たらない（Dillard, et al., 2009）．これは，議論の歴史がまだ浅いこと，そして，文化や習慣，宗教，貧富の差といった多様なバックグラウンドにより規定されるソーシャル・サステイナビリティには，単一の定義はそぐわない，といった議論があることなどが理由として考えられる（McKenzie, 2004）．ただ，その中でも，それぞれの社会的文脈を踏まえてソーシャル・サステイナビリティの定義や解釈を導出する試みが行われている．

Manzi, et al.（2010）は，持続可能な発展の環境・経済・社会の3要素が個別に議論されている現状，また，社会的側面が軽視された環境と経済のトレードオフの関係性の議論を問題視し，既存の環境と経済の関係の中に，参加，正義，民主主義，社会的結束（social cohesion）といった概念を位置づけて，相互の関連性を常に意識して包括的に検討する重要性を指摘している．社会的持続性については，ブルントラント委員会の報告書 *Our Common Future* と，EUや国際レベルでの持続性への議論や取り組みから，マクロ的な視点で3つの要素を導き出した．

- *Inclusive society*: 人々のさまざまな「参加」が実現する社会
- *Caring society*: 社会的資本が充実している社会
- *Well-governed society*: 社会疎外や非効率な地域マネジメントの原因となった既存のしくみから，市民参加やパートナーシップを実現し，アカウンタビリティの所在を明らかにした柔軟なガバナンスのしくみをもった社会

そこでは，既存のパワーホルダーである政府の単なる役割変化の議論にとどまらず，社会を動かすしくみやプロセスの変化により，社会的資本の醸成や民主的正当性の増大をはかる，といった社会変革の視点も内包する議論がなされている．

Magis and Shinn（2009）は，数多くの文献調査をもとに，特にこれまでの量的・物質的経済発展という社会の一側面のみを重視した発展手法を批判し，社会のより多様な側面をみた発展の形とその評価方法の確立の必要性を主張した．その上で，持続可能な発展に関するこれまでの議論を3つの潮流（人間中心的発展，持続可能性，コミュニティの福利）に整理し，それらの検討を通して抽出した，社会的持続性の構成要素となるポイントを提示している．それらは，「人間の福利」（Human Well-being），「公平性」（Equity），「民主的な政府」（Democratic Government），「民主的な市民社会」（Democratic Civil society）の4点である．

このほかにも，Dillarad, *et al.*（2009）の，「社会的持続性の重要な要素の1つは，政府や組織，市民が説明責任を重視し，それらを社会的・環境的インパクトを受けるような利害関係者に対し，実行することにある」といった情報共有と説明責任の要素を重視するものや，Harris and Goodwin（2001）の「社会的に持続可能なシステムの下では，（富や資源の）分配や機会が公平に行われ，ヘルスサービスや教育，男女機会均等，政治的アカウンタビリティと参加，といった社会的な諸サービスが適切に提供されていなければならない」（Quoted in Dillard, *et al.*, 2009）のように，より公平性を重

視するものなど，さまざまな解釈が提示されている．

　McKenzie（2004）が指摘するように，社会的持続性についての統一した定義を導き出すのは難しいが，これまで見てきた解釈から，少なくとも，人類の基本的ニーズ（雇用，安全，住居，教育，適切な政治参加など）の確保とそのプロセスにおける公平性，民を主とする社会運営，つまりは社会包摂や市民参画，パートナーシップといった概念，さらにそこから進んで，市民社会の意思によって地域運営が適切にコントロールされる，いわゆる「エンパワメント」の実現，などが，共通したテーマであることは間違いなさそうである．そこに通底するのは，「持続可能な発展への挑戦の中で，社会的持続性には（環境・経済の付随物ではなく）それ自身に最重要な役割がある．なぜなら究極的には，経済的・環境的福利を決定するのは，個人やその集合体である人類だからである」(Magis and Shinn, 2009) という意識である．

注
1) 清水ら（2006）や佐無田（2012）は，それぞれ環境学および地域経済学の立場から，持続可能性の概念についての論考をレビューし，分野的展望を述べている．海道（2007）も，主に欧米の多数の論考をレビューしながら，建築・都市計画分野におけるコンパクト・シティの可能性について検討している．
2) 欧州の場合，その多くが充分なインフラを備えず，公共空間も欠乏した安普請の団地であり，維持管理の問題はかなり初期から認識されていた

参考文献
阿部大輔（2010）「欧州都市にみるポスト都市再生時代における新たな景観像の可能性　ジェントリフィケーションと多文化共生の観点から」，日本建築学会都市計画部門 PD 資料集，pp. 43-44．
阿部大輔（2011）「ヨーロッパのアーバンデザインの歩み」，10+1 Web，11 月．
阿部大輔（2013）「都市縮小のアーバンデザイン：コンパクトシティ論再考」，*Sustainable Urban Regeneration*，東京大学都市持続再生研究センター，pp. 14-15．
岡部明子（2003）『サステイナブルシティ』学芸出版社．
岡部明子（2005）「都市を生かし続ける力」『都市とは何か』（植田和弘他編）岩波書店，pp. 155-185．
岡部明子（2006）「持続可能な都市社会の本質　欧州都市環境緑書に探る」『千葉大学公共研究』第 2 巻第 4 号，pp. 116-141．

岡部明子・福原由美（2007）「EU のサステイナブルシティ政策－2000 年以降の展開」『季刊まちづくり』学芸出版社，Vol. 15, pp. 96-106．
海道清信（2007）『コンパクトシティの計画とデザイン』学芸出版社．
佐々木雅幸＋総合研究開発機構（2007）『創造都市への展望　都市の文化政策とまちづくり』学芸出版社．
佐無田光（2012）「サステイナビリティと地域経済学」『地域経済学研究』第 23 号，pp. 13-35．
澤井安勇（2006）「市民社会のガバナンスと都市・地域の再生」『NIRA 政策研究』Vol. 19, No. 3, pp. 22-28．
清水万由子・植田和弘（2006）「持続可能な都市論の現状と課題」『環境科学会誌』19(6)，pp. 595-605．
白石克孝（2005）「サステイナブル・シティ」植田和弘他編『グローバル化時代の都市』岩波書店，pp. 169-194．
神野直彦（2005）「ポスト工業化時代の都市ガバナンス－その政治経済学－」植田和弘他編『都市とガバナンス』岩波書店．
東京大学 cSUR-SSD 研究会（2007）『世界の SSD 100　都市持続再生のツボ』彰国社．
中野恒明（2012）『都市環境デザインのすすめ　人間中心の都市・まちづくりへ』学芸出版社．
的場信敬（2013）「社会的持続性のための地域再生政策」『龍谷大学政策学論集』第 2 巻第 1 号，pp. 21-33．
宮島喬編（2009）『移民の社会的統合と排除　問われるフランス的平等』東京大学出版会．
村山顕人（2008）「米国における都市・国土政策の潮流」日本開発構想研究所編『諸外国の国土政策・都市政策』，pp. 38-47．
保井美樹（2004）「アメリカ」伊藤滋・小林重敬・大西隆監修『欧米のまちづくり・都市計画制度　サスティナブル・シティへの途』ぎょうせい，pp. 25-79．
Atkinson, Rowland *et al.* (ed.) (2008), *Gentrification in a Global Context. The new urban colonialism*, New York: Routledge.
Centre de Cultura Contemporània de Barcelona [CCCB] (1999), *La Reconquista d'Europa. Espai Públic Urbà*, Barcelona: CCCB.
Colantonio, Andrea & Dixon, Tim (2010), *Urban Regeneration & Social Sustainability*, Oxford: Wiley-Blackwell.
Dillard, J., Dujon, V., and King, M.C., (2009) "Introduction", *Understanding the Social Dimension of Sustainability*, New York: Routledge.
European Commission (1997), *European sustainable cities*.
European Institute for Urban Affairs (eds.) (2007), *The COMPETE Network: Final Report-Messages for Competitive European Cities*, Liverpool: European Insti-

tute for Urban Affairs.

European Union (1996), *Europe's cities. Community measures in urban areas*.

Evans, James & Jones, Phil (2008), "Rethinking sustainable urban regeneration: ambiguity, creativity, and the shared territory", *Environment and Planning A*, 40, 1416-1434.

Frankle, T., Strauss, W., Reimann, B. & Beckmann, K.J. (2007), *Integrated Urban Development-A Prerequisite for Urban Sustainability in Europe*, Berlin: German Institute of Urban Affairs.

Harriet Bulkeley (2006), "Urban Sustainability: Learning from Best Practice?", *Environment and Planning A*, 38, 1029-1044.

Littig, B & Grießler, E (2005), "Social sustainability: A catchword between political pragmatism and social theory", *International Journal of Sustainable Development*, 8(1-2), pp. 65-79.

Manti, T. *et al*. (eds.) (2010), *Social Sustainability in Urban Areas: Communities, Connectivity and the Urban Fabric*, London: Earthscan.

Neal, Peter (ed.) (2003), *Urban Villages and the Making of Communities*, New York: Spon Press.

The Office of the Deputy Prime Minister [ODPM] (2005), *Bristol Accord - Conclusions of Ministerial Informal on Sustainable Communities in Europe*, London: The Office of the Deputy Prime Minister.

Polese, M & Stren, R. (eds.) (2000), *The Social Sustainability of Cities: Diversity and the Management of Change*, Toronto: University of Toronto Press.

The President's Council on Sustainable Development (1999), *Towards a Sustainable America. Advancing Prosperity, Opportunity, and a Healthy Environment for the 21st Century*, Washington, DC: U.S. Government Printing Office.

Sachs, I. (1999), "Social sustainability and whole development: Exploring the dimensions of sustainable development", *Sustainability and the Social Sciences: A Cross-disciplinary Approach to Integrating Environmental Considerations into Theoretical Reorientation* (eds, B. Egon & J. Thomas), pp. 25-36, London: Zed Books.

PART I

都市縮小時代における空間・コミュニティの再構築

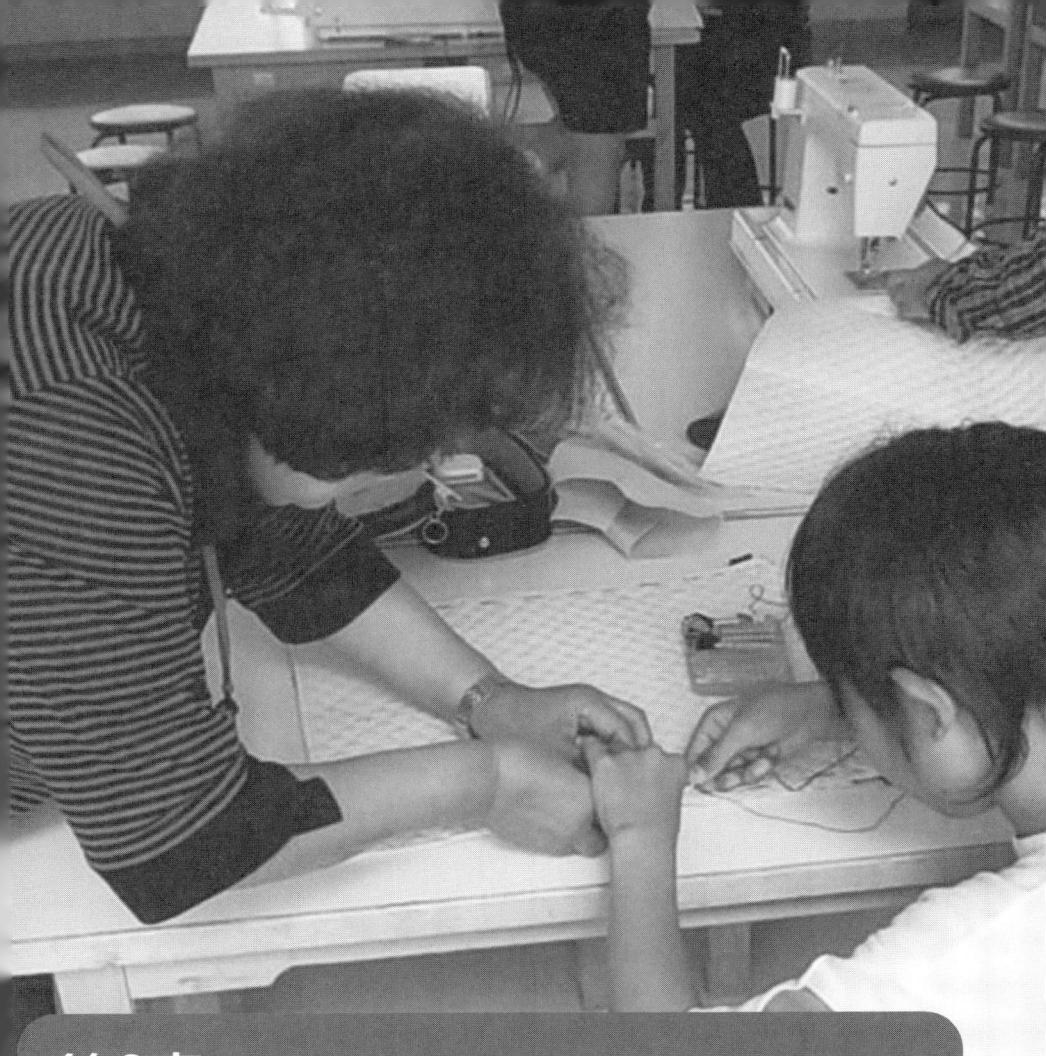

第2章
中学校を核とした「つながり」が子どもを支援する
－岡山市地域協働学校を事例に－

平阪美穂

1. 開かれた学校から地域とともにある学校へ

(1) 「開かれた学校」，地域住民・保護者の声を学校運営へ

　学校の画一性，閉鎖性への批判から，学校が地域社会や保護者に「開かれた学校」となり，学校，家庭，地域社会が一体となって，特色ある教育を行おうとする取り組みが進められている．1996年に中央教育審議会答申「21世紀を展望した我が国の教育の在り方について」において，家庭，地域の教育力が低下するなかで，変化の激しい社会に対応できる「生きる力」を育むため，学校が社会に対して「開かれた学校」となり，家庭，地域社会と積極的に連携していくよう努力することが求められて以降，政策として学校と家庭，地域社会の連携が推進されてきた．1998年の中央教育審議会答申「今後の地方教育行政の在り方について」で，より地域に開かれた学校づくりを推進するためには，学校が保護者や地域住民の意向を把握し，反映させる仕組みを設けることが必要であると示されたことにより，2000年には「学校評議員制度」が制度化された．これによって，はじめて地域住民の学校運営への参加の仕組みが制度的に位置づけられたのである．学校運営に保護者・地域住民の意見を反映し，その状況を地域に周知させる必要性が求められた結果である．

　2004年には，保護者，地域住民の声を，より学校運営に反映させるため，コミュニティ・スクール（学校運営協議会制度）が制度化された．2000年に教育改革国民会議で提案され，モデル校での「新しいタイプの学校運営に関する実践研究」を経て，地方教育行政の組織及び運営に関する法律（第47条の5）の改正によって制度化に至ったものである．コミュニティ・スクールとは，学校運営協議会を設置している学校の通称である．学校運営協議会の委員になるのは，地域住民や保護者であり，教育委員会によって任命される．学校運営協議会に与えられる権限は，①校長が作成する学校運営の基本的な方針を承認すること，②学校運営に関する事項について，教育委員会

又は校長に意見を述べること，③職員の採用，その他の任用に関する事項について，当該職員の任命権者に対して意見を述べることである．③については，任命権者は述べられた意見を尊重する必要があることも定められている．この制度の導入によって保護者・地域住民が学校運営協議会を通して，一定の権限を持って学校運営に参加できるようになった．

コミュニティ・スクールの全国的な状況を見ると，その指定校数は増加しており，2012年4月1日現在で，1,183校（幼稚園55園，小学校786校，中学校329校，高等学校6校，特別支援学校7校）である．地域社会との連携の必要性，また，そのしやすさから，小学校の指定が多い．コミュニティ・スクールの導入によって，「地域全体で子どもを守り育てようとする意識が高まり，多くの保護者や地域住民が先生役や見守り役として学校に協力する姿が見られるようになった」，「保護者の『学校への苦情』が『意見や提案，相談，協力』へと変化した」，「地域の祭りづくりなどに参加する子どもが増え，地域が活性化してきた」，といった成果が見られるところもあるという[1]．

(2) 「地域とともにある学校」づくりのツールとしてのコミュニティ・スクール

コミュニティ・スクールは，学校改革をねらいとして登場したが，現在，「地域とともにある学校」づくりを進めるためのツールとしての役割が期待されている．「地域とともにある学校」とは，子どもたちの豊かな育ちを確保するために，地域の人々と目標（子ども像）を共有したうえで，地域と一体となって子どもたちを育む学校である．学校が「子どもの学びの場」に止まらない側面すなわち，「大人の学びの場」となる学校，「地域づくりの核」となる学校にも焦点を当てることが必要であるとされている[2]．地域側からすると，学校は将来の地域社会を担う人材を育てる場である．一方，学校は，子ども，家庭，社会のニーズや課題に自らの力だけで応えることが難しくなっており，地域の支援が欠かせなくなっている．しかしながら，それらが一

体となって活動を展開することは決して簡単なことではなく，理想の形態に近づけるべく各地で模索が続けられている．

本章では，岡山市版「コミュニティ・スクール」制度である「地域協働学校」を活用し，学校と地域が連携・協働しながら学校改革を行い，それぞれの課題解決を図っている岡山市立岡輝中学校区の事例を取り上げる．0歳から15歳までの子どもの育ち，学びを地域，学区内の学校園が一体となって支えようする取り組みである．この取り組みを通して，学校と地域の協働がもたらす学校・地域社会への効果について検討し，「地域とともにある学校」づくりのヒントを得たい．なお，本事例では，岡山市立岡輝中学校長，岡山市立清輝(せいき)小学校長，岡山市清輝保育園長，岡山市立岡輝公民館長・職員に対するインタビュー，及びそこで得られた資料をもとに考察する[3]．

2. 岡山市立岡輝中学校区「地域協働学校」

(1) 経緯

岡輝中学校区は岡山市の中心部に位置し，周辺には住宅街や古い商店街が密集している．生活基盤の弱い家庭が多く，中学校区で就学援助を受けている家庭は半数を超え，ひとり親家庭の比率も高い．この基盤の不安定さが子どもたちに少なからぬ影響を与えている[4]．このような困難な状況にあるが，「地域協働学校」を活用し，学校・保護者・地域が連携しながら問題の解決をめざしている．まずこのような取り組みが始まった経緯から見ていきたい．

かつて，岡輝中学校は市内でも有名な指導困難校であった．割られるガラス，廊下を飛び交うロケット花火，生徒のたまり場となる職員室…校内暴力や問題を抱えた生徒の指導は学校の限界を超えていた．1995年，97年に校長が二代にわたって倒れるという状況の中，1998年に新校長，教頭，PTA会長が就任した．地域には，三代続けて校長が倒れれば，学校自体が潰れてしまうのではないかという危機意識が強くあった．学校側も，これまでは生

徒指導に追われて手が回らなかった研究指定を受けることによって学校の立て直しを図ろうとした．

まず，1998年，99年に岡山東警察署から「青少年を非行から守るパイロット地区」の指定を受けた．中学校区の健全育成組織を作り，地域住民，保護者の支援を仰いだ．ここで何とかしなければという思いで立ち上がったのが，1949年，50年生まれを中心とした6人の地域住民であった．1人を除いて，PTA会長，役員の経験者であったが地域の役職についていたわけではない．彼らが中心となって専門部会（啓発広報部，健全育成部，環境浄化部，補導部，地域連携部，学校連携部）を作り，取り組みが開始された．まず，地域住民，保護者の目を学校に向けることが先決であると考え，地域住民や保護者が参加しやすいイベントを実施した．理屈よりもとにかくやってみようという姿勢であった．学校を公開し，その姿を地域住民，保護者に見てもらうことで，学校の様子，教師の頑張りを理解してもらおうとした．それらのイベントに生徒を関わらせていくことで，地域と学校の連携を強めていった．

このような取り組みを継続させるために，1999年から3年間，岡山県教育委員会の「いきいきスクール支援事業」の指定を受けた．地域住民に加え，学校，教育委員会を含めた中学校区を基盤とした推進委員会が設置され，学期に1回のペースで開催された．この事業を通して，校区内の2つの小学校，幼稚園，保育園との連携を進め，0歳から15歳までの一貫した教育の取り組みが始まった．幼稚園，保育園とも連携を行うのは，就学前の子どもの状況にも課題が見られたからである．しかも，このような学校間の連携に保育園が加わることはあまり見られないケースである．しかしながら，保育園に通う子どもとその家庭は，幼稚園よりも深刻な問題を抱えていることが多く，より地域の課題を共有し，乗り越えていくためには，保育園とも連携していくことが欠かせないと判断されたのである．

子どもの「荒れ」は中学校だけではなく，小学校においても以前から課題であった．小学校教員が，小学校での事例や保護者への対応等を中学校に伝

えたり，小中学校の教員が一緒に，小学校と中学校のそれぞれに通う兄弟の指導を行うなどの連携が行われていた．このような問題に対応するための連携の積み重ねが学区内の全教職員の連携に進展するための基盤となったと言えよう．

　2002年からは，文部科学省の「新しいタイプの学校運営の在り方に関する実践研究」の指定を受けることになった．荒れた状態が影をひそめてきたのでレベルアップが図られたのである．この指定を小学校2校と合わせて中学校区として受けることになった[5]．研究費を校区内の幼稚園，保育園に関しても使うことが可能となり，柔軟な体制の下で研究が開始された．2004年にコミュニティ・スクールが法制化され，2005年には岡山市第1号の「地域協働学校」となった．これが岡山市方式のコミュニティ・スクールのかたちである．岡輝中学校区はこの制度を活用し，学校間，地域と学校との連携をさらに強めていくことになった．

(2) 地域と学校をつなぐ学校運営協議会

　一般的なコミュニティ・スクールの学校運営協議会は，それぞれの学校に置かれ，基本的には当該校についてのみ権限を持っている．しかし，岡輝中学校区では，中学校に置かれた学校運営協議会で，その校区内の学校，地域の課題全体について話し合うというスタイルをとっている（図1）．この前身となったのが「いきいきスクール推進事業」の推進委員会であり，中学校長，小学校長，幼稚園長，保育園長，連合町内会長，PTA会長，公民館長，元中学校長，岡山市教育委員会事務局職員，岡山市保健福祉局職員，有識者など26人で構成されている．このような特徴的な仕組みをとるのは，「生徒指導」という課題は各学校園で共通しており，1校でも足並みが乱れると，うまくいかなくなることが目に見えていたからである．また，学校ごとに運営協議会を置くとしても，地域の人材は重複することになるからである．

　学校運営協議会の会議は，8月を除いて月に1回開催されている．会議の

第 2 章 中学校を核とした「つながり」が子どもを支援する　　41

```
                    ┌─────────────────┐
                    │ 岡輝中学校運営協議会 │
                    │ ・学校長・地域住民代表 │
                    │ ・PTA代表・有識者等 │
                    └─────────────────┘
                              ↑
  ┌─────────────────┐                    ┌─────────────────┐
  │ 清輝小学校運営協議会 │                    │ 岡南小学校運営協議会 │
  │ ・学校長・地域住民代表 │←                  →│ ・学校長・地域住民代表 │
  │ ・PTA代表・有識者等 │     ┌─────────────┐   │ ・PTA代表・有識者等 │
  └─────────────────┘     │ 中学校区連絡会 │    └─────────────────┘
                          │ ・学校園長・地域住民代表│
                          │ ・PTA代表・有識者等 │
                          └─────────────┘
  ┌─────────┐            ↙        ↘             ┌─────────┐
  │ 清輝保育園 │                                  │ 岡南保育園 │
  └─────────┘                                   └─────────┘
                    ┌─────────────────┐
                    │ 岡南幼稚園運営協議会 │
                    │ ・園長・地域住民代表 │
                    │ ・PTA代表・有識者等 │
                    └─────────────────┘
```

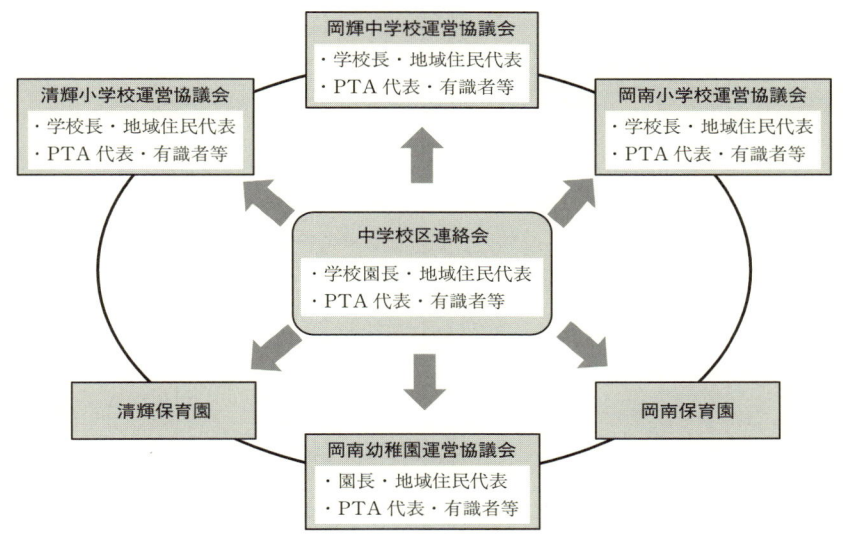

出典：岡山市教育委員会説明資料．

図 1　岡輝中学校区地域協働学校の組織

前には，校区の校長，園長によって構成される学校園部会が開催され，各学校の課題を持ち寄って話し合いが行われる．そこで，地域でも共有すべきと判断されたことが役員会にかけられ，学校運営協議会の議題として調整されることになる．役員会は，学校運営協議会の会長，副会長，NPO代表，中学校長，小学校長，中学校副校長（事務局）で構成されている．学校運営協議会の協議事項は多岐にわたっているが，校長は，学力調査の結果や生活保護率なども提示し，学校の実態について率直に話をしている．以前は，特定の子どもの実名は伏せて議論していたが，今では実名を挙げてその課題について話し合い，解決の方向を探っている．このようなことができるのは，学校運営協議会委員には守秘義務があるからである．ただ，中学校長は，中学校については，悪い報告だけではなく，よい報告もするように心がけている．会議には小学校，幼稚園のPTAも参加しているので，将来，子どもを通わせることになる中学校に対して不安ばかりを与えないようにするための配慮

である．

　このような形態の会議が基本であるが，個別の学校の問題について集中的に議論する必要が生じた場合には，学校ごとに運営協議会が開かれることもある．さらには，2007 年から，岡輝中学校区の 6 校園に加え，校区内の私立幼稚園 1 校，私立保育園 2 校，高校 1 校による「拡大岡輝中学校区学校運営協議会」が年に 2 回開催されている．それを軸に 2006 年から学区内の 10 校園，シニアスクール，地域サークルが集まって「つながれ岡輝！音楽と踊りのフェスティバル」を催し，地域のつながりを一層広げるような取り組みも始まっている．

　次に，岡輝中学校区学校運営協議会の具体的な取り組みについて見てみたい．地域協働学校としての活動の全体像は図 2 に示す通りであるが，このように図式化はされているものの，岡輝中学校区には京都市の企画推進委員会のような活動組織は置かれていない[6]．提案した人がその責任者となり，必要に応じて協力者を集めて活動をしている．発足当初は活動組織を立ち上げることも検討されたが，地域の中にそれを担うだけの人材が十分にいるかが不確定であり，組織を作ってしまうと教員もその活動に参加することが必要になるためである．この校区では，教員は普段から生徒指導で忙殺されているので，その負担の増加を危惧した結果このような形態となっている．また，初めは地域住民が中心となって活動がされていたとしても，時がたち，代替わりをする中で，学校の負担が増加する可能性も否定できない．校長はそのようになることを心配し，配慮をしているとのことであった．活動のマンネリ化は避けられないが，同じことを続けていくことにも工夫が必要であるというのが，中学校長の見解である．前中学校長は，校長が異動したとしても，活動に方向性があり，学校運営協議会もあるので，それほど地域協働学校の活動が揺らぐことはないであろうと述べていた．その通り，新校長となっても変わらず活動がされている．

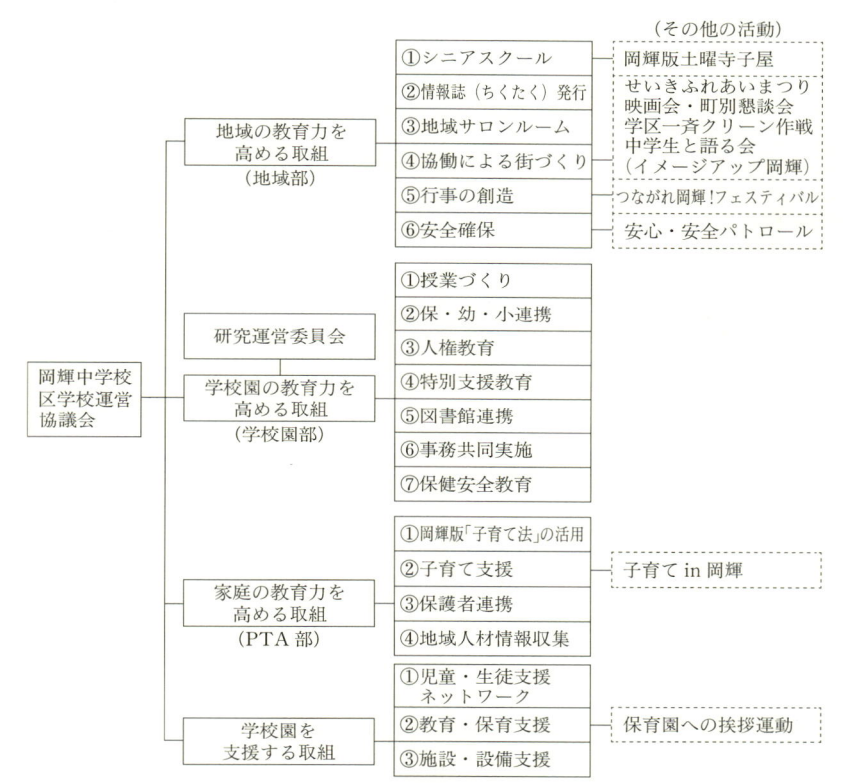

第2章　中学校を核とした「つながり」が子どもを支援する　　43

```
                          ┌─①シニアスクール ─── 岡輝版土曜寺子屋
                          │ ②情報誌（ちくたく）発行   せいきふれあいまつり
              地域の教育力を │ ③地域サロンルーム       映画会・町別懇談会
              高める取組    ┤                       学区一斉クリーン作戦
              （地域部）    │ ④協働による街づくり     中学生と語る会
                          │                       （イメージアップ岡輝）
                          │ ⑤行事の創造 ─────── つながれ岡輝！フェスティバル
                          └─⑥安全確保 ─────── 安心・安全パトロール

              研究運営委員会  ┌─①授業づくり
                          │ ②保・幼・小連携
岡輝中学校                  │ ③人権教育
区学校運営 ─┤ 学校園の教育力を┤ ④特別支援教育
協議会                     │ ⑤図書館連携
              高める取組    │ ⑥事務共同実施
              （学校園部）   └─⑦保健安全教育

                          ┌─①岡輝版「子育て法」の活用
              家庭の教育力を │ ②子育て支援 ─────── 子育て in 岡輝
              高める取組   ─┤ ③保護者連携
              （PTA部）    └─④地域人材情報収集

                          ┌─①児童・生徒支援
              学校園を     │   ネットワーク
              支援する取組 ─┤ ②教育・保育支援 ─── 保育園への挨拶運動
                          └─③施設・設備支援
```

出典：岡山市岡輝中学校区『平成24年度　地域協働学校づくり』（図の一部に修正を加えている）．

図2　岡輝中学校区学校運営協議会の活動とその他の活動

(3) 地域との協働による活動の展開

①シニアスクール

　岡輝中学校区で最も特徴的な取り組みとして挙げられるのが「シニアスクール」である．「シニアスクール」とは，空き教室を活用して開始された「シニア」を対象とした「学校」である．岡輝中学校，清輝小学校，岡南小学校内に教室が設けられ，2004年からはNPO法人「子どもたちと共に学ぶ教室シニアスクール」が運営を担っている．岡輝教室では週3日，清輝教

写真1　シニアスクールの授業

写真2　シニア生徒を迎える会

室では週2日，岡南教室では週1日開かれており，約60人の生徒が学んでいる．高齢者が学校で学んでいると聞くと，識字学級や夜間中学校など，何らかの理由で学齢期に学校に通えなかった人たちを対象とした教室を想像してしまうが，そうではない．生徒たちは自らすすんで学びに来ているのである．

この取り組みは，2002年に文部科学省「新しいタイプの学校運営の在り方に関する実践研究」の指定を受け，どのような取り組みをしていくのかを模索していたころに地域の代表から提案されたのが発端である．リタイアはしたものの，学ぶ意欲がある人のために学びの場を作ることはできないかというものであった．その年度の終わりころには講師を手配できる目途がついたので，翌年の9月から岡輝中学校で試行され，2004年からは，岡輝中学校，清輝小学校，岡南小学校の3校で開校された．生徒は1日5時間の授業を受けており，学ぶ内容は，中学生と同じ9教科であるが，大人向けに工夫がされている（写真1）[7]．昼食時間には給食を食べ，入学式や研修旅行などの学校行事も設けられている．子どもと同じ学校生活を送っているのである．

シニアスクール清輝教室では，16人（2012年11月）が学んでおり，児童

第2章 中学校を核とした「つながり」が子どもを支援する

と関わる機会も多い．シニアスクールの入学式は，3教室合同で開かれるが，その後各校で児童との対面式が行われる（写真2）．また，遠足や運動会などの行事も児童と一緒に行われている（写真3）．どうせするのであれば，一緒にできるものは一緒にした方が楽しいから，という面白半分の発想である．そのほかには学習支援の交流もある．たとえば1年生と芋ほりをし，その収穫パーティーをしたり，2年生とぶんぶんゴマを一緒に作成したりしている．シニアスクールの生徒は，励まし，見守りながら，児童の活動のサポートを行っている（写真4）．

写真3 シニアの生徒も参加する音楽・学習発表会

写真4 交流授業 2年生と風車づくり

シニアスクールは1年で修了するが，何年も通い続けている人も少なくない．学区外から案内を見て入学する生徒も多い．ある生徒は，今でも現役で仕事をしているため忙しいが，なによりもシニアスクールを優先しているそうである．クラスメートと学ぶのが楽しいから続けられるのだという．子どもと過ごすことで，自分も元気にもなるそうである．シニアスクールは，学期に1回ではあるが，小学校だけではなく，保育園とも交流をしている．2011年度までは，一緒に時間を過ごすだけであったが，2012年度からは，保育園との交流がシニアスクー

ルのカリキュラムに加えられている．保育園児とジャガイモほりをして，カレースープを作って食べるというような具体的な活動が組み込まれるようになり，より一層関係が深まってきている．

　岡輝中学校では，クラスごとにシニアスクールの生徒と中学生が給食を一緒に食べる「交流給食」があり，中学生とシニアスクールの生徒が会話をする機会が設けられている．さらに，シニアスクールの生徒が「おはよう当番」として毎朝校門で中学生に声をかけている．

　このように子どもとシニアスクールの生徒が交流する機会が多く設けられており，高齢者が日常的に学校にいることを岡輝中学校区の児童生徒はごく自然なこととして受け止めている．核家族化で，子どもが高齢者に接する機会は少なくなっているが，何でも聞いてくれる優しいおじいちゃん，おばあちゃんが学校にいることで子どもの心の持ち方も変わるという．学校が，子ども，親世代の教員，シニアスクールのおじいちゃん，おばあちゃんの三世代で同居するひとつの家族のような空間になっている．そこに存在しているだけでお互いに力をもらっているという．シニアスクールの生徒は，子どもと過ごすことで元気をもらう．他方，子どもたちは自分が必要とされている，とそこから感じることができ，シニアスクールの生徒が勉強や行事に真剣に取り組む姿を見て刺激を受けることになる．このように，シニアスクールを設けた学校では，学校の雰囲気がやわらかくなるという目に見えない効果も表れてきているそうである．

　ただし，活動を続けていくうえでの課題もある．まず，運営資金の問題である．NPOが運営しているが，生徒からの月謝はわずかであり，協賛企業もあるものの，余裕があるとは言えない．また，講師の確保の問題もある．シニアスクールも10年目をむかえ，講師の高齢化も進んでいる．次にどうつなげていくかを考えなければならない時期に来ている．

　②情報誌「ちくたく」
　地域協働学校の取り組みを地域住民で共有するため，情報誌「ちくたく

（地区拓）」が年2回発行され，校区内の全戸に配布されている．現在，この費用は，地域の組織から出され，発行は岡輝中学校区学校運営協議会が担っている．誌面の内容は各学校園での子どもたちの活動，学校運営協議会の活動，公民館の活動，地域の受賞者の報告，地域のお知らせ，シニアスクールや岡輝版土曜寺子屋の生徒募集など幅広い．地域のよさを発信するツールとなっている．加えて注目すべきなのは，この情報誌を通じて，運営協議会委員の公募が広く地域から行われている点である．2011年3月15日発行の「ちくたく」では，6月以降から加わる委員の募集がされた．応募資格は岡輝中学校区に居住していることである．応募にあたっては，運営協議会あてに，氏名・年齢・生年月日・現住所・電話番号・職歴（過去の地域活動やPTA活動の経歴）などを記述したもの，応募の動機を400字詰め原稿用紙1～2枚にまとめたものを提出する．この公募の結果，元市会議員の地域住民が学校運営協議会の委員となった．学校運営協議会がより開かれたものになるための工夫のひとつといえよう．

③岡輝版土曜寺子屋

　岡輝中学校区の児童・生徒が抱える課題は先ほどからも述べているとおりであり，「協同学習」を取り入れるなどの工夫もされているが，学力，家庭での学習習慣には，依然として大きな問題を抱えている．そこで，シニアスクールの教室を利用して，塾が開かれている．地域住民から，せめて土曜日だけでも学習の場を作ることが地域がしてやれることではないか，という提案があったのがその発端である．学校という公共の場で，ましてや経済的にも厳しい地域で授業料を徴収するのはどうなのか，参加できた子どもとできない子どもの学力の二極化をどうするのか，などの課題について議論が重ねられたが，最終的には地域住民の思いが強く，2008年10月より，事業化されることになった．対象は小学5年生から中学3年生である．毎週土曜日に開かれており，小学生は午前10時から算数と国語を2時間，中学生は午後2時から国語，数学，英語を3時間，学んでいる．月謝は小学生が2,000円，

中学生が 3,000 円である．開始前の話し合いの時点では，中学生は部活動を中止にしてでも，学力保障を優先すべきではないかという地域住民の意見も見られたが，学校側は，部活動も中学生にとっては重要な意味を持つことを地域住民側に説明し，理解を得たという．中学生が午後からの時間設定になっているのは部活動にも配慮した結果である．学校は施設だけを貸し出しているだけで，この運営はシニアスクールが担っている．講師はシニアスクールの講師を中心にして，教職を目指す学生もボランティアとして協力している．現在は約 30 人の子どもが通っている[8]．

3．連携の広がりへ

（1） 0 歳からの子どもの育ちを支えるために

岡輝中学校区では，子どもだけではなく，親も社会的に弱い立場に置かれていることが少なくない．若年齢で出産していたり，ひとり親であったりと，子どもだけではなく，親自身の育ちも支えることがこの地域では必要である．岡輝中学校区では，0 歳からの子どもとその親のために『岡輝版 子育て法』を発行し，保育園，幼稚園への入園時に親に配布している．これは 2001 年に，0 歳から 15 歳までの一貫した教育を地域で責任を持って行うための指針となるものを作りたいという願いからまとめられた．

その後，より分かりやすく，校区の実態に即したものを，ということで改訂の作業がはじめられた．校区の保護者，子どもに生活実態調査を行い，そこから明らかになった家庭の実態に即したものに指針が作り直され，2004 年の 2 月に改訂版が発行された．これには，学校園の教職員や保護者，地域住民，学識経験者が関わり，意見交換がされた．乳・幼児期，小学校期，中学校期に分け，0 歳から 15 歳までの見通しを持ったそれぞれの時期に応じた子育てのポイントが書かれている．乳・幼児期では「夜，なかなか寝てくれません．どうすれば寝てくれるでしょうか？」，「忙しいんだから，テレビやビデオに子守りさせてもいいでしょう！」，「家では，ささいなことで，し

ょっちゅう兄弟げんかをします」などの，多くの親が悩むようなことに答えるかたちで構成されている．イラストを多く用い，先輩お母さんの体験も織りこまれている．押し付けることなく，優しい言葉づかいで，親たちに寄り添いながら，どのようにしていくのがいいのかが書かれている．小学校期については，担任が保護者から質問を受けるような内容についてまとめられている．たとえば，「家庭学習はどうすれば1人できちんとできますか？」や「我が子の時間がかかる姿や全然わかっていない姿を見ると，いらいらしたり，腹が立ったりするのですが…」といった学習についての親の不安，「小学生の高学年になり，反抗的です．自分の気持ちや意思を言葉で伝えてくれません．家族との会話も少なくなって心配です」といった家族関係の不安についてである．小学校の先生たちにとっては，これが保護者と対応するときの指針になっている．学校ごと，教員ごとに保護者に対して異なる対応を取っていたのでは，保護者の学校に対する不信感をつのらせることになるからである．

(2) 学校外で子どもを支える公民館

岡山市立岡輝公民館は2003年にオープンした岡山市内で最も新しい公民館である．地域住民の請願によって整備され，毎月約3,000人の利用がある[9]．開館時の館長が岡輝中学校の元校長であり，学校と地域の関係機関との連携を重要視していたことから，学校と公民館が連携していくことは自然な流れであった．岡輝公民館長も学校運営協議会のメンバーの1人である．公民館は，学校とは違う側面から子どもを支えるひとつの施設である．

岡輝公民館では，地域住民にボランティアとして公民館に関わってもらうことによって地域の住民同士のつながりを作ろうとしている．子どもにも遊びに来てもらうのではなく，公民館の仕事をしに来てもらうという．

また，子どもの活躍の場を作ろうとする取り組みも展開されている．その代表的な行事として，夏休みに開催される「子どもも大人も公民館 de 夕涼み」が挙げられる．保護者の世代から何か楽しめるイベントができないかと

提案があって始まった夏祭りである．2012年で3回目の開催となるが，地域の行事として定着しつつある．お化け屋敷をメインとしており，2012年は約650人の来場者があった．第2回からは，実行委員会内で大人実行委員長と子ども実行委員長を決め，子どもと大人が対等に意見を言い合えるような実行委員会となっている．

　多くの人が来場し，メディアなどの広報を通して自分たちが自ら企画し，運営する活動をPRすることは，子どもたちにとって励みとなり，大人は，子どもの頑張る姿を見て，彼らを信頼できるようになっている．大人実行委員会の中ではいずれは子ども実行委員を中心に運営していこうという雰囲気になっている．このような行事は，大人と子どもの信頼関係を築き，それぞれの自己肯定感を高めており，大人も子どもも学べる機会になっている．公民館では，子どものがんばり，成長を公民館だけで抱えておくだけではなく，学校にも報告している．公民館はボランティアをした子どもに対し，ボランティア認定書を発行し，それを学校に報告している．その時に，子どもについて気づいたことも伝えるように心がけているという．学校側はそれを聞いて，学校外での子どもたちの活躍もほめることができる．さらには，ボランティア認定証をもらった子どもの名前は地域の広報誌『ちくたく』にも載せられる．ある1か所でのがんばりが地域で共有されることになる．

　また，日常的に公民館でボランティアとして働いている子どももいる．はじめはふらっとやってきて，時間を持て余していたが，職員から声をかけられたことで公民館の仕事をするようになった．はじめは，嫌なそぶりを見せていたが，今では積極的に取り組んでいる．数人ではあるが，小学5年生のときから来はじめ，現在は中学2年生になっている．窓口で来館した地域住民に挨拶をし，公民館の仕事を手伝うことで，利用者がたいへんほめてくれる．それが子どもの自己肯定感，安定につながっていると職員は認識している．学校の先生は自分から地域の人に声をかけている子どもを見て，学校での姿との違いに驚くという．ある中学生は，英語の時間に岡山の名所やお勧めの場所について英作文をする課題で，公民館について書いたことがあった．

学校の先生は，英語がそれほど得意ではない子が，辞書を引きながら好きな公民館について書いているのを見て，公民館がその子にとって，とても意味ある場所であったということをあらためて感じることとなった．学校側は，その子がなぜ公民館を紹介しようとしたのかわかっており，公民館側にも伝えてくれたという．学校側も，学校外での子どもの姿を把握しており，それを他でも共有しようとしていると見て取れる．

公民館では，さまざまな主催事業にボランティアが関わっている．地域住民だけではなく，岡山県立岡山南高校の生徒もボランティアをしている．子どもが参加する事業に多様な人にボランティアとして参加してもらうことで，子どもを見守る人を増やしたいということであった．子どもに対しては，学校ではできないような体験的な学びを提供するとともに，子どもをいつでも受け入れられる場となっている．また，子どもが活躍でき，他者に認められるような場にもなっている．その学びや成長を地域内で共有し，地域内の一貫した学びを支えている．

4. 地域の核としての学校の役割とその可能性

本章では，地域，学校が協働することで学校の課題の克服を目指す中学校区の事例を見てきた．その結果，学校は落ち着き，授業に力を入れることができるまでになり，一定の成果を生み出したと言える．校区内の不登校の子どもの数も激減している．

このような効果をあげることができたのには，以下のような，地域の実情に合わせながら「地域協働学校」の特徴を生かした制度の活用によるところが大きいであろう．

第1に，学校運営協議会の設置によって，地域住民が主体的に意見を述べる場が設けられたことがあげられよう．岡輝中学校区では，地域住民が自由な発言ができ，学校側もそれを尊重したことで，シニアスクールのような斬新なアイデアによる事業が展開できたと言える．また，校区の状況に合わせ

た運営システムが作られたことによって，取り組みに継続性が生まれたことも指摘できる．

　第2に，「地域協働学校」として，地域内の学校園が一体となって同じ目標に向かって取り組み始めたことで，学校園間やその他関係機関・関係者と協働した取り組みへと発展したことが注目されよう．他市のコミュニティ・スクールは学校単位での活動が多いが，岡山市では中学校区を単位として学校園・地域・保護者が連携・協働する制度がその特徴といえる．岡輝中学校区では，それをさらに進めて，保育園も地域協働学校の一員に加え，校区内の私立幼稚園，高校とも緩やかな連携の体制を築いたのである．これは，地域を学校単位ではなく中学校区単位でとらえた結果である．15歳までの教育を地域，学校，保護者のそれぞれが責任を持ち，子どもの育ちを15年あるいはそれ以上の長い視点でとらえることで，一貫性のある子どものサポートが可能となっている．

　岡輝中学校区では，地域協働学校の始まりは，学校から地域等への働きかけからであったが，関係者のそれぞれが互いを地域の子どもを育てるためのパートナーと位置づけてきた．コミュニティ・スクールは「地域とともにある学校」づくりのひとつのツールにはなるが，学校が地域の課題も解決しうる地域の核となるためには，学校は学校だけを意識するのではなく，地域の一員としての自覚を持つことが求められよう．学校は地域が変化することで，翻って学校がよくなることにつながるという長期的な視点を持つことも必要ではなかろうか．

　岡輝中学校区の学校はさまざまな変化を遂げてきた．同中学校区では，地域と学校をつなぐ行事も多く，学校や子どもへの理解が広がりつつあるものの，子どもたちの親の世代は日々の生活が最優先で余裕がない．子どもが抱える問題の根本的な解決や地域全体を変革するところまでは至っていないのが実情である．しかし，公民館での新しい夏祭りの創出の例にあるように，これまで，地域のなかでは中心となってはいなかった世代の動きが現れるといった新たな展開の兆しもある．また，岡輝中学校区では，地域内で1人の

子どもを話題にして話ができるような関係ができつつある．通学している学校だけではなく，地域で，その前後の学校段階で，多くの大人に見守られており，受け止めてくれる誰かがいるという安心感が子どもに与える影響は少なくないであろう．学校と地域が連携した取り組みは10年を超え，地域のやさしさ，あたたかさを受けて育った子どもが成長し，社会に巣立ちはじめている．彼らが地域の担い手側となった時にこそ，この協働の成果が見えるのではなかろうか．

注
1) 文部科学省パンフレット「コミュニティ・スクール」より．
2) 学校運営の改善の在り方に関する調査研究協力者会議「子どもの豊かな学びを創造し，地域の絆をつなぐ～地域とともにある学校づくりの推進方策」2011年．
3) 各校の概要は次の通りである（園児数は2012年3月，児童・生徒数は5月1日現在）．
   岡山市立岡輝中学校（生徒数311人，学級数12：2008年10月，2011年8月，2012年8月に訪問），
   岡山市立清輝小学校（児童数112人，学級数8：2012年11月に訪問），
   岡山市清輝保育園（園児数132人：2012年11月に訪問）
   また，岡山市立岡輝公民館へも2012年11月に訪問している．
4) 全国の全児童生徒に占める就学援助支給対象者の割合は15.28%である（『平成23年度文部科学白書』）．
5) 他の指定校は学校単体での指定であった．他の指定校は以下の通り．習志野市立秋津小学校，足立区立五反野小学校，津市立南が丘小学校，新宮市立光洋中学校，尾道市立土堂小学校．
6) 京都市では，「京都市立学校における学校運営協議会の設置等に関する規則」において，地域住民等の学校運営への理解，協力，参画等を具体的に進めるため，校長が学校運営協議会に企画推進委員を置くことができることを定めている．企画推進委員は学習支援や学校安全などのテーマごとに部会を作り，組織だって学校支援ボランティアなどの活動を行っている．
7) 写真はいずれも清輝小学校より提供．
8) 運営側の高齢化の課題，土曜授業の開始等の理由により，2013年度から一旦募集を停止する予定である．
9) 2011年度の利用者数は34,242人であった（岡山市教育委員会『岡山市教育要覧2012』）．

参考資料

「子どもたちが愛されていると実感できる学校づくり・地域づくり」『中等教育資料』
　　2005年1月号，ぎょうせい，pp. 26-31．
「地域学校協議会で新たに起こした『シニアスクール』事業で，地域の高齢者に恒常
　　的に学校に来てもらう」『総合教育技術』2008年10月，pp. 22-25．
岡山市教育委員会「『地域協働の人づくり』を目指して－岡山市『地域協働学校』の
　　取組－」『教育委員会月報』第58巻第9号，第一法規，2006年，pp. 103-110．
「保育園から中学校までが連携し，地域ぐるみで学校の荒れをなくす」『VIEW 21 中
　　学生版』2007年9月号，ベネッセコーポレーション，pp. 22-25．
「生徒の『学び合い』を通じて学校改革」『内外教育』2012年10月5日，pp. 8-9．

付記

　本研究は，科学研究費補助金（研究活動スタート支援）「分権改革における義務教育学校運営への参加に関する比較研究」（課題番号24830107）の研究成果の一部である．個々に名前をあげることは差し控えさせていただくが，調査にご協力くださった多くの方々にお礼申し上げたい．

第3章
「第二の郊外化」をマネジメントする
―多文化共生の空間形成に挑む南欧都市―

阿部大輔

1. 都市再生と「第二の郊外化」

　計画的であれ非計画的であれ，近年の都市再生において重要なのは，疲弊したエリアの文化界隈化である．遊休地化していた旧操車場跡地にグッゲンハイム美術館を誘致し都市全体の再生に成功したビルバオ（スペイン）の例を引くまでもなく，都市環境の再生過程に美術館をはじめとする文化施設が果たした役割は大きい．近年の都市再生政策の文脈から見ると，疲弊した市街地を再生することは，文化や創造性をキー・コンセプトに界隈を活性化させていくことと，その内実において，かなりの部分で重なり合っている（阿部 2012b）．

　疲弊地区が文化的な香りの高い地区に変貌するという都市再生の「成功」は，しばしば地区の家賃の上昇を招き，相対的に貧困な居住層をその地域から排除していく．再開発や再生行為は地価の上昇をその本質的な目的としているのであるから，必然的にジェントリフィケーション（地区の高級化）を伴う．劣悪な住環境ゆえに低所得者層や移民などの居住地となっていたエリアが再生され，ミドルクラスの芸術家や高学歴の若者やカップルらが移り住むなど居住者層が一新され，それに伴走する形で地区の建造物の用途が変わり，旧来からの界隈の町並みの風情や文化が変質を余儀なくされている事例も少なくない．観光が重要な政策課題となっている昨今では，地区の文化界隈化に並行して，裕福な観光客を呼び込もうとする動きも顕著だ．

　ジェントリフィケーションがもたらす弊害は，すでに1960年代中頃から指摘されており（Atkinson et al., 2008），再開発と既存コミュニティの変質を問う問題設定は新しいものではない．しかし，近年の都市再生の流れを踏まえれば，以下の二点を考慮する必要がある（阿部 2010）．

　第一に，近年の都市再生の試みは，1960年代から米国で吹き荒れたアーバン・リニューアル政策のように大規模なスクラップ・アンド・ビルドを行うわけではないから，地区の物理的な表情が大幅に変化することは稀である．

むしろ，地区の刷新ではなく修復を主眼とする政策であるがゆえに，その裏で進む地区の社会的な表情の変化が目に見えづらくなっている状況がある．表層的な空間の捉え方では理解が難しい事態が進行中なのである．

第二に，影響を受ける居住者層の多様化である．単身高齢者や失業者などの地元の社会的弱者に加え，新たな居住層としての国外から流入する移民，あるいは第二世代・第三世代を迎えている貧しい移民の存在がある．社会的弱者の多くは経済力の問題から家賃の安い地域に住まわざるを得ない．そしてそうした地域こそが，ここ20年の都市再生政策が対象としてきた空洞化が進んだ歴史的市街地や郊外部の質の低い住宅団地だった．こうした状況下，ジェントリフィケーションの影響を最も容易に受けやすいのが移民であることは明らかであろう．

また，事業の目玉として集中的に整備された「再生地区」の周縁に新たな移民層が流入し，旧来からの居住層との文化的軋轢を生じているケースもある．例えば本章で取り上げるバルセロナでは，衰退した市内の都市環境が漸進的に再生される一方で，中心市街地や郊外を問わず，地区の魅力に少なからず貢献している様々なエスニック・グループとスペイン人居住層の共存の問題が顕在化している（Aramburu, 2005）．すなわち，ジェントリフィケーションの発生と並行して，社会的・文化的背景の異なる様々な民族との共生や社会的統合が新たな都市問題として浮上しているのである．

都市内の格差が都市間の格差以上に深刻であった．恒常的な高い失業率を背景として，社会階層の二極分化が進んでおり，それは都市内における格差，すなわち社会階層の空間的な分離としても現れている（白石 2005）．比較的豊かな社会階層が居住する地区と，失業率が高いマイノリティや移民が居住する地区が，ひとつの都市の中に空間的に分離して存在しており，後者の地区では社会的隔離などの深刻な社会的課題を抱えている．EUではこうした都市内の失業・貧困などは経済的持続可能性の課題としてではなく，社会的持続可能性の課題として捉えられている．

昨今，わが国においても社会的排除の問題が顕在化しているように，社会

的弱者がどのように都市に参加し帰属感を得ていくかが重要な課題となっている．すなわち，アーバンデザインを通したエンパワメントは，社会的に持続可能な環境を維持するためにも，早急に検討すべき重要な課題である．

　本章は，バルセロナ（スペイン）とトリノ（イタリア）を取り上げ，「第二の郊外化」に対する政策の展開と現状を考察する．バルセロナとトリノはいずれも1950年代以降から重厚長大型の産業構造を備え，フォーディズム的都市政策を展開してきた．バルセロナは1979年以降の民主化政権のもと，1992年のオリンピックの成功，公共空間の改善を主軸においたローカル・レベルでの生活の質の向上の達成により，欧州諸国において都市再生の先進都市として特筆されるべき存在になった．一方，トリノはバルセロナの経験を範にとりつつ，1990年代後半から都市構造の抜本的な改造，2006年冬季オリンピックの誘致，EUの補助金の積極的な活用により，インナーシティの再生に成功した（Colantonio & Dixon, 2011）．こうした類似した社会背景を有する再生都市が近年，社会的包摂や持続可能な地域づくりの観点から政策課題として明確に認識しているエリアがある．都市化の過程で否応なく形成され，近年著しい空洞化に直面し，現代においてもその維持更新が政策課題化している地域，すなわち都心部旧市街と郊外部に無秩序に形成された市街地である．

2．コミュニティの統合的再生：カタルーニャ州の試み

　面積約32万km²（関東地方とほぼ同規模），人口約736万人（2012年，オリンピック開始前の1991年の人口は約606万人）[1]を有するカタルーニャ州は，スペインを代表する工業都市・観光都市であるバルセロナを州都とする一方，フランスと国境を接するピレネー山脈沿いに過疎化した小規模農村を数多く抱えるなど，歴史的に著しい地域間格差に悩まされてきた．また，バルセロナ大都市圏，タラゴナやテラッサといった地方中核都市では1980年代以降の都市再生政策の実施の結果，居住環境が大幅に改善されたが，同

第3章 「第二の郊外化」をマネジメントする　　　59

時に移民の大量流入を受け，同一都市内における社会的隔離が空間的な住み分けという形で進んだ．低収入かつより高い社会的緊急性を有する社会階層がより都市的問題の山積する地区に住まわざるを得なくなっている現状がある．こうした状況に鑑み，どのような界隈（barris）であれ基本的なインフラや質の高い都市施設へのアクセスが保証されるよう，地区環境の改善を目的とした州法が2004年に制定された．この州法こそが，衰退したコミュニティを統合的に再生するEUレベルの試みのスペイン版である「特別な注意が必要な界隈・市街地の改善に関する法律」[2]，通称「界隈法」である．

(1)　「特別な注意が必要な市街地」を統合的アプローチで再生する
①理念と目的
　界隈法の基本目標は，空間的・社会的・経済的に深刻な問題を抱えたエリ

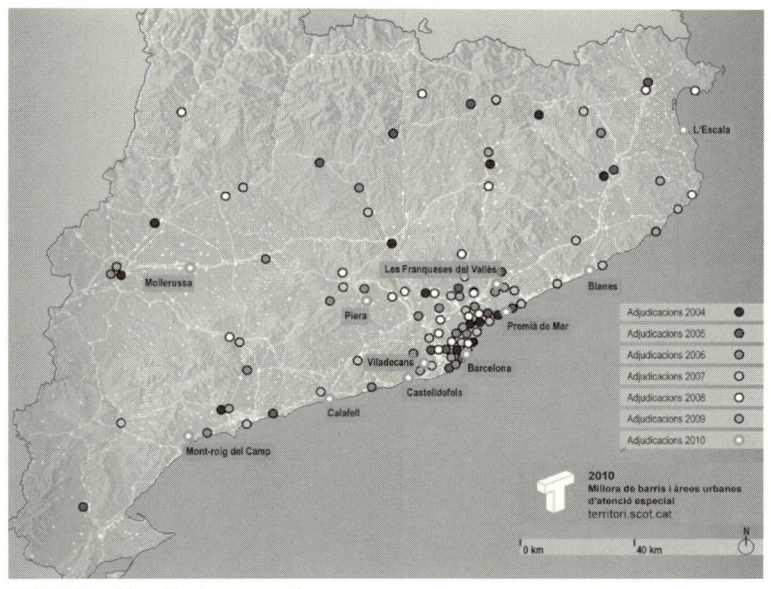

出典：http://territori.scot.cat/.

図1　カタルーニャ州「界隈法」の対象地

アの再生である．従来，都市計画が主眼としてきた居住環境は，それを支える社会経済的要素と不可分であり，ゆえに衰退市街地のマネジメントは住宅整備といった単なる物理的操作のみでは達成できないとの認識が背景にある．界隈法が対象とする衰退市街地は同法第5条において以下のように定義されている．

a) 衰退が進行している市街地（建造物や施設，土地や街路，交通網，衛生環境，公共空間等の荒廃や欠如）
b) 急速な人口動機の変化に直面している（人口減少あるいは高齢化，その逆に都市計画や都市サービスの観点から対処が必要なほどの急速な人口増加など）
c) 経済的・社会的・環境的問題が特に顕著な市街地
d) 深刻な社会環境・都市環境を抱えたままで，ローカル・レベルでの発展が困難な市街地

これら優先的に補助金が投入されるべき問題市街地は，「旧市街・歴史的市街地」「住宅団地」「郊外の不良形成市街地および現行法が要求する居住性についての最低基準を遵守していない住宅の占める割合が高いエリア」に類型化されている（第6条）．

②住宅市場の活況と社会的隔離の増大

界隈法が対象とする地区には，経済能力が低く社会からの大きな支援を必要とする社会的弱者が集中して居住している．特に，バルセロナのように環境再生に成功した都市では，社会的包摂が実現された地区もあれば，逆に社会階層ごとの住み分けが進展した地区もある．低収入および高い社会的緊急性を有する階層が，より都市環境上の問題が山積する地区に住まわざるを得ない状況が生み出されたのである．また，問題市街地においては，不動産価値に対する期待は小さくならざるを得ず，所有者が住宅の維持修繕に投資す

るのは極めて困難であることが多い．これに加えて，移民を代表とする社会的に隔離された階層の再生産（特に教育分野）は，機会均等の実現や社会的流動性にとって大きな障壁となっている．

他国と比べれば，カタルーニャにおける社会的隔離の問題はさほど深刻でなかった（Nel·lo, 2008）．民主化以降，州内の都市を構成する数多くの界隈において，住環境は大幅に改善されてきた．総合的な住環境の改善は，住民の草の根運動と基礎自治体の努力，経済発展，特に大都市圏のスケールでの地域統合が複合的に組み合わさった結果である．例えば，バルセロナとその周辺の市町村の間に存在した大きな差異，特に平均収入の格差は1985年から2000年にかけて継続的に減少している（Generalitat de Catalunya, 2009）．しかし，1990年代半ばから，社会的隔離の危険は増大し，いくつかの場所では，過密居住に起因する住環境の悪化や公共空間の衰退，都市サービス機能の低下といった問題が再浮上するようになった．

カタルーニャ州における住宅市場は，バブル経済を背景に2007年まで継続的に活況の状態にあった．また，1996-2007年のおよそ10年の間に，州の人口は約620万人から約750万人へと増加している（IDESCAT）．主として外国からの移民の到来に起因するこうした人口増加は，当然ながら住宅需要を増大させた．同じ1996年から2007年にかけて，新築の住宅価格は約4.7倍にまで跳ね上がった（Generalitat de Catalunya, 2009）．「地価の上昇」と「移民の増加に伴う地勢の変化」は，法の定める基準に満たない劣悪な過密住宅の再出現と，住戸が比較的獲得しやすい地域への社会的弱者の集中をもたらすことになった．そしてそうした地域こそが，界隈法が定義する「特別な注意が必要な市街地」の類型にあたる．

よって，界隈法の基本方針は，そうした問題市街地の生活環境のこれ以上の低下を避け，社会的隔離のメカニズムに介入しながら，悪循環を断ち切り，よりよい生活の質をもたらすことにある．そのために，まず追求されるのが機会平等と社会的公正である．居住地がどこであれ，すべての市民は等しく基本的都市サービスや質の高い都市施設へとアクセスする権利を有するとい

う原則である．

社会的隔離の問題は，ローカルでありながら，その原因や影響の及ぶ範囲はより広域的な視点で捉え直されなければならない．隔離を発生させるメカニズムは，土地および住宅市場の中に存するが，大都市圏化が進む現在，住宅市場は限定された地域内の問題に留まらず，より広範囲の領域に影響を及ぼしている．社会的隔離は同一の都市内の界隈間で発生するだけではなく，しばしば同一の広域圏内の界隈の間でも発生する．単独の都市ではなく，カタルーニャ州全域で法制定に至った背景には，この点があった．

(2) 界隈法の仕組み

界隈法の仕組みはシンプルである．「特別に注意が必要な市街地」における促進プログラムのための基金を創設し，そこにカタルーニャ州政府の地域政策・公共事業省の予算を配分する．この予算に基づき，州政府はいくつかの界隈の統合的な修復事業の実施を必要としている基礎自治体の参加を促進するプログラムの申請を毎年募集する．このプログラムに選ばれれば（採択率はおよそ30％），申請プロジェクトは界隈法に基づいて申請額の50〜75％の資金を受け取ることができる．本章が論考の対象とする2004-08年にこの公募が5回行われ，合計80.4万人（カタルーニャ州の全人口の10％以上に相当）が住む92界隈の統合的な修復が開始された．当該の基礎自治体の投資に加えて，州政府が補助する形で，10.7億ユーロが投入され，具体的な整備が実施されてきた．

表1 事業申請数と採択数

年	申請数	採択数	不採択数	放棄数
2004	71	13	47	11
2005	77	17	42	18
2006	58	16	24	17
2007	40	24	4	12
2008	58	22	19	17
合計	304	92	136	75

出所：Generalitat de Catalunya (2009) より作成．

①対象地の選出方法

界隈法では対象地区の選定の際に，二層構造の基準を定めている．まず，法の目的に沿う形で定めた合計16の統計的な基準により，界隈の現況を評価する．その際，対象となるの

表2　界隈の評価基準

①都市の衰退ならびに施設・サービスの不足	・台帳価額 ・不十分な建造物保全の状況 ・水道や水処理システムのない建造物 ・主に住宅として用いられる4階以上の階高をもつエレベータなしの建造物
②人口動態	・人口密度 ・非常に急激な人口の減少あるいは増加 ・従属人口 ・移民の比率
③経済問題，社会問題，環境問題	・補助年金や年金を受給している住民の人数 ・高い失業率 ・緑地の欠如 ・教育レベルの低さ
④社会や都市基盤の欠陥ならびに地域の発展	・公共交通の欠如 ・駐車場の不足 ・経済活動の停滞／低い経済活動 ・社会的排除の危険にある住民の比率

出所：Generalitat de Catalunya（2009）より作成．

は，「都市計画上の問題や施設の不足」，「人口動態・構造」，「経済問題・環境問題」，「地域の経済的・環境的欠陥」，の4分野である．16の評価基準は表2に示す通りである．

「特別な注意が必要な市街地」を定めるにあたり，上述の各基準にしたがって評点が算出される．これにより地区の現状が把握されたら，基礎自治体によって申請されたプロジェクトの分析に基づく第2の評価プロセスへと移行する．ここで評価対象となるのは，基礎自治体から提案された再生事業の包括性の度合い，一貫性，財政状況，補完的事業の同時並行性などである．こうして，「地区の現状分析」と「提案されたプロジェクト分析」の2つの軸から，申請事業に対して点数が付与される．この点数に基づき，毎年の募集プログラムにおける予算配分が決定される．

以上から，界隈法に基づく再生プログラムは，問題を抱えた界隈に対する新規のプログラムなのではなく，再生へ向けたプランをすでに策定している界隈に対する補助スキームであると理解することができる．

②再生事業の分野横断性確保の工夫

社会的包摂の問題を都市政策の文脈で対処するにあたり，不可欠となるのが界隈の統合的なプランニングであり，既存の縦割り行政や縦割り予算の枠組みの克服である．界隈法の実施に当たっては，分野横断的アプローチを促進するために，①再生事業を申請するにあたっての必要テーマの設定，②州政府内の様々な省庁・部局による補完的プログラムの創設，③包括的なフォローアップ・メカニズムの創出，の3つの手法が活用されている．

統合性の確保へ向けたテーマ設定

1点目について，界隈法は申請事業が検討すべきテーマとして以下の8つを定めている．
　①公共空間の改善ならびに緑地の整備：街路の舗装化，樹木／植栽の配置，照明，庭園の創出等
　②建造物の共有設備の整備：ファサード，下水道，エスカレータ，屋根
　③共有施設の整備：市民センター，高齢者施設
　④コミュニケーション技術の統合：建造物内の設備，WiFiの整備
　⑤エネルギー・環境設備の導入：ゴミ収集ポンプ，地下ゴミ収集容器，リサイクルセンターの整備，再利用可能なエネルギーの促進，水貯蓄システム
　⑥ジェンダーの観点から見た都市空間および施設の平等な活用の促進：整備におけるジェンダーの視点の包含，公共空間ならびに公共施設の設計ならびに統合（女性関連施設の整備，特別訓練活動）
　⑦界隈の社会的・都市的・経済的改善を内包するプログラムの展開：社会的排除の危険にある共同体への支援事業，訓練プログラム，商業の活性化
　⑧アクセシビリティの改善ならびに建築上の障壁の除去：歩道の拡幅，スロープの設置，エスカレータの設置（バリアフリー・デザインの推進）

第3章 「第二の郊外化」をマネジメントする

界隈法では，再生事業における分野横断性を促進するために，その事業が扱うテーマの数と評点が比例関係になるべきことを定めている．すなわち，上記8分野をより複合的に組み合わせた提案の方が高い点数を得る仕組みになっている．

州政府内の補完プログラムの創設

疲弊した界隈の再生にあたり，州政府内の他の部局が担当するプログラムが補完的に実施されている．たとえば，労働省の職業サービス局による「界隈で働く」("Trabajo en los barrios")プログラムは，3,000万ユーロを投じて92の対象界隈のうち81界隈において職業訓練や学校教育の補助を実施するための協定を締結した．同様に保険局も「界隈の健康」("Salud en los barrios")の枠組みにおいて，プログラムの最初の3期における合計30の界隈を対象に，

団地が立ち並ぶ殺風景な風景を統合的に再生するために地区の中心部に遊歩道を整備し，それにあわせて経済力の低い住民のための雇用の創出や教育の促進を図っている．

写真1 界隈法による郊外の工業団地の再生の試み（タラゴナ市カンプ・クラー地区）（筆者撮影）

地区の公衆衛生ならびに医療の状況に関する調査を実施した．環境・住宅省はプログラムの 37 界隈を対象に建造物の共有部分の修復に際する補助方針を定めた．内務および市民参加省は 24 界隈を対象に住民参加プロセスに対して特別補助スキームを検討している．カタルーニャ土地機構は 14 界隈を対象に再整備（特に老朽化した住宅の建て替え）に関する協定を設定し，界隈法で定められた投資と並行して，約 2 億ユーロの資金を投入している．将来的には，教育や社会活動，移民に関するプログラムが重要になってくることが予想される．

③フォローアップの仕組み

　異なる分野を横断しながら界隈の再生に取り組もうとする制度的な努力を最も端的に示すのが，「プログラムの評価およびフォローアップ委員会」の設置である．この委員会は，州内の地域政策・公共事業，環境・住宅，行政，社会貢献，経済・財務，保健，労働の 7 省で構成される．基礎自治体の当該部局がこの委員会に参加している場合も多い．この委員会の存在は，州政府および基礎自治体における関連部局の積極的な関与を可能としている．再生のアプローチに最も近い新たな組織を創設する必要性は，従来の縦割り構造を打破する可能性を秘めている．

(3)　界隈法の整備実績

　最も投資額が多いのは，緑地を含む公共空間の整備であり，2004-08 年の全投資額の約 46％ を占める．次いで多いのは施設の 22％，修復事業の 9％，社会プログラムの 9％ と続き，アクセシビリティが 7％，ジェンダー問題が 2％，最も少ない割合となったのが新技術の導入で 1％ であった（Generalitat de Catalunya, 2009）．個人への直接的な財政補助を実施するというよりは，収入や社会サービスへのアクセスに対する機会平等を促進する社会プログラムを推進するという側面が強い．

　問題市街地において，公共空間の持つ意味は少なくない．そうした地区で

は往々にして公共空間の規模は小さく，また個々の住宅が狭小のため内部空間に使用可能なスペースが少ないこともあり，都市活動の舞台としての公共空間が希求される状態にある．したがって，公共空間の拡大と回復は，界隈の生活の質を向上し，共有空間における多文化共生の問題を解決するために不可欠なテーマであるといえるだろう．なお，地区の類型で見ると，歴史的市街地型の界隈が47%と半数近く，次いで郊外の団地が30%，非計画的市街地が23%となっている（Generalitat de Catalunya, 2009）．

(4) 再生テーマの分散から見た社会的包摂の論理構造

最初の5回の選考において対象となった合計92の再生事業のうち，71事業が8つのテーマすべてに，8事業が7テーマ，7事業が6テーマを取り上げ，新たな基礎自治体の再生プランとして構成している．幅広いテーマ群の設定という仕組みが，より包括的で統合的な政策立案を後押ししていることが分かる．

界隈法では空間整備に対して多くの資金が投じられてきており，社会的包摂に関連するプログラムを重点的に展開してきたとは言い難い．それでは，界隈法において，社会的包摂の論理はどのように構築されうるのだろうか．第1には，問題市街地の環境改善の足かせとなってきた不動産価値の形成メカニズムを打破することが最初の一歩であるという認識が徹底している．良質な公共空間の存在は社会的包摂の現場となりうることに加え，地区全体の不動産価値を高めうる．これは先に指摘した公共空間の重要性の議論とも連動する．また，身近な生活を支えるインフラ（ゴミ収集・処理設備や水・エネルギー循環施設）は概して市内の他地区よりも質において劣ることが多い．したがって，その改善も社会的包摂に欠かせないプロセスであると捉えられていると考えられる．

ここで，公共空間の整備（テーマ①）と住民のエンパワメントを含む社会プログラム（テーマ⑦）のみが，92すべての再生事業に盛り込まれた項目であった事実を指摘する必要がある．日常の空間の質が回復するのと同時並

行的に社会プログラムを展開しているところに界隈法の社会的包摂の論理構造を見て取ることができる．この両者を同時並行的に実施することは，新たに整備される公共空間が社会的弱者のための生活の場，共存の場としての役割を帯び，次なる界隈のマネジメントへと連鎖的に展開していく可能性を示唆している．次節では，界隈法の具体的な適用事例として，バルセロナの取り組みを見ていこう．

3. バルセロナ：都市再生後の断層を修復する

バルセロナは，過密状態にあり衰退が著しかった市街地に公共空間を創出し（これは密集市街地に空隙を設け，それを連鎖的に広げていく様子から空間の「多孔質化」と呼ばれた），質の高い建築を埋め込むことで，都市空間の質的改善に努めてきた（阿部 2009）．それが後日，都市再生の「バルセロナ・モデル」と賞賛されるようになった．薄暗い密集街路における都市衛生の改善，荒廃住宅の改修などの小さなプロジェクトが市内の様々な場所で「点」として取り組まれ，それがしだいに「点」と「点」を結ぶ動きを呼び起こし，さらにコミュニティの面的な改善に展開されていった．その過程では，社会的排除されてきた移民たち，あるいは貧困層が，社会的に包摂されていくプロセスも観測された（阿部 2009）．

再生が一段落した後に，ジェントリフィケーションや多文化共生の問題が顕在化し，「再生した」都市全体の中で，社会階層ごとの住み分けが再び進行している．2004 年の界隈法の制定を受け，改めてバルセロナでも「特別に注意が必要な地区」の選定作業が必要となった．都市再生が一定程度達成された後でも，依然として環境に恵まれず，衰退さえしている地区としてまず 30〜40 程度が抽出された．問題を抱えた市街地は，様々なデータを収集・管理している行政領域（バルセロナの場合は区［Districte］）とは必ずしも一致せず，むしろその領域をまたぐ形で表出していることが明らかとなった（Cremades, 2010）．こうした作業を踏まえ，緊急性の観点から優先的

に整備を行っていくべき界隈が決定され，統合的都市整備プラン（Plan d' Intervenció Integral）が作成された．

バルセロナから2004年の第1回目のプログラムに応募し採択されたのは，

図中	年	地区	面積	人口
①	2004	サンタ・カテリーナ	35.1ha	1.5万人
②	2004	ロケッタス	77.8ha	1.48万人
③	2005	ポブレセック	74ha	3.8万人
④	2006	トーレ・バロ／シウタット・メリディアーナ	254ha	1.24万人
⑤	2006	トリニタット・ベリャ	15.5ha	7,000人
⑥	2007	ラ・ボルデータ	43.1ha	1.69万人
⑦	2007	エル・コル	32.8ha	6,296人
⑧	2008	バルセロネータ	20.7ha	1.16万人
⑨	2008	トリニタット・ノバ	35.8ha	3,720人
⑩	2008	マレズマ／ベソス	56.6ha	1.76万人
⑪	2009	ボン・パストール／バロ・デ・ビベー	109ha	1.13万人
⑫	2010	ラバル南地区	67.7ha	2.67万人
⑬	2010	ラ・ビニャ／カン・クロス／プルス・ウルトラ	33.2ha	1.07万人
		合計	855.7ha	19万2,345人

図2 バルセロナにおける界隈法の適用地区（Cremades, 2010から作成）

上から，サンタ・カテリーナ，トリニタット・ベリャ，バロ・デ・ビベーの各地区．
写真2 界隈法に基づいて再整備が進むバルセロナの界隈（筆者撮影）

サンタ・カテリーナ地区とロケッタス地区であった．前者は古い市場を核とする歴史的市街地であり，1980年代からの再開発を経てもなお，劣悪な居住環境に改善の兆しが見られなかった地区である．バルセロナの旧市街では，荒廃した市街地において特に状態の悪い複数の街区を取り壊すことで新たな公共空間を生み出す「多孔質化」によって再生が図られてきたが，サンタ・カテリーナ地区も例外ではない．問題は，生み出された公共空間のその後のマネジメントであり，近隣住民のための施設の不在であった．後者のロケッタス地区は，市北部の山裾に向かって不整形に形成された市街地であり，坂道の続く地理的に不利な地区である．バルセロナ・モデルと賞賛された都市再生政策の一方で，あまり顧みられることがなかった都市周縁部の典型である．ロケッタスでは，地区に隣接するがこれまであ

まり接続が考慮されてこなかったコルセローラ公園との空間的つながりを生み出し，地区に不足していた施設を整備し，地理的な問題を解消するために街路間をつなぐスロープや階段，エスカレータを整備した．住民の日常生活におけるアクセシビリティの改善が主な眼目であった．

以下，2010年に至るまで，バルセロナからは合計13の地区が界隈法の適用を受け，統合的な再生プログラムに着手している（図2）．地理的に見れば，旧市街の周辺と北部の山裾および高速道路に隣接した周縁部に対象が集中している（図4）．まさに，バルセロナにとって，こうした地区こそが都市再生後に改めて顕在化した社会的に問題を抱えたエリアなのである．

バルセロナが界隈法を用いて再生に取り組んでいる地区の多くは，状態の芳しくない住宅が多数立地し，地区施設は老朽化し，公共空間は活力を失っていた．旧市街のゴシック地区やガウディ建築が多数立地する新市街（拡張地区）とは異なり，観光客が足を運ぶこともなく，単身高齢者や移民の集中居住区としての性格を強めつつある．バルセロナの試みは，公共空間の整備と社会的包摂プログラムを織り交ぜながら様々な界隈に丁寧に適用していくことで，地区に住まう人々の帰属感や自負心を回復させ，生活の質を大幅に改善することを狙っている．都市再生先進都市であるがゆえに生じた，いわば再生後の亀裂や断層を修復していく．そこにはポスト・バルセロナ・モデルの都市政策の姿を見て取ることができる．

4. トリノ：青空市場を核に移民街の再生を図る

イタリア北西部に位置し，ピエモンテ州の州都であるトリノは，ミラノに次ぐイタリア第2の工業都市であり，「イタリアのデトロイト」（Colantonio *et al.*, 2011）と呼ばれるように，FIATの「ワン・カンパニー・シティ」（Rosso, 2004）であった．

FIATが都市の産業を牽引したトリノでは，1950年代以降，人口が急増する．1951年に約72万人だった人口は，1954年から64年にかけて毎年平

均5.6万人の移民が働き口を求めて押し寄せた結果，1975年には120万人を超えた（Winkler, 2007）．しかし，自動車産業の斜陽を背景に人口は徐々に減少し，現在の人口は約90万人にまで減少している．FIATは生産機能をトリノから移し始め，これがきっかけとなり市内の衰退が進んでいく．1980年代におよそ10万の雇用が失われ，1986-96年の間にFIAT関連の雇用数は9.2万人から4.7万人に減少している（Maggi & Piperno, 1999）．

トリノの景気は，FIATが製造工場をトリノから他都市に移転を開始した1980年代以降，悪化の一途をたどった．1980年にはトリノのFIAT工場の従業員約2.3万人が解雇されたのを皮切りに，1986年から96年にかけて9.2万人から4.7万人にまで従業員数が減少するなど大規模なリストラが進んだ（Rosso, 2004）．

このように都市を支えてきた産業構造が大きく揺らぐ中，移民の数は継続的に増加している．当初は南イタリアから，近年では国外からの移民が多く，特にルーマニア，モロッコ，ペルー，中国，セネガル，ナイジェリア，フィリピン出身者が多い．そうした移民の受け皿となってきたのが，旧市街に隣接するポルタ・パラッツォ（Porta Palazzo）や中央駅から南に広がるサン・サルバリオ（San Salvario）といった界隈であった．多言語，多人種，多文化で特徴づけられるこうした界隈は，住民の失業率の高さ，異文化間の衝突・摩擦，コミュニケーションの断絶，社会的つながりの欠如，それらが複雑に絡み合った結果としての治安の悪化といった社会問題を生んできた．

(1)　トリノの都市再生および統合的政策の展開

トリノが大規模な都市の体質改善に乗り出すのは，1993年の選挙制度改革を受けてバレンティーノ・カステッラーニ（Valentino Castellani）が市長に選出されてからである．彼は，工業都市としてのイメージから外部に開かれた国際都市としてのイメージへの脱却を掲げ，1993年に1.7万人を数えた市の職員を2004年までに1.28万人に削減したり（Rosso, 2004），87にも上った様々な部局をいくつかの単位に再編成したりといった構造改革を断行

第3章 「第二の郊外化」をマネジメントする

した．

　カステッラーニ市長は，荒廃した自動車産業都市のイメージを変えるべく，バルセロナの経験を参考にしながら（Colantonio et al., 2011），挑戦的な都市政策を次々と打ち出す．まず，戦後50年間ほぼ都市計画が不在だったトリノにおいて，新たなマスタープラン（Piano Regionale Centrale）を作成し，都市再開発や大規模なインフラ整備事業（特にモビリティや交通の改善）の方針を示した．さらに，2000年には，地域の様々なステークホルダーとのパートナーシップによる都市づくりに向けた「トリノ戦略プラン」を策定した．この戦略プランは，2011年までに実施されるべき合計84の事業を盛り込むなど，長期間にわたる都市再開発の航路図として機能している．戦略プランの策定と並行して，新たな都市イメージの推進政策の一環として，2006年冬期オリンピックの開催地にも立候補し，実施にまでこぎ着けた．

　カステッラーニ市政の比較的早い時期から，問題を抱えた市街地に対する数多くの社会的包摂プログラムを盛り込んだ統合的な再生事業が展開されてきた．その代表格が1997年に開始された周縁部改善プロジェクト（Progetto Speciale Periferie）である．この再生プロジェクトはボトムアップ・市民参加を通した問題市街地の居住改善・社会的統合の促進を目的とし，以下の点を特徴とする（Magnano, 2007）．

- 社会問題，経済問題，環境整備の問題に対処するための政策の統合化
- 再生のあらゆるプロセスにおいて市民参加を促進
- ローカルな問題に対処する革新的・試行的なアプローチの促進（ソーシャル・ミックス等）
- 政策決定へ向けた学際的・分野横断的アプローチの推進

　初期の周縁部改善プロジェクトの対象地のひとつがポルタ・パラッツォ地区である．同地区は1996年以降，EUのUPPの適用を受け，統合的な改善事業に取り組んできた．いわば，周縁部改善プロジェクト構想の源流とでも

言える意欲的な取り組みである．

(5) ポルタ・パラッツォ界隈の再生：The Gate プロジェクト

ポルタ・パラッツォは，18世紀に発展し今日に至るまで長らくトリノ市民の胃袋となってきた屋外市場であり，市場を核にその周囲に広がる一体の界隈を指す．約5.2万km^2の広がりを有する欧州最大規模の屋外市場であり，約1,000の大小さまざまなマーケットを目当てに，1日あたり4万人，週末にもなれば約10万人もの人々が訪れる（写真3）．

現在約1.1万人の人口を抱えるポルタ・パラッツォ地区は，長らく市を代表する移民街として発展してきた．市人口における外国籍住民の比率は3〜4％であるが，同地区のそれは約22％となっている．都市再生政策が展開される以前，この界隈は衰退したインナーシティそのものであった．貧弱な居住環境，多様だが混じり合わず対立する移民コミュニティ，住民の教育レベルの低さ，失業問題，商業活動の停滞およびインフォーマル化，ドメスティック・バイオレンス，麻薬や売春の横行，それに伴う治安問題等が深刻化し，市民の寄り付かない界隈に成り果てていた．

転機は1990年代後半に訪れる．市は1996年にEUの地域発展基金プログラムとして「The Gate プロジェクト：住み続けられるまちづくり」（The Gate-Living not Leaving）を提出する．その目的は，「50万km^2もの広がりを有するポルタ・パラッツォ界隈の統合的政策実施を促進する」「地区の資源を再発見するために柔軟なボトムアップ型の再開発を進める」「コミュニティの活性化を進めるために地区内外の利用可能な資源（財源からノウハウまで）を動員する」ことであっ

写真3　ポルタ・パラッツォ市場（筆者撮影）

第3章 「第二の郊外化」をマネジメントする

た．

　この申請は1998年に正式にUPPとして採択され，運営を支える組織としてポルタ・パラッツォ委員会The Gateが同年に創設された．The Gate委員会は，行政関係組織，民間企業，住民によって構成される複合的組織であり，さっそく地区の居住環境ならびに社会経済状況の改善に向けて活動を開始した．ポルタ・パラッツォ地区では，The Gate委員会が核となり，主に市民団体や零細企業と協働しながら，しばしば違法な形で展開されていたサービス活動を正規化・是正し，文化・教育活動の展開が図られた．すなわち，ポルタ・パラッツォ界隈で締結されたパートナーシップは，大規模なインフラ改善や再開発を推進するためではなく，地域の様々なアクターを巻き込みながら小規模な経済活動や社会プログラムを展開していくことに主眼があった．

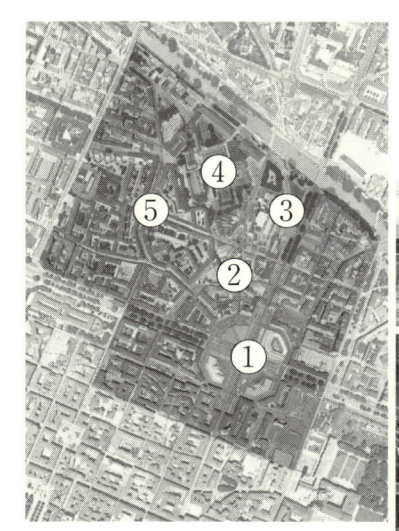

　The GateプログラムはEU，トリノ市，国の公共事業省から補助金を受けて運営され，これまでにポルタ・パラ

①ポルタ・パラッツォ広場の再整備
②旧モラッシ水路の歩行者空間化
③トリノ・チェレス間旧駅舎の改築
④旧兵器工場の修復
⑤コットレンゴ慈善施設群の保全

図3　ポルタ・パラッツォ界隈の再生プロジェクト

ッツォ界隈において社会・環境・商業・経済・物的環境（住宅や公共空間）に関する約20の再生事業を管理・実施してきた．

①居住環境の改善

ポルタ・パラッツォの住民の多くは借家人であり，常に不動産の維持管理の問題を抱えている．これは，居住者のコミュニティへの帰属意識・責任に対する意識の低さに起因するものである．適切なメンテナンスがなされるどころか，フラットが細分化され又貸しされるなど，建造物の過密化が進行し，結果，地区環境が悪化するというサイクルに陥っていた．そこで The Gate プロジェクトでは，2000-02年に「ファサード・コンペ」[Bando Facciate] を実施する．これは不動産の所有者に彼らのフラットを修復し，街路に面したファサードを美しくするよう奨励するプログラムであり，合計58のフラットのファサードがこれまでに改修された（Colantonio et al., 2010）．その後，類似のものとして「ポルタ・パラッツォに住む」（Abitare Porta Palazzo）プロジェクトが2004年に実施された．これはフラットの共有部分の修復を促進するための経済的・技術的な支援を所有者に対して行うものであり，これまでに80を超える建造物が修復された．

また，移民の所有者や居住者の関与を可能にするために，The Gate はあらゆる再生事業に際してアラビア語および中国語を話す調停者を用意した．

②雇用支援

経済活動の正規化や移民や失業者への雇用促進プログラムとして，若年層の移民に対する職業訓練プログラム「街路に出よう」[Via dalla

写真4 地区内に残る老朽化した建造物
（筆者撮影）

第3章 「第二の郊外化」をマネジメントする　　　　77

Strada]やニューカマーに対してイタリアの労働市場のルールや手続きを紹介する「もし経済が社会的であるならば」[Se l'economia è sociale]プログラム，正規の，あるいは不法な経済活動に従事することで何とか日々の生活をしのごうとしている移民に対して統合的なプロセスへの関与を支援するプログラム「上海，非公式な経済と外国人市民」[l'Sciangai: economia informale e cittadini stranieri]などが実施されてきた．経済活動が地下化しがちな社会的衰退地区において，活動を「公共化」する試みが展開されている．

③地区の文化観光資源化

The Gateは地域資源の発掘や文化・観光資源としての強化にも取り組んでいる．例えば以下が挙げられる．

- Turisti per casaプログラム：界隈を代表する3つのコミュニティ（イスラム，西アフリカ，アジア）の料理が振る舞われる食べ歩き企画．市民は食を通してポルタ・パラッツォの多文化の魅力を理解する．
- モバイル図書館[Bibliomigra]：界隈を週に一度，移動図書館が回遊する企画．住民は14言語，700冊の蔵書から本を借りることができる．
- サッカーのトーナメント企画[2 tri a Porta Palazzo]：ポルタ・パラッツォ広場を会場とする異文化対抗サッカー大会．移民コミュニティだけでなく，警察官チームも参加する．

④社会的包摂プログラム

「広場で学ぶ」[In piazza s'impara]プログラムは，ニューカマーに対してはイタリア語を，他の市民向けにアラビア語，中国語，ポルトガル語，ルーマニア語の無料レッスンを開講するプログラムであり，いずれもポルタ・パラッツォ広場に面する部屋で行われる．また，「積極的な市民への道」[Percorsi di cittadinanza attiva]は，市民や関連団体に対して，彼ら自身が地区の摩擦を把握し，解決策を見いだせるよう，能力開発を支援するプログラム

や，正式な許可を取得せずに働いているフリーマーケットの業者を対象としたエンパワーメント・プログラム（2000 年）が実施されてきた．

　ネットワークづくりに関して重要なプロジェクトとしては，「若者のテーブル」[Tavolo Giovani di Porta Palazzo] が挙げられる．このプログラムは2003 年に開始され，不安定な若者に関連するあらゆる地域のアクターを巻き込みながら展開された．若者向けの社会文化イベントを実施するための集会所を組織したり，映像制作のスタジオを設置したりすることで，地域のアクターの間の協力関係が強化された．

（3）　トリノの多様性を象徴する地区へ

　現在，ポルタ・パラッツォ市場を核とするエリアは大盛況である．裏路地に多数存在した空きテナントが徐々に個性的な店舗へと変わりつつある．かつてはより付かなかった市民も，買い物がてら近隣の散策を楽しんでいる姿を確認できる．市場という都市に欠かせない機能をもった空間は，文化的に異なる移民たちと古くからのトリノ市民の交流の場として蘇りつつある．The Gate 委員会は社会的弱者が多く住む地区の性格を踏まえ，多様で重層的な社会プログラムを展開してきた．移民の存在が生活拠点の意味を変える．ポルタ・パラッツォは，トリノの中で最も濃密なエスニシティが漂う界隈として日常生活に欠かせない場所となっている．

5．社会的包摂を目指す新たな都市計画像

　カタルーニャ州の界隈法とトリノのポルタ・パラッツォ事業のいずれも，より統合的な都市政策を可能とするために，多様なテーマ群を設定し，基礎自治体の整備事業の進展を促進させるスキームである．

　しかし，従来の補助金スキームが，ともすれば各テーマに対する個別の投資となりがちであったのに対し，界隈法や The Gate プロジェクトは，当該する基礎自治体に，公共空間の整備や住宅の修復といった従来の物的環境整

備に加えて，ジェンダー問題の解決や機会均等の実現，雇用教育プログラムといった社会的包摂の措置をひとつの都市政策として作成することを要請し，事業の新たな展開を可能にした点が特徴的である．

バルセロナ（カタルーニャ州）およびトリノの経験は，EUの都市・地域政策の長らくの主眼であった社会的排除への対抗が，よりローカルなレベルで制度化・政策化され，独自の展開を見せていることを物語っている．バルセロナやトリノが目指す新たな都市計画は，プランの作成から事業の実施，多文化共生への試みに至るまで，多様な分野の参画の程度を指す「多次元性」，様々な行政組織によって推進される異なるプログラム，事業，政策の間の一貫性や協調関係を指す「マルチレベルの協働」，異なる行政組織間の水平的調整を指す「横断性」を政策理念に，これらを同時並行的に進めることで，包容力に満ちた地域空間の形成が後押しされるという論理構造を有している．

［付記］
　本稿は，科学研究費補助金若手研究(B)「欧州都市のジェントリフィケーションへの対応策と多文化共生へ向けた都市戦略」（課題番号22760448）および科学研究費補助金基盤研究(C)「ポスト都市再生時代の欧州都市における社会的持続性を実現するための計画論の再構築」（課題番号24560769）による調査結果の一部である．

注
1) 以降，本稿における人口統計データは，特に断りのない限り，カタルーニャ州の統計局IDESCAT（Institut d'Estadística de Catalunya）に依拠する．
2) 原語での正式名称は，Llei 2/2004, de 4 de juny, de millora de barris, àrees urbanes i viles que requereixen una atenció especial

参考文献
阿部大輔（2012a）「社会的包摂を勘案した統合的都市政策に関する研究　スペイン・カタルーニャ州の界隈法を事例に」日本都市計画学会都市計画論文集，Vol. 47, No. 3, pp. 685-690.
阿部大輔（2012b）「文化発信拠点　建築・都市を文化として伝える」（アーバンデ

ザインセンター研究会編)『アーバンデザインセンター　開かれたまちづくりの場』理工図書，pp. 141-144.

阿部大輔（2010）「欧州都市にみるポスト都市再生時代における新たな景観像の可能性　ジェントリフィケーションと多文化共生の観点から」『景観の計画的リビジョン 2　景観からの価値創造』，日本建築学会大会（北陸）都市計画部門 PD 資料集，pp. 43-44.

阿部大輔（2009）『バルセロナ旧市街の再生戦略』学芸出版社.

笹原景子（2005）『トリノ The Gate プロジェクトにみる都市再生戦略に関する研究』，東京大学大学院新領域創成科学研究科環境学専攻修士論文.

白石克孝（2005）「サステイナブル・シティ」，『グローバル化時代の都市』（植田和弘他編）岩波書店，pp. 169-194.

Aramburu, Mikel (2005) "Inmigración y uso del espacio público", *Barcelona. Metròpolis Mediterrània* (Revista d'informació i pensament urbà), Barcelona: Ajuntament de Barcelona, No. 6, pp. 34-42.

Atkinson, Rowland & Gary Bridge, (ed). (2008) *Gentrification in a Global Context. The new urban colonialism,* New York: Routledge.

Brugué, Quim & Ramon, Canal, (2012) "Gobierno multinivel y políticas urbanas: el ejemplo de la Ley de Barrios", in *Repensar las políticas urbanas. Apuntes para la agenda urbana* (Josep Maria Montaner, Joan Subirats coord.), Barcelona: Diputació de Barcelona, pp. 313-328.

Colantonio Andrea, & Tim, Dixon, (2011) "The Regeneration of Turin and Porta Palazzo", in *Urban Regeneration and Social Sustainability: Best Practice from European Cities* (Colantonio & Dixon eds.), Oxford: Wiley-Blackwell, pp. 143-167.

Cremades, Enric (2010), "Els Plans d'Intervenció Integral a Barcelona", *Barcelona Societat*, No. 19. pp. 5-16.

Generalitat de Catalunya (2009) *La Llei de barris. Una aposta col·lectiva per la cohesió social*, Barcelona: Generalitat de Catalunya.

Iglesias, Mariela *et al*. (eds.). (2011) *Políticas urbanas en España. Grrandes ciudades, actors y gobiernos locales*, Barcelona: Icaria editorial.

Maher, Vanessa, (2007) "Immigration to Italy: National Policies and Local Strategies in Verona and Turin", *Migration and Cultural Inclusion in the European City* (William J. V. Neil et al eds.), New York: Palgrave Macmillan, pp. 179-190.

Martí-Costa, Marc & Parés, Marc (coords). (2009) *Llei de barris: cap a una política de regeneració urbana participada i integral?*, Barcelona: Generalitat de Catalunya.

Nel·lo, Oriol (2012) *Ordenar el Territorio. La experiencia de Barcelona y Cataluña*,

Valencia: Tirant Humanidades.
Nel·lo, Oriol, (2008) "Contra la segregación urbana y por la cohesión social: la Ley de barrios de Cataluña", in *Ciutats en (re) construcció: necessitats socials, transformació i millora de barris*, Barcelona: Diputació de Barcelona.
Black, Rachel E. and Porta Palazzo. (2012) *The Anthropology of an Italian Market*, Philadelphia: University of Pennsylvania Press.
Rosso, Elisa. (2004) 'Torino: Policies and actions at a metropolitan level'. Paper given at the conference '*La Gouvernance Metropolitaine: Recherche de coherence dans la compléxité*', Montréal, 7-8, http://ejc.inrs-ucs.uquebec.ca/Torino.pdf.
Rubbo, Viviana, (2009) "Urban regeneration and integration in Turin (Italy): the example of Porta Palazzo/The Gate project", *FORUM*, Institute for Multicultural Affairs (Netherlands).
Winkler, Astrid, (2007) *Torino City Report*, Center for Analysis of Social Exclusion.

第4章

コンパクトシティ再考

－段階的都市縮小の可能性－

金森　亮

1. ロードサイド型コンパクトシティの着想

　人口減少時代において効率的な都市構造のお手本としてマスタープランに組み込まれることの多いのがコンパクトシティ論だ．人々の日常生活圏を限定し，道路や上下水道など社会インフラの維持・管理コストの削減，人口集積による地域活性化，徒歩移動環境整備や公共交通の高いサービスレベル提供による移動権の保障，さらには脱自動車依存による環境問題解消が期待される都市システムである．今後の持続可能な社会における都市構造として，まさに理想的なシステムである．

　ここで日常生活圏の集約先として中心市街地があげられることが多い．多くの都市問題・交通問題の元凶は自動車であるとされ，寂れた中心市街地の再生にコンパクトシティが目玉政策として謳われている．しかし，鉄道網が発達している大都市圏内の都市や県庁所在都市では中心市街地に都市機能集約を行う選択は大いにありうるが，その他の人口規模が決して大きくはない地方都市では，教科書的な集約後の姿をイメージしづらい．これは林ら (2009) が指摘するように，現時点ではコンパクトシティ論は土地利用の物理的な形を示したに過ぎず，それが実現しようとするビジョン，そしてそれを実現するための具体的な手法を示しておらず，入り口の議論に留まっているためであろう．

　地方都市の現状はどうであろうか．住宅双六のあがりとして戸建て住宅に住み，世帯に複数台の自動車を保有し，どこに行くにも自動車を利用する生活スタイルが定着している．中心地市街地は衰退しており，それを助長させた大規模小売店舗やそれに付随した各種施設は大規模な駐車場を完備しており，出入口で発生する渋滞に巻き込まれることもあるが，自動車利用を諦めるほどではない．また一度施設に入れば，日常必需品の買い物だけでなく，天候に関係なくウインドウ・ショッピングができ，多数の店舗から好みの食事を選べ，医療や文化サービスまで受けることができ，一日過ごせる生活空

間である．このような施設は市場原理，つまり人々のニーズや生活スタイルに即して供給されている．このような生活空間・機能を衰退した中心市街地に取り戻すためには，どれほどの時間を要するのだろうか？

政策導入の是非の判断材料として経済モデルの適用があり，限定された人間活動・行動や社会インフラの維持管理費用などのモデルにて政策のWith/Withoutの状況を再現し，導入効果を把握する．ただし，多くのモデルでは転居・移転に伴う心理的負担，施設建て替えなどの導入プロセスを考慮することは難しく，現状では郊外化した地方都市でも集約することは効率的であり，さらに中心市街地をその核とすることも効率的であると判断される可能性は高い．しかし，歴史的景観保全なども同時進行することも多い中心市街地において（土地所有問題も含めて）再開発する難しさ，戸建て住宅居住者がマンション等の共同住宅での生活環境の変化への抵抗などを考慮しながら都市集約に対する合意形成と実施が必要となる．

コンパクトシティの導入は今後の持続可能な社会を目指したバックキャスティングを行えば，どの都市でも必要不可欠な都市システムであろう．ただし都市構造の変更はただでさえ時間を要するため，時間的制約を満たす，より現実的で多様な都市像を提示することが必要ではないだろうか．ここで地方都市の現状，導入プロセスを考慮したコンパクトシティの集約先の核として，ロードサイド店舗群を活かした幹線道路沿いに注目する次第である．

本章では地方都市の住民の生活スタイルに欠かせないロードサイドの大規模小売店舗等を積極的に活かした，幹線道路ネットワーク沿いを居住地集約候補とする都市集約化を「ロードサイド型コンパクトシティ（Road-Side based Compact City: 略してRSCC）」と呼び，その存在価値を①時間的制約と②交通機能，といったこれまでとは若干異なった視点から議論を展開する．既に生活利便性の高い地域である大規模小売店舗や各種施設が並ぶ幹線道路沿いに居住地を集約し，日常必需品の買い物や通院には幹線道路を走行する循環バスにて移動を援助するような住居地区の連担した地域を構想する．このアプローチは，国土交通省等が掲げる中心市街地への集約化よりも効率性

は下がるかもしれないが，導入期間が短く，同程度のQOL（生活の質）を提供できることが期待される．

2. コンパクトシティ導入の時間的制約

(1) 今後の日本の人口動向

　我が国では2005年に人口の自然減少（出生数－死亡数＜0）が記録され，人口減少社会に突入した．人口変動は出生，死亡，移動（転入・転出）の3要素で説明ができ，将来人口予測手法の1つであるコーホート要因法は基本的にこれらの要素の仮定値を用いて人口投影するものである．国立社会保障・人口問題研究所による全国の将来人口・世帯数の推計値によると，総人口は2048年に1億人を割り，2060年には現在から3割以上減少する8,700万人程度になる．また65歳以上の高齢者数は現在よりも多くなり，その割合も4割弱となる．さらに核家族化で総人口よりは遅いが2015年以降は世帯数自体も減少過程に入り，世帯主が高齢者である世帯の急増，特に75歳以上の単独世帯は2030年には現在の2倍以上と推計されている．

　人口減少社会，少子高齢化社会にて懸念されているのが国内消費者数減少，労働力減少，税収減少，社会保障費の増大などであり，効率性向上が大きな目標となっている．一方，効率性指標では評価が難しい居住環境やコミュニティのあり方も大いに議論すべきであり，環境問題対策や交通弱者対策としても，今後の望ましい都市構造として提唱されているコンパクトシティに注目することは意味がある．

　日本の総人口は国際間人口移動が非常に少ないため，出生数と死亡数の差が人口増減となる．戦後直後の第1次ベビーブーム期の出生数急増は第2次ベビーブームをもたらしたが，その後，出生数が減少する少子化が始まる．一方，医療技術の進展による死亡率の低下により平均寿命は高くなり，よく見かける人口ピラミッドは山形からつぼ型に変遷し，年齢構成は徐々に高齢化に向かってきた．ただし人間に寿命があるため死亡数も増加していき，

2005年，ついに減少傾向にある出生数と増加傾向にある死亡数の差がマイナスとなり，自然減少が確認された．

　人口置換水準は現状の人口を維持するために必要な出生率であり，現在は死亡率の低下から2.07で安定している（京極・髙橋2008）．人口減少は合計特殊出生率が人口置換水準を下回らなければ生じないが，日本では1956年に下回り，第2次ベビーブーム期に回復するものの，その後大きく下回っている．現在の合計特殊出生率は1.2～1.3程度と人口置換水準の6割強であり，大規模な人口減少をもたらす要因となっている．ここで，何かしらの政策によって合計特殊出生率が人口置換水準に回復・維持されるとした場合の将来人口の試算結果（京極・髙橋2008）をみると，ベビーブームによる人口増加が一時的に確認されるものの，10年後にはやはり人口減少が始まり，減少傾向が収まるのは2070年以降となる．つまり，人口モメンタムによって，今後50年間，人口減少社会は避けられない状況にある．

　より現実的な出生率，死亡率を仮定した将来人口推計結果は図1の通りである．先に述べた通り，2050年には総人口が1億人を割り，15歳未満の年

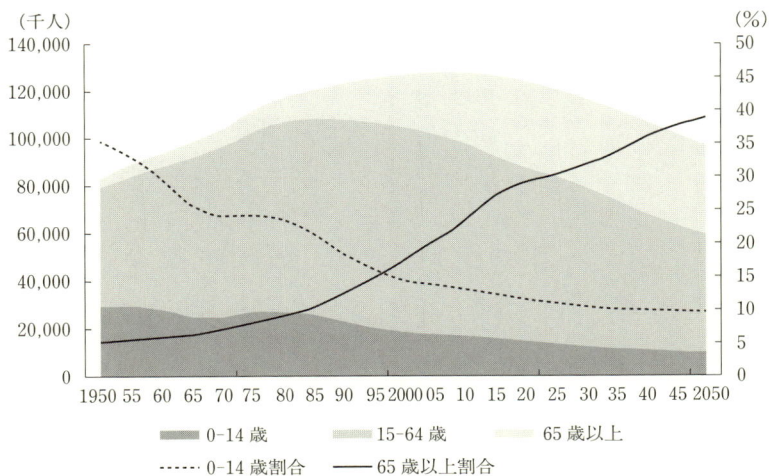

注：国立社会保障・人口問題研究所の提供データを利用．

図1　総人口と年齢構成の推移

少人口割合は10％，65歳以上の老年人口割合は39％と超少子高齢化社会となる．地域への土着性が強い（広井2009）年少・老年人口割合は半数近くとなり，今後数十年間で地域への関わり方や新たなコミュニティのあり方を考えていくことが重要となる．特に高齢者の単独世帯の急増は大きな課題であり，都市政策やまちづくりに福祉的な視点，福祉政策に空間的な視点を導入する必要性は高い．

(2) 都心回帰の要因

コンパクトシティの厳密な定義は難しいが，わが国では一般的に"公共交通にて日常生活を送ることができる地域の人口密度を高め，都市空間を集約すること"を目標とする．一方，バブル経済崩壊後の低地価・低金利などを背景とした分譲マンションの大量供給による居住人口の都心回帰現象がみられた．江崎（2006）による東京都特別区の人口増減と自然増加・社会増加の推移をみると，大都市で確認された都心回帰は自然増加（出生数－死亡数）の影響はなく，社会増加（転入－転出）の回復現象であることが確認できる．この社会増加の要因として，性別年齢階層別の社会増加数を算出することで20〜30歳代（持ち家取得年齢層，高学齢化による大学院在学者など）の影響が特に大きいことを定量的に示した分析事例もある（清水2007）．また，都心部のマンション購入者属性は，国土交通省の調査（2001）によると，特別区内からの移動が75％，賃貸マンション等に住んでいた割合が58％を占めている．また，特別区外からは持家からの住み替えが46％，65歳以上は14％となっている．東日本大震災で東京圏の人口動態は大きく変化したと想像されるが，総人口や世帯数が減少していくなか，今後も都心回帰傾向が続くとは考えにくい．

ここで，今後増加する高齢者の活動・移動状況や居住意識について整理を行う．直近の東京都市圏パーソントリップ調査結果によると，この10年間（1998-2008年）の地域別トリップ数（移動数）は，東京特別区で10％以上増加，埼玉県や千葉県内の都市圏外縁部で減少となり，人口増減と同様の傾

向がみられる．また，高齢者1人当たりのトリップ数は大きく増加しており，活動的な高齢者像が伺える．ただし，郊外部では自動車に依存した生活スタイルが定着していると思われるため，自分で運転できなくなった際の対処（自由な移動の確保）は検討が必要となる．また高齢者世帯の居住地変更は，住宅の老朽化，家族との近接居住，日常生活の利便性が高い居住への立地志向を理由として増加傾向にあり，転居先は公的借家が相対的に多い，という鈴木・宮崎（1997）の調査結果がある．さらに，鈴木・沖田（2003）は親子の年齢と世帯構成に着目し，郊外戸建住宅での親の呼び寄せは，親の加齢（要介護・補助）や単身化が契機となっていることを確認し，この要介護者の親の呼び寄せなどによる世帯再拡大の傾向は全国的な世帯動態調査（2004）でも確認されており，今後，高齢者単独世帯の増加につれて，転居先として郊外部の老人ホームなどの専門施設や子供世帯の居住先付近に多くなる可能性があり，比較的古い居住地である中心市街地の高齢者は郊外に転居する可能性も否定できない．

(3) わが国のコンパクトシティの先進事例

富山市はコンパクトシティを目指した先進的都市として有名である．都市マスタープラン（富山市2008）には，まちづくり理念として「鉄軌道をはじめとする公共交通を活性化させ，その沿線に居住，商業，業務，文化等の都市の諸機能を集積させることにより，公共交通を軸とした拠点集中型のコンパクトなまちづくり」を掲げ，LRT（Light Rail Transit; 次世代型路面電車）整備にて一定水準以上のサービスレベルを提供するネットワークを「串」，中心市街地や地域拠点の徒歩圏を「団子」に見立てた「お団子と串の都市構造」を目指している（図2）．LRT整備は自動車通行の制限，つまり公共交通と歩行者を通行許可にするトランジットモールとの相性が良く，中心市街地活性化を目指した代表的な交通施策でもある．LRT整備がもたらす効果としては，1）結節点効果：電停から目的地まで多くの利用者が徒歩で移動するため，電停周辺に人々が集中すること，2）面的効果：短い間隔

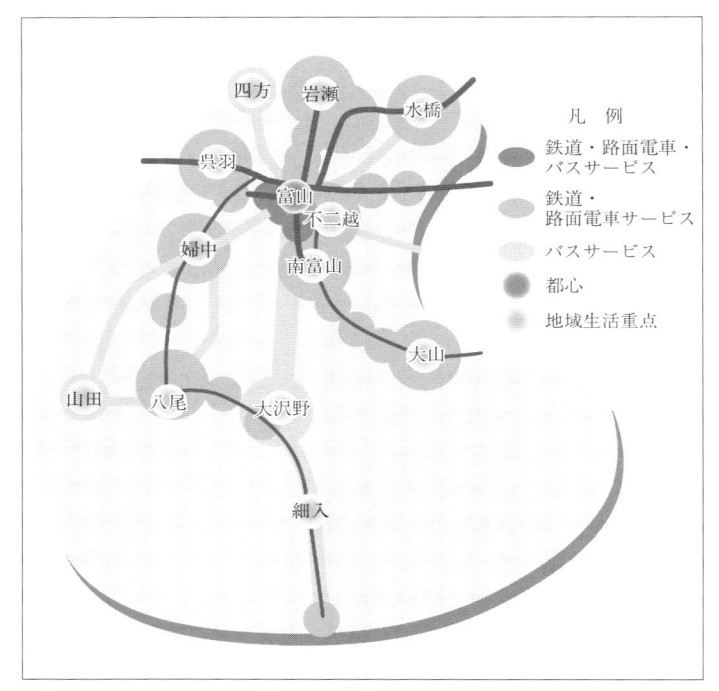

出典：都市マスタープラン（富山市 2008）．
図 2　富山市の目指す「お団子と串の都市構造」のイメージ図

で設置された電停により，乗降客も含めて連続的に人々が行き交う状況が形成されること，3) 時間的効果：滞在時間が長くなり，立ち寄り箇所も増えること，があるとされ（青山・小谷 2008），筆者らはこれらの効果を交通需要予測モデルにて定量的な評価を試みている（金森ら 2009）．

　富山市は，従来の教科書的なコンパクトシティのイメージと比較すると，集約候補地が鉄道駅を有する中心市街地の 1 つではなく，時間的制約を考慮し，現状を認識した段階的なコンパクト化といえる．つまり，現時点では中心部に魅力的な商業施設や質の高い集合住宅，快適な生活等が不在であり，まちなか居住は郊外居住と競える状況にないが，長期的には中心部を選択する市民が増えて，都市がコンパクト化していく方向へ誘導していく手順を示

している（富山市2008）．交通ネットワーク上のサービスレベルが高い地区に複数の集約拠点を分散化しており，地方都市への適用手順として一歩進んだものといえよう．

これまでに交通ネットワーク上の拠点への転居促進策して，公共交通サービスレベルの向上の他，まちなかや公共交通沿線への居住推進事業として建設助成，購入や家賃への助成を行っている．これらの誘導方策によって高齢者を中心とした公共交通利用者の増加や転居者増加はみられたが，残念ながら商店街の活気が昔のように復活したとの報告はなく，中心市街地を拠点とした生活では現状の郊外型の生活スタイル，自動車と郊外大規模施設に依存したQOLを維持できない可能性が高い．

(4) 時間的制約を満たす現実的な実現手法

今後数十年に渡って人口減少，少子高齢化が不可避であり，今後の時代に即した都市構造を議論し，早急に実現していく必要がある．コンパクトシティは都市集約によって人やモノの移動，社会インフラ維持・管理を効率化できる都市構造であり，自動車に依存しない都市構造は環境問題や移動権保障への対応ともなる．ただし，大都市部でみられた都心回帰のような都市集約化が適用できる都市は限定的であり，中心市街地への集約以外の実現化手法も議論する必要がある．つまり，コンパクトシティを実現するための多様な選択肢を多く設定することが求められている．自動車依存度が高く，核となる中心市街地が衰退し，人口減少，少子高齢化が既に顕在化している地方都市ではどうすべきであるか．富山市のようにLRT整備と公共交通サービス充実による交通ネットワーク上の拠点への集約化もあくまで1つの選択肢である．今後の人口動向も注視しながら，相対的にコミュニティへの依存度が高くなる時代における地方都市のコンパクトシティへの現実的な実現手法の議論が重要となる．

3. 交通システムとコンパクトシティ論

(1) 人々の移動をサポートする交通システムと望ましい空間

"交通"や"交通システム"と聞いて何をイメージするだろうか？ 高速道路などの道路網や鉄道網，または渋滞や事故，または行きたい場所までの行き方（経路）や移動など，色々とあろうが，教科書的には「交流したい/しなければ生きていけないという人間の本質的な活動に伴って生じる人やモノや情報の行きき」と定義される．また想像がしやすい人々の移動，人流について考えると，交通は散歩やドライブなど，そのもの自体を楽しむ目的となる"本源需要"と，通勤や買い物など空間的に離れた場所で活動する必要があるために移動する"派生需要"とに区別される．我々が行う交通の大部分は派生需要となり，なるべく早く着いた方が元々の目的である活動をより長くできるため，時間的制約がある中で交通はなるべく短い方が効率的である，といった評価基準が成立する．さらに時間だけではなく費用も安い方がうれしいが，時間短縮には費用を要するなどトレードオフの関係が一般的にはあり，時間と費用で上手く調整していくことが交通を管理する上で重要であり，難しい点である．

交通システムは，交通を支える技術的・制度的な仕組みであり，想像の通り，道路網や鉄道網などの社会インフラとなる．これらの社会インフラは効率的に，安全に利用・運用していくことが求められ，また時代ニーズに応じて主となるものが異なる．例えば，経済発展や都市部への人口集中に伴う交通量増加や混雑緩和のためには，道路拡幅や延伸などハード的施策が必要とされ，その後は信号制御やETC導入など交通渋滞解消のためのソフト的施策が実施されている．また，人口減少・高齢化社会に向けては，バリアフリー化や交通権保障など公共交通の利便性とサービス維持など交通システムのあり方自体が議論されたり，自動車の利便性を中心に考えられてきた道路空間を歩行者や自転車のために再配分することが議論されている．さらに現在

はインフラの利用方法に加えて，効率的な維持・管理方法を検討するアセット・マネジメントに力点が置かれつつある．

コンパクトシティ論は交通システム，特に公共交通のサービスレベルの維持や交通権保障といった観点からも重要な政策である．過度に自動車利用に依存した生活スタイルは高齢化社会には移動の自由を奪うことになり，それは単身高齢者の買い物や通院といった日常生活に大きな影響を及ぼす．一方，徒歩や公共交通などでの自律的な移動を求めすぎるのも問題であり，小型電気自動車などパーソナルビークルやデマンドバスなど，単身高齢者が無理なく移動できる交通システムと道路空間配分を前提とすれば可能性は広がる．また，ある程度の密度空間であれば自動車保有を前提としない新たな交通システムとして自動車や自転車のシェアリングシステムが有効であるといわれており，環境に優しくスタイリッシュな電気自動車や電動自転車を共有することで，環境問題や騒音など多くの交通関連問題を解決することもできる．つまり居住者の移動に対して自動車だけでない選択肢を用意できる密度空間を達成できることがコンパクトシティの利点であり，交通システム提供の視点からみれば集約先は鉄道駅を中心とした中心市街地に限定される必要はない．

(2) 効率的な都市物流システム

都市内での人々の移動は自動車の代替交通手段として鉄道やバス，さらには自転車や徒歩などがあるが，商品などの運搬をはじめとした物流では自動車の代替交通手段はない．つまり，我々の豊かな日常生活を支える物流システムは自動車を効率的に利用することが課題となっており，その解決策として 1) 道路網の整備，2) 積み替え，荷捌き施設の整備，3) 沿道土地利用との調和，が求められている（谷口 2005）．物流の主要運搬手段である貨物車は大気汚染など沿道環境問題対策として，エコカー導入や共同集配送システム導入などがなされているが，国道バイパスが中心市街地から離れた郊外部を通っている現状を鑑みると，大規模小売店舗を中心にマーケット圏域を構築

することは有効である．つまり，中心市街地活性化の文脈で悪役となっている大規模小売店舗であるが，現在の我々の生活スタイルを今後も維持し，環境問題解決を求めるのであれば，中心市街地の商店街の復活を支える物流システムの再構築よりも，既に幹線道路沿いに立地している大規模小売店舗を利活用し，共同集配送や荷捌き施設の配置など，物流システムのサービス改良の方がより合理的である．

　一方，民間企業が主導する物流システムの効率化は，国際競争力に耐えうるコスト削減を実現できるシステムを構築することになり，現在は，商品輸送を専門的に請け負う輸送業者（3PL: Third Party Logistics）が輸送していることが多い．各家庭のニーズ，例えば時間指定に応じた配送は多頻度小口化を強めており，より効率的なシステムとしては共同集配送である．ここで中心市街地に点在する商業店舗を対象とするよりも，幹線道路沿いの大規模店舗を対象とした方が，アクセス利便性や集配送拠点の駐車場の確保の面からも導入可能性は高くなる．

4. 幹線道路ネットワークを利用したロードサイド型コンパクトシティ

（1）ロードサイド型コンパクトシティとは

　時間的制約，交通機能の視点からみても，今後の望ましい都市システムとして多様な機能が集積した密度空間を生み出すコンパクトシティは魅力的であった．ただし，都市集約の拠点は中心市街地の1点である必要はなく，富山市の「団子と串」から，最終的にはネットワーク上に連担した日常生活圏も考えられる．また，従来のコンパクトシティ論は鉄道駅や中心市街地を拠点と想定したコンセプト提示が大多数であり，地方都市のにぎわいを創出している郊外幹線道路沿いの大規模小売施設を活かした，道路ネットワークの有効利用は考えられていない．

　コンパクトシティ論のなかで道路ネットワークの有効利用を前提とした

第 4 章 コンパクトシティ再考

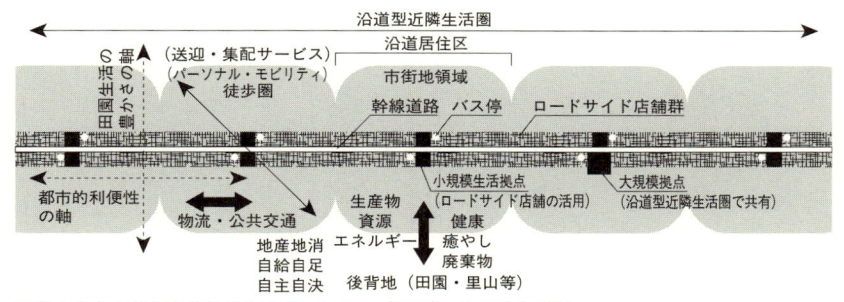

出典：東京大学都市持続再生研究センター (2013), 古賀氏作成図.
図 3　ロードサイド型コンパクトシティの模式図

「ロードサイド型コンパクトシティ (RSCC)」は，筆者がかつて所属した東京大学大学院のグローバル COE プログラム「都市空間の持続再生学の展開」の特任教員の共同研究として議論されたものである．専門は土木，建築，都市といった建設分野に属するが，価値観の異なる十数名の若手研究者にて，都市持続再生学をどう展開していくか，との大きな課題に対し，1 つの具体的な研究対象として融合を図るべく議論を重ねてきた．これらの議論の結果は活動報告書（東京大学都市持続再生研究センター 2013）にまとめられているが，ここで簡単に紹介したい．

我々が考えるロードサイド型コンパクトシティのコンセプトは次の通りである（図 3 も参照）．

①主要幹線道路沿いの徒歩距離内に居住地を集約

　　居住地に対して個別に物流・インフラを供給するのではなく，他の目的で整備される物流・インフラの設備に寄り添うように居住地を配置する．これによって，物流・インフラの効率的な供給が実現でき，人口が減少しても効率性の名の下に供給が途絶える危険性は少なくなる

②徒歩圏の「沿道居住区」を設定し，小規模な生活サービス拠点を配置

　　徒歩圏を生活基本領域とした「沿道居住区」では，その中で日々の生活が一応完結できるよう，食糧・福祉・交通などの必須のサービスを提供する小規模な拠点を整備．これにより，自家用車を使用できない人々にも，

最低限の生活利便性を提供することに応える
③頻度の少ないサービスは「沿道型近隣生活圏」内でまかなう

　　頻度の少ないサービス（嗜好品販売や余暇サービス等を含む）を「沿道居住区」ごとに用意するのは，収益性の点から難しく，まちの維持コストの増大を招く．近隣の小規模拠点の相互補完や大規模拠点への集約など，「沿道型近隣生活圏」の中で適正な配置を行い，自律的な事業として成立することを目標とする
④「沿道型近隣生活圏」を円滑に移動するため公共交通機関を充実

　　自家用車を使えない交通弱者にも「沿道型近隣生活圏」での交通権と利便性を保障する．同時に，自動車利用は許容しつつも，徒歩およびバス等の公共交通機関利用への転換も促す．平面的に広がるまちのように，津々浦々までバス路線をひく必要はなく，ロードサイドの立地を生かした高速度で高効率な運行が期待できる
⑤各生活拠点は既存のロードサイド商業施設を核として多機能集約化

　　小規模拠点であればコンビニ・物販店・飲食店・郵便局・農協，大規模拠点であればショッピングモールや既存中心市街地など，既存の社会インフラや地域施設を効率よく活用できる
⑥幹線道路から離れる方向への徒歩移動で，自然環境を楽しみ利用することを実現

　　居住者のQOL（生活の質）にとって，人間的な生活や自然環境を享受できることは，都会的な利便性と同等な極めて重要なものと位置づけるべきである．集約化された跡地となる市街地外縁には，公園・農地・里山などを配置し，徒歩で往来できるようにし，郊外的・田園的暮らしの魅力を強化する．平面的に均等に広がった都市に対し，密度を維持する軸と密度を減じる軸とに分離することで，都市の利便性を確保しつつ，田園生活の豊かさも享受できる

(2) ロードサイド型コンパクトシティの具現化（ケーススタディ）

　ロードサイド型コンパクトシティの具体的なイメージ共有作業として，北関東地方の国道50号沿線を対象としたケーススタディを実施した．ここで紹介する対象地は，栃木県足利市と群馬県太田市の境界であり，行政界と国道50号により住宅地，田園集落，工業団地と土地利用を異にする地区となっている．ケーススタディでは，沿線の2つの商業集積地を生活圏の拠点，50号をはさんで交互に沿道居住区とし，この間を公共交通機関で結んだ沿道型近隣生活圏を形成するものとした．特に南大町交差点には複合商業施設の至近を東武伊勢崎線が通過していることから，新駅を設置，バス等の公共交通機関により足利市駅や太田駅との連絡を強化して商業集積地，地域の生活拠点，交通結節点として重点的に整備するものとした．居住区として設定したのは，これらの拠点の周辺，及び50号南側の住宅団地，山辺中学校より東武鉄道までの既存の市街地である．現状で沿線から500m前後で複数の

出典：東京大学都市持続再生研究センター（2013），片桐氏作成図．

図4　足利・太田地区における沿道型近隣生活圏構想図

出典：東京大学都市持続再生研究センター（2013），田村氏作成図．
図5　沿道居住区の段階的プランニングによる空間変化

小中学校が立地しており，前述の生活圏の拠点や居住区内の拠点に行政機関の出張機能が追加されれば，既存施設を生かしながら徒歩を基本とした生活圏を形成していけるものと考える．田園地域と居住地とが空間・生態的に連続した環境とする地区を形成するため，北側の農村集落を含む水田地域と比較的低密度な地区を緑地地域，三栗谷用水や矢場川などの農業用水にそって緑地帯を設定している．居住区の面積は約160ha，人口密度が75～150人/ha，3割が公共用地とすると，8,475～16,950人規模の生活圏が形成される．

また，生活圏の最小単位である沿道居住区の規模に適した地区の空間変化のイメージは図5の通りである．

5. よりよい都市環境の構築に向けて

都市・交通施策の実施に向けた合意形成のため，対象とする都市・交通システムの効率性や影響を把握するツールである需要予測は，相互の理解を深めるための議論のネタを提供するなど大きな役割を担っている．市民と行政の他，多くの利害関係者がいるため全ての論点や要因を反映することは無理であるが，（合理的個人を仮定した）本質的な行動原理や判断基準に基づくより精緻な予測モデルの開発・適用が必要と考えている．そのためには我々の活動・交通行動を丁寧に観測し，その背景となる環境も理解することが重要となる．一方，交通施策関連では，ムチの政策であるロードプライシングの賛否を問う際にも説明方法で結果が異なるフレーミング効果もあるし，コンビニのレジ横に配置してある割引された和菓子をついつい手に取ってしまうような仕掛け，選択アーキテクチャー（Choice Architecture，あるいはNudge）は，自動車ではなく，ついつい公共交通を利用してしまう環境を検討する際に参考にすべき，といわれている．

今後の人口減少・高齢化社会に必要不可欠な都市システムの1つであるコンパクトシティも，中心市街地型やロードサイド型など多くの選択肢から地域の実情に即した案を対象に，予測モデルでの定量的に把握，実際のデザイ

ンを含めて検討し，金銭的なインセンティブ付与のほかに，心理学的アプローチからの仕掛けにより実際に実行していくことが求められている時期である．なぜなら，人口減少は確実に起こり，環境問題対策には強い時間的制約があり，次世代により良く，魅力ある都市環境を引き継ぐためには，我々世代があと十数年間で取り組んでいく必要があると逆算されているからである．

謝辞

本稿は東京大学大学院グローバルCOEプログラム「都市空間の持続再生学の展開」の特任教員の共同研究活動での議論を参考にしている部分が大きい．貴重な時間を共にした先生方，また古賀誉章先生（東京大学），片桐由希子先生（首都大学東京），田村順子先生（東京大学）からは資料提供などご協力を頂きました．ここに記して感謝の意を示します．

参考文献

林良嗣・土井健司・加藤博和（2009）『都市のクオリティ・ストック　土地利用・緑地・交通の統合戦略』鹿島出版会．
国立社会保障・人口問題研究所（2012）「日本の将来推計人口（平成24年1月推計）－平成23（2011）年～平成72（2060）年－」．
国立社会保障・人口問題研究所（2008）「日本の世帯数の将来推計（全国推計）－2005（平成17）年～2030（平成42）年－」．
京極高宣・高橋重郷（2008）『日本の人口減少社会をと読み解く－最新データからみる少子高齢化』中央法規．
広井良典（2009）『コミュニティを問いなおす－つながり・都市・日本社会の未来』ちくま新書．
江崎雄治（2006）『首都圏人口の将来像－都心と郊外の人口地理学』専修大学出版局．
清水昌人（2007）「東京都および特別区における年齢別社会増加数の推移」，『人口問題研究』63-4, pp. 28-39．
国土交通省（2001）「都心回帰」現象の実態把握調査．
東京都市圏交通計画協議会（2010）「第5回東京都市圏パーソントリップ調査　人の動きから見える東京都市圏」，『東京としけん交通だより』Vol. 22．
鈴木博志・宮崎幸恵（1997）「住居移動による世帯構成の変化と高齢者の住生活課題（第1報）－中京大都市圏における世帯構成の類型化，移動要因，居住水準の変化」，『日本家政学会誌』Vol. 48, No. 5, pp. 415-426．
鈴木佐代・沖田富美子（2003）「郊外戸建住宅地における居住者のライフステージ進行と世代間居住の動向－中高年層の老親との世帯形成と相互関係」，『日本家政

学会誌』Vol. 54, No. 9, pp. 757-767.
国立社会保障・人口問題研究所 (2004)「第5回世帯動態調査 結果の概要」.
富山市 (2008)「都市マスタープラン 公共交通を軸としたコンパクトなまちづくり」.
青山吉隆・小谷通泰 (2008)『LRT と持続可能なまちづくり 都市アメニティの向上と環境負荷の低減をめざして』学芸出版社.
金森亮・森川高行・倉内慎也 (2010)「LRT 導入が中心市街地活性化に及ぼす影響分析」,『都市計画論文集』No. 45-3, pp. 853-858.
谷口栄一 (2005)『現代の新都市物流−IT を活用した効率的で環境にやさしい都市物流へのアプローチ−』森北出版.
東京大学都市持続再生研究センター (2013)「ロードサイド型コンパクトシティ」, SUR: Sustainable Urban Regeneration.

第5章
モバイル施設のネットワークが地域空間を変える

鈴木亮平

1．「地域空間」の創出：たなカー＆ぷらっと

　人口が減少していくこれからの時代，都市の形態を大きく見直していく必要がある．それは人口が集積している中心市街地をどうするかということと同時に，過疎化・高齢化が顕著な周辺部をどうするべきか，そして中心と周辺との関係性をどう構築していくのか，ということでもある．コンパクト・シティ論では，人口・施設ともに集積させ，効率よくサービス提供が行われるコンパクトな都市構造を築いていくことが議論されているが，そこにはどうにも組み込まれない周辺部（例えば，限界集落と呼ばれる中山間地域の集落）にも実際に多くの人々が住み続けようとしている．周辺部での暮らしをどう支えていくのか，あるいは縮小していくにしても，その過程をどう描いていくのかは，都市縮小時代における都市デザインにとって，重要なテーマである．

　本章では，そういった「周辺部での暮らし」をテーマに活動している，私が 2010 年に立ち上げた団体 balloon（2012 年 8 月より NPO 法人 urban design partners balloon）のいくつかの取り組みを紹介し，これから迎える都市縮小時代の周辺地域におけるソーシャル・サステイナビリティの可能性を考えたい．

　「周辺部での暮らし」に着目すると，過疎化・少子高齢化に伴い，商店や役所（出張所）を含めたサービスを提供する施設が成り立たなくなってきたり，小学校が統合され廃校になったり，身の回りから生活に必要な都市施設が次々となくなってきている．一方で，公共交通も不足しており，「買い物難民」の問題をはじめ，通院や通学においても，施設へのアクセシビリティが非常に低い状態になっている．ある施設を機能させるには，採算が取れる以上の利用者がいなくてはならず，それを利用できるだけのアクセシビリティが確保されなくてはいけない．元々低密度である上に，人口が減少し，公共交通がより不便になっていく地域においては，そういった施設を維持する

第5章　モバイル施設のネットワークが地域空間を変える　　　105

ことは今後不可能であろう．そこに機能を固定することの限界がある．そこで，balloon が提案しているのが，機能を動かすことである（図1）．

　balloon の活動のコンセプトとして，"たなカー&ぷらっと"というアイデアがある（図2）．"たなカー"というモバイル施設，そして"たなカー"が停留するプラットホームとして"ぷらっと"という空間を提案している．施設へのアクセシビリティが維持できなくなる中で，その機能を固定された施設に収めるのではなく，人がいるところ，人が簡単に来られるところまで運ぶことで，サービスを提供するという考えである．例えば，食料品の移動販売や移動図書館がそうである．地域の歩いて来られる場所に，人々が必要とする機能を置くことで，こどもも高齢者も誰でも，サービスを受けることが可能となる．さらに，医療機能や行政機能も動かすことで，そういった施

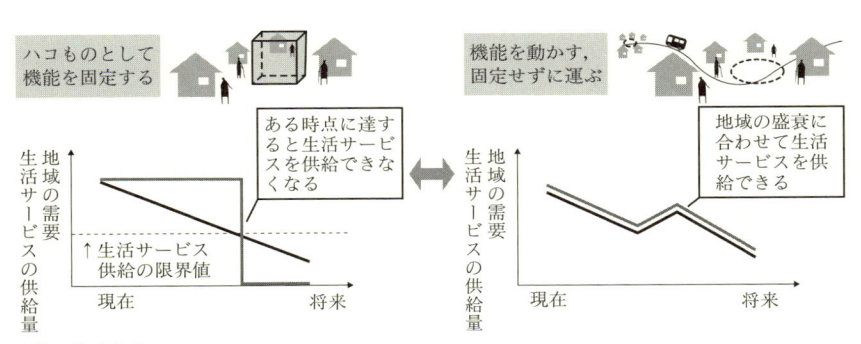

出典：筆者作成．

図1　機能を動かす

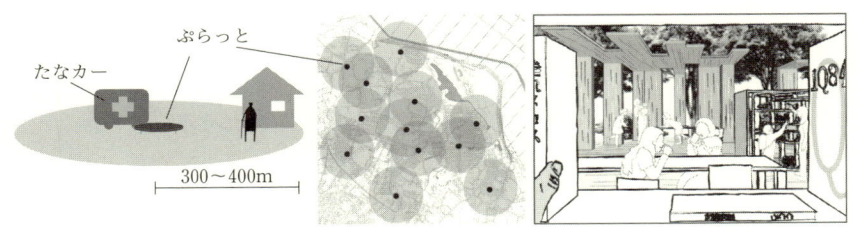

出典：筆者作成．

図2　"たなカー"とまちに点在する"ぷらっと"

設が維持できない地域においても，毎日とはいかないが，地域内で定期的に利用することができる．また，"たなカー"の訪れる頻度や，訪れる"たなカー"の機能を変えることで，地域のニーズの変化に柔軟に対応していく．

"たなカー"がやって来ることで，地域住民が自然と集まる空間が生まれる．そういった場所が，今後の地域コミュニティにとって非常に重要である．自動車に依存した暮らしでは，住民同士がまちなかで顔を合わせる機会は稀であるし，自動車を運転できない人は近所に出歩くことが少なくなる．住民同士の生活が自然と交わる場所が，地域から失われてしまう．普段から顔を合わせなければ，いざという時に助け合えるかは疑問であるし，高齢化が進む地域では，1人でできることが少なくなり，住民同士の助け合いが必要となる．過疎化・高齢化が進む地域こそ，持続的な社会を築くために，コミュニティの力が必要であり，そのためには，住民同士が世代を超えて気軽に集まれる，顔を合わせる，交流できる空間を生み出さなくてはいけない．そういった場所が，地域に点在し，ネットワークを形成することで，地域での生活を支えていく．これからの周辺部での暮らしに必要な「地域空間」とでも言えるであろう．

この「地域空間」を，balloonの提案では"ぷらっと"と呼んでいる．"たなカー"がやって来て，まちかどにそっと機能を置く．そこに目的が生まれ，人々がやって来る．その器としての"ぷらっと"をまちかどにつくる．"ぷらっと"は生活サービスを提供する場所であると同時に，コミュニティの核となる場所である．"たなカー"の機能を意図的にコントロールし，例えば，こども向けの駄菓子屋と，高齢者向けの医療機関を"ぷらっと"に置けば，多世代が共有する「地域空間」を生み出すことができる．さらに"ぷらっと"を，"たなカー"が来ない時にも使われる空間として整備することで，より地域に根付いた「地域空間」とすることもできる．

日常生活に必要な商品の販売や，暮らしを支えるための医療，行政サービス，文化的な楽しみをもたらすものまで，様々なモバイル施設が考えられる．そのような機能を持たせたモバイル施設を"たなカー"と名付け，さらに

"たなカー"の停留場所を"ぷらっと"と名付け，両者を連動させてデザインしていくことで，今後の周辺地域の生活を支えていく「地域空間」を生み出すことができるのではないだろうか．balloon が提案するこれからの都市デザインの形である．ちなみに"たなカー"は，商品を載せる棚がある車，という意味である．機能を載せた動く棚である．

　このアイデアを基に，2010 年 3 月，東京大学大学院の学生 6 人で balloon の活動がスタートした．それから 3 年の間に様々な地域の方々と出会い，その中でこのアイデアに共感してくれた方，このアイデアを基にまちを動かそうとする方と，プロジェクトを進めている．現在全国 6 地域で 8 つのプロジェクトを進めているが，取り組む地域の特徴，一緒に活動する主体，まちを捉える視点によって，どのプロジェクトも異なる展開を見せている．今回は，そのうち 3 つの地域でのプロジェクトを取り上げ，各地域のコミュニティの再構築，そして持続的な社会の構築に関して考えていきたい．

2.　交流空間の創出：千葉県香取市

　千葉県香取市では，住民 4 人で行っている「移動ショップ・なかよし」（以下，「なかよし」）という団体と共に balloon は活動している．「なかよし」は毎週火曜日の午前中，地域の 6 カ所を回って，買い物に行けない高齢者のために，移動販売を行っている．「なかよし」のメンバーの 2 人がそれぞれスーパーを営んでおり，そこから 300 種類以上もの商品を移動販売車に載せている．新鮮な地元の野菜から，肉や魚，乳製品に調味料，その日の朝に作られた惣菜，パンやせんべい等のお菓子まで，所狭しと商品が屋外空間に広げられている（写真 1）．各販売場所に着くと，組み立て式の商品台を設置し，その上に車から商品を運び出す．そうして何も無かった場所に，あっという間に商店が登場するのである．広々した店舗空間となっており，買い物をしている最中に台を挟んだ者同士，顔を合わせることができ，自然と会話もはずむ．「なかよし」は販売場所に着くと，到着と販売開始を知らせる音

写真1 陳列された商品

写真2 買い物だけでなく交流を生む場

楽を流すのだが，場所によっては，それよりも前に来て友達とおしゃべりしながら到着を待っている様子も見られる．音楽と共に流れる「なかよし」の案内では，「お買い物だけでなく，皆様の交流の場として，お顔を見せていただくだけでも結構です」というフレーズを聞くことができる．買い物の場だけでなく，住民同士の交流の場をつくることが，「なかよし」の狙いなのである．

実際，利用者にとっては，毎週火曜日のその時間が，近所の友達と必ず会える楽しみな時間となっているようだ．買い物の後に，ベンチに座ってその時買ったお菓子を食べながらおしゃべりしたり，花の季節であればそのまま花見を始めたりと，「なかよし」の移動販売が生み出す空間は，住民にとって重要な「地域空間」となっている．逆に来ない方がいると周りが心配して，家まで確認にいくこともあり，住民同士の見守りにもなっている．実は利用者の多くはまだ1人ではなく，家族と暮らしている方が多い．家族に頼めば欲しい物を買って来てもらえる状況なのだが，それでも移動販売を利用している．おそらくそれは，自分の目で見て，手に取って商品を選べるということ，さらには，友達と気軽に顔を合わせておしゃべりしたり，お茶を飲んだりすること，この2

第5章 モバイル施設のネットワークが地域空間を変える

つが利用者にとって，貴重な楽しみや喜びになっているからであろう．都市においては当然のこれらの行為が，実は過疎化・高齢化が進む地域では当たり前ではなくなってきている．そこに暮らすということ自体が問われるこの問題に対して，「なかよし」の移動販売が果たす役割は大きい（写真2）．

「なかよし」は，香取市山田区の山倉地区で活動している．起伏のある地形に田畑が広がる農村地帯である．商店は数えるほどしかない上に，集落同士は離れているため，自動車がなくては全く買い物ができない地域も多い．路線バスも1日に7〜8本しかなく，その上，病院に直接行くことのできるバスは存在しない．非常に交通の便が悪い地域である．元々山田区は山田町という自治体であったが，2006年に佐原市，小見川町，栗源町と合併し，香取市となった．「なかよし」の移動販売はまだ山田町であった2004年に，買い物に行けない高齢者が増える中で，役場が中心となって始めた事業である．しかし2006年の合併を受け，担当者が異動となり，継続が困難になってしまった．そこで事業開始当初から協力していた住民4人が，移動販売を待っている高齢者のために，自主的に活動を続けることとなった．それが「なかよし」である．旧山田町は元々，隣接する成田市や旭市が主な商圏や通院の範囲で，香取市役所が置かれる佐原区とはつながりの薄い地域であった．しかし，そういった生活の実態とは別に，まちの中心は佐原区に置かれたのである．行政として，これからの時代を切り抜けるための力を付けるという意味での合併であったが，山田区に実際に起きている課題に対しての動きが鈍くなるという面も，見ることができる．これは移動販売に限らず，例えば上下水道の整備や防災用の貯水池の管理が疎かになる等，合併によるデメリットは多く見られる．これは全国の他の地域にも当てはまることで，周辺部での持続的な暮らしを考える上で，非常に重要な問題である．こうした行政の動きが鈍くなる課題に対し，山倉地区では住民が取り組んだということが大きな意味を持つ．行政に対応できない部分を，住民自ら動かしていく．これは持続的な社会を築くための大事なポイントであると考えられる．

そんな「なかよし」とballoonが出会ったのは，2010年3月である．本

格的に balloon として活動をしようとしていたその頃，以前から研究で関わっていた香取市において，"たなカー&ぷらっと"というアイデアに可能性があるのではないかと，今まであまり知ることのなかった香取市の周辺部を訪れた．香取市の地図を広げ，眺めていると，寺社が多く集まる地域が目についた．そして，その中心にある山倉大神に車で向かい，近くの空き店舗の駐車場に車を停めた．何気なく停めたその場所が，「なかよし」の移動販売，3カ所目である．空き店舗の入り口に「なかよし」の移動販売を取り上げた新聞記事が貼ってあり，"たなカー&ぷらっと"に通じるものを感じた一同は，詳しい情報を聞こうと，近くにいた方に声をかけた．その方が，「なかよし」のメンバーの1人であった．次の週の火曜日に「なかよし」を見学してからの3年，「なかよし」と balloon は協働して活動を続けている．「なかよし」の活動を発展させられないかと，「なかよし」の方々と議論しながら，試行錯誤を繰り返すこととなった．

写真3　移動販売を待つ利用者

写真4　小学生と制作した"ミニミニぷらっと"

まず balloon が取り組んだのが，「なかよし」が生み出すその交流空間を，より魅力的な場所にし，より楽しく使ってもらえるようにすることである．"ぷらっと"の空間としての質を上げることを目指し，空き店舗の軒下にベン

第5章　モバイル施設のネットワークが地域空間を変える　　111

チや台を設置した．かつてあったスーパーの名前から"ミニミニぷらっと"と名付けられたこの場所では，移動販売を待ちながら談笑する買い物客の姿が見られるようになった（写真3）．また，この"ミニミニぷらっと"の制作には，地域の小学生も参加している．毎年夏休みにワークショップを開催し，一緒に案内板を作ったり，ベンチに飾る絵を描いてもらったりしている（写真4）．制作への参加を通して，この場所に愛着を感じてもらうことが狙いで，学校帰りに友達とこの"ミニミニぷらっと"で遊んで帰ったり，友達と遊びにいく時の集合場所にしたりと，そんな場所として地域に根付いていくことが期待される．

　この"ミニミニぷらっと"は，移動販売を待つ買い物客の待ち合いの場所になっているのだが，移動販売が来るとそこに商品が並べられ，たちまち店舗空間にもなる（写真5）．前述したように，「なかよし」は各販売場所で，商品台を組み立てるのだが，実はこれがかなりの負担となっている．この"ミニミニぷらっと"では，その商品台の組み立てが省けるように，ベンチや台を設計している．さらに現在，特に重い商品は車から出さずに済むように，車からスライドさせて引き出す商品棚を開発している（写真6）．車の床面の高さは高齢の利用

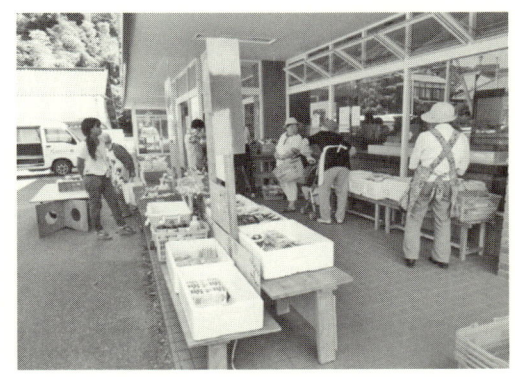

写真5　商品が並べられるベンチ

写真6　開発中のスライド式商品棚

者には高すぎるため，床面よりも低い位置に商品を下ろす必要があり，試行錯誤を繰り返しながら，「なかよし」も利用者も使いやすい"たなカー"の制作を進めている．メンバーの女性4人で商品台を組み立て，重い商品，多くの商品を運び，販売を行うのはかなりの重労働であり，そういった「なかよし」の負担を軽減し，移動販売をより持続的なものにしていくことが，balloonの取り組みのもう1つの大きな狙いである．また，2つの店舗が商品を出しており，売り上げを分配するために移動販売の前後に，すべて検品するのだが，これもまた大変な作業である．現在，この「なかよし」の移動販売に適した会計システムの構築を目指して，独自にタブレット端末で使えるwebアプリを開発中である．

　以上のように，移動販売による「地域空間」の創出，移動販売の効率化を図るための仕組みづくりを進めているわけだが，これによって，「なかよし」の移動販売を楽しく，魅力的に見せることが重要である．山田区全体，香取市全体を考えた時に，山倉地区と同じ状況の地域はまだまだたくさんある．しかし，そういった地域全部を「なかよし」が訪れることは不可能であり，各地域で担い手を育てていく他に手はない．その時に，先駆的に活動している「なかよし」がモデルとなるわけだが，「大変そう」であるとか，「難しそう」と思われてしまうと担い手が現れにくくなる．「なかよし」の活動が，「決して難しいこと，大変なことでなく，誰にでも，自分たちでもできることであり，地域にとって意味のあること」だと気づいてもらう，感じてもらうことが，非常に重要である．そこから担い手が現れ，「なかよし」とも連携しながら，助け合いながら，地域を支えていくことが必要であろう．そういった活動の連鎖を，balloonは生み出そうとしている．行政にも働きかけながら，他の地域への普及を今後進めていく．同じような活動をする主体が増えることは，地域全体の持続性はもちろん，「なかよし」自身の持続性にもつながることである．

3. 移動販売の福祉的機能のサポート：島根県津和野町

　香取プロジェクトは，移動販売を行っている1つの団体から発信し，活動の連鎖を地域全体に起こしていくことを目指している．一方で，島根県津和野町でのプロジェクトでは，既に複数存在する移動販売業者を，行政がサポートし，それぞれの移動販売業者が最大限の力を発揮できるような体制を構築していくことで，地域全体を支えていこうとしている．行政とballoonが協働して，各移動販売業者の取り組みを連鎖させていくことが狙いである．

　津和野町は，山口県との県境に位置する人口約8,000人のまちである．高齢化率は40％を超えており，日本の中でも高齢化が最も進んでいる地域の1つである．中心部は小京都とうたわれる町並みを有する観光地であるが，山間部に入っていくと，単身の高齢者も多く暮らす限界集落と呼べる集落が点在している．とあるNPOの方と知り合った縁で，津和野町役場の職員の方と出会う機会があり，これからの集落での生活を支えるために，"たなカー&ぷらっと"を切り口に何か打開策が打てないものかと，検討することになった．2012年3月，季節外れの大雪が降る中，初めて津和野町を訪れ，調査を開始した．

　まず集落での高齢者の生活実態を把握するために，いくつかの集落を訪れ，実際に住民の方々にお話を伺った．いろいろなお話を聞かせていただいたのだが，その中でも印象に残っているのが，「生活していく上で，今何が最も欲しいですか？」という問いに対して，80代1人暮らしの男性に瞬時に返された「話し相手」という答えである．その他の方からも，住民同士が交流する機会を求める声は多く聞かれた．週に1，2回，中心部で食事会や交流サロン等の集まりはあるのだが，参加するには敷居が高いと感じる方も少なくない．また，そこに行くための移動手段である町営バスの本数に限りがあるため，住民の多様なニーズを汲み取ることは難しい．例えば，サロンに行った後に買い物をして帰るとか，病院の診察の後に友達に会って帰るといった

ことが，バスの時間の制約上できないのである．寄り道をすれば，町が料金をサポートしてくれる町営バスではなく，高い料金を払うタクシーで帰ることになる，というのも1つの壁になっているようだ．交流する機会は求めているものの，それを実現するための手段が存在しないのが現状である．

　また，買い物に関しては，地域の商店は次々と閉店し，営業している商店においても，卸売のルートが途絶える可能性が問題視されている．過疎化が進む集落は，物流というシステムからも外されてしまう現状なのである．その中で，各集落で高齢者の暮らしを支えている6つの移動販売業者と出会った．頻度や移動範囲，商品の種類は様々であるが，どの業者も各集落に貴重な買い物の場を提供し，中心部まで買い物に行けない住民の暮らしを支えている（写真7）．さらに，香取市の「なかよし」と同様に，移動販売時には住民同士が顔を合わせ，おしゃべりする光景が見られる．ただ，津和野町の移動販売は香取市に比べ，1カ所あたりの人数が少ないのが特徴である．「なかよし」の移動販売のように集落内の特定の場所に10～15人集まる地域もあるが，集落によっては1軒1軒個別に訪れる場合が多い．これは住宅の密度によるものであるが，それ故に，販売業者

写真7 新鮮な魚を届ける移動販売車

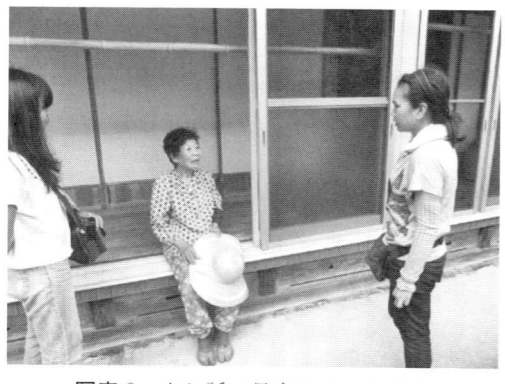

写真8 立ち話は見守りにつながる

第 5 章 モバイル施設のネットワークが地域空間を変える　　　　115

と利用者の距離が近く，移動販売が高齢者の見守り機能を担っていると言える（写真 8）．毎週定期的に顔を合わせることで，利用者のちょっとした変化に業者の方は気づくのだという．こうした移動販売の福祉的な役割は，これからの集落での暮らしにおいて非常に重要である．誰かに見守られていることの安心感，誰かとつながっていることの安心感，これは決して失ってはならない．津和野町において，移動販売が生み出す空間は，福祉的にも大きな意味を持つ「地域空間」となっており，これを集落でのセーフティネットの 1 つとして，維持していく必要がある．

　そこで現在，balloon と津和野町役場が協働で，移動販売の福祉的機能をサポート・強化する体制づくりを進めている．このテーマは福祉をはじめ，商業，交通と関連する課が多く，縦割り行政の中で非常に難しい取り組みとなるが，そこを打破する仕組みを考えていかなければならない．さらに，現段階では各課の視点はまだ各々の専門に限られており，集落の生活の全体像を把握できていない状況であるため，それらを総合的に見る視点を提示していく必要がある．また，移動販売を持続的なものにするためには，効率の良い販売が行われ，より多くの買い物に困っている住民の下へと巡回することが条件となる．移動販売業者の効率的な販売形態の確立に向けてのサポートも，着手すべき重要な要素である．

　まず移動販売という販売形態の確立に向けてだが，現在その効率性を阻害する要因として 2 点挙げられる．1 つが業者間のコミュニケーション，もう 1 つが業者と利用者とのコミュニケーションである．6 つの移動販売業者がそれぞれ複数の集落を訪れているわけだが，お互いに販売範囲が重ならないように意識し，限られた消費者を奪い合わないよう，配慮しているという．しかし，それは実際にルールを決めているわけではなく，限られた情報の中で各自が判断していることである．現状では，販売範囲が重なっていることはないが，逆に，移動販売に来て欲しいという方がいる地域なのに，どの業者も行っていない空白地帯が生まれている．これが業者間のコミュニケーションの不足により露呈される課題である．

一方，現在移動販売が行われている地域は，それぞれの業者が住民との関係を自ら築いてスタートしたもので，中には先代から引き継いで40年近く訪れている業者もいる．既に住民の方と信頼関係を築いているが，販売の時間や場所は一部の住民のみが知っている情報で，新たに移動販売に来てもらいたいという住民がいても，その情報を手に入れ，業者とコンタクトをとることはなかなか容易ではない．また，急な都合で販売を休む時は，業者から住民1人ひとりに連絡をいれなくてはならず，負担が大きいだけでなく，連絡漏れ等による住民とのすれ違いも起きやすい．こうした，業者と住民との間に行政が入り，コミュニケーションを円滑にしたり，業者同士の調整役として行政が機能したりすることは，大いに意味があるのではないだろうか．

そこで，balloonが現在開発しているのが移動販売情報を組み込んだwebマップ（名称は未定）である．このwebマップでは，移動販売の日程や場所，販売される商品を，「曜日」「地域」「業者」の3つの方法で検索することができる．これは住民でも閲覧できるものにするが，高齢者のほとんどはインターネットを利用しないため，web上の情報を地域新聞等の紙媒体で配布したり，ケーブルテレビを活用して配信したりする方法を検討している．特に津和野町ではケーブルテレビの加入率が90%を超えており，高齢者でも親しみのある情報媒体である．webマップをケーブルテレビのデータ放送と連動させることで，テレビのリモコンで簡単に，自分の住む地域に来ている移動販売の情報を知ることができる．さらに，シルバー人材等の活躍できる住民の方々と，地域のニュースを配信する番組の制作も計画しており，そのニュースの中で，天気予報のように，その日の，あるいはその週の移動販売情報を知らせることを検討している．住民による，住民のための，地域情報の発信は，制作する側も見ている側も楽しんで関わることができ，持続性は生まれやすいであろう．

このように，行政が移動販売の情報を住民に対して発信することで，住民は正確かつ信頼できる情報を得て，移動販売を利用することができる．さらに，移動販売をサポートする行政の姿勢が住民に伝わることで，移動販売へ

第5章　モバイル施設のネットワークが地域空間を変える　　　117

の要望，自分の集落にも来て欲しいというような意見も，住民としては初めて発信することができる．また行政としては，webマップ上ですべての移動販売情報を見ることで，移動販売の空白地帯の発見が可能となる．そういった地域に対して，行政が訪問できる業者を探しマッチングを行うことで，地域住民に買い物の場を提供することができるし，業者には販売場所を提供することができる．移動販売情報を住民に発信することで，住民にとってはより買い物しやすい環境，業者にとってはより販売しやすい環境を構築していくことを，目指している．ある集落で聞いた話では，移動販売を継続してもらうために，バスで中心部に買い物に行くことはあえてせずに，移動販売を利用しているようだ．移動販売が来なくなって困るのは自分たちであり，その環境を守るためにも意識的に移動販売で買い物をしているのである．住民による「買い支え」と言える．

　このように，移動販売業者と住民の支え合う関係が生まれてくると，移動販売という商店のあり方が確立され，1つの商売の手法として，地域に根付いていくのではないだろうか．実際，移動販売業者も高齢の方が多く（2012年だけで2人の方が亡くなっている），次なる担い手の確保は緊急の問題である．香取にしても，津和野にしても，現在の移動販売を動かしているのは，それぞれの業者の方の「自分が行かないと困る高齢者がたくさんいる」ことへの，使命感である．だからこそ，そういった方々が継続できるような環境を作っていくと同時に，その方々の想いを継ぐ次世代を育てる必要がある．まちなかの固定店舗が移動販売も手掛けるようにする，若い世代が副業として行う等，移動販売をやりやすい環境を整備することで，新しくチャレンジできるような土壌を養っていくことが重要である．

　さらに，このwebマップは，行政各課が横断して議論するためのツールとしての役割も期待されている．移動販売情報だけでなく，固定店舗の情報，バスや鉄道等の交通情報，食事会や交流サロン，祭り等の地域イベント情報，といった様々な地域情報が一元化されたデータベースとして機能させることが狙いである．そういった情報は各担当課が持っているが，それを重ね合わ

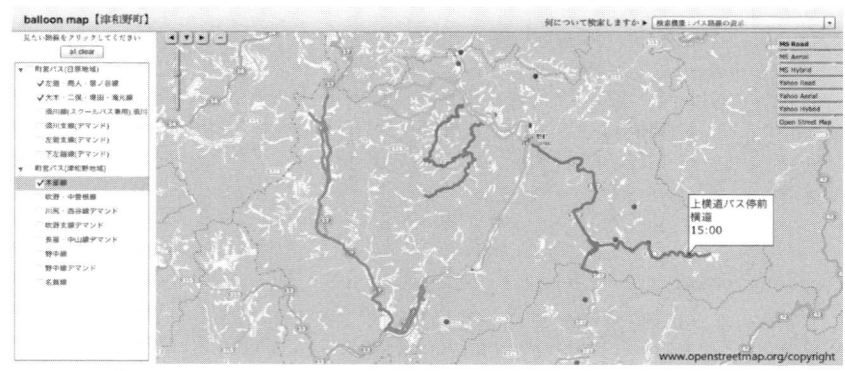

Map Data © OpenStreetMap contributors, ODbL.
図3　開発中のwebマップ／移動販売情報とバスルート

せて見ることで，地域の課題を広い視点で議論できる（図3）．例えば，移動販売とバスの発着時間を合わせて，多くの人が買い物しやすい環境を作っていく，地域の食事会と固定店舗の特売日を合わせて，まちなかに出た際の楽しみを増やす等，より魅力的な空間を演出するような工夫ができる．さらに，その延長として考えれば，交通の課題解決のための施策と，福祉の課題解決のための施策を，1つの地図を共有しながら議論することができる．集落の暮らしといっても，もはやそれぞれの要素だけでは解決できないところまできている．異なる要素を掛け合わせて，複合的に見ていくことでインパクトのある施策を打ち出せるのではないだろうか．

　balloonとしては，このwebマップを活用することで，各課が連動する環境を築いていくことを目指している．またそれは行政内部だけでなく，移動販売業者と行政の連携，住民と行政の連携にもつながるものである．このプロジェクトは移動販売業者が果たす福祉的な役割を強化することが大きな狙いだが，現在，業者が感じ取ることのできる住民の体調の変化や異変といった情報は，行政に伝わる手段がないために，活用されることがない．それをwebマップに反映させ，セキュリティをかけた上で，福祉系の担当組織や民生委員に情報が伝達するようにすれば，早期の対応が取れる可能性があ

る．具体的には，移動販売業者がタブレット等の端末を用いて，会計時に住民の様子を簡単に入力できるフォームを用意し，その情報が担当課に送信されるようなものをイメージして，開発を進めている．もちろん，こういった個人情報に関わるものは慎重に検討していく必要があるが，既存の移動販売ネットワークを活用した1つの高齢者の見守りシステムとしては，可能性があるのではないだろうか．webマップという1つのツールを軸に，「地域空間」を支える仕組みの構築が目指されている．

　こういったwebマップを軸とした取り組みを現在，行政と議論しながら事業化に向けて準備している段階である．実際にこの通りには実現しないかもしれないが，こういった動きを行政内部で起こせていることは重要な観点である．今後，予算も人材も縮小していく一方で，考えるべき課題は増えていく．それぞれが自分の専門からの視点だけで考えていては，打開策は打ち出せないであろう．違った視点を持った者同士が連携し，足し算というよりはかけ算をして，より大きな効果を出していくことが求められている．津和野町において，そういった縦割りの課を横につなげていくような動きを起こせているのは，一緒にプロジェクトを進めている「営業課」という部署の存在が大きい．そもそもこの「営業課」は，どの課でも対応できない複合的な課題，横断的な広い視野が必要とされる仕事に取り組む組織として位置付けられている．balloonの組織としての理念もそうだが，こういった柔軟に対応できる組織，その状況に応じて役割や視点を変化させていく組織，がこれから不可欠である．縮小という未知の時代を迎える中で，想定できないことは大いに起こるであろう．その時に，連携して対応すること，さらに柔軟な部分も持っていることが，重要である．また，人口8,000人という津和野町の規模故に，各課の距離も近く，取り組めているという部分もある．しかし，こういった地域が最初に都市縮小時代への対応を迫られるわけであり，今1つのモデルを示すことが，求められているのである．

4. 世代を超えたまちづくりへの参加：千葉県柏市

前述の2つのプロジェクトは，過疎化・高齢化が進む中山間地域での取り組みであった．こういった地域がまず都市縮小時代の打撃を受ける地域である．しかし一方で，都市郊外部の地域でも同じような問題が待っているのも事実である．公共交通は縮小を余儀なくされ，駅から離れた地域はより不便になっていく．商店街が衰退する地域もあり，高齢化が進む中で交通弱者，買い物弱者が問題になりつつある．またそういった地域は中山間地域よりも元々のコミュニティは弱く，近年はより希薄化していると言われている．じわりじわりと迫ってくる危機に対して，今何をするべきか，考え始めなければいけないだろう．

"たなカー＆ぷらっと"というアイデアは，そういった都市郊外部の住宅地に対する提案として生まれたものである．大学の演習として，東京大学のキャンパスがある千葉県柏市柏の葉地域の住民の方々に提案し，そこで関心を持っていただいた方々と，将来に向けての議論を始めたのが，balloonのすべての活動の原点である．

活動をスタートしたのは，柏の葉地域に隣接する柏ビレジという住宅地である．約1,600世帯の戸建てが並ぶ閑静な住宅街であり，建築家宮脇檀がデザインした町並みが特徴となっている．しかし，開発されてから30余年が経ち，開発当初30，40代で購入した世代は既に60代，70代になっており，高齢化を一気に迎えている．日常生活においては車での移動がほとんどであるため，地域中心部の商店街は次第に衰退していったが，これから車を運転できなくなる人が増える中で，生活への危機感が芽生え始めている．"たなカー＆ぷらっと"は，まさにそういった地域を想定して提案したものであり，問題意識の高い住民の方々と，具体的な"たなカー＆ぷらっと"の議論が始まった．

その中で，展示会をしたり，全世帯対象のアンケートをしたり，実験的に

第5章　モバイル施設のネットワークが地域空間を変える　　　121

"たなカー"を制作してイベントを行ったりと，活動を展開していった．しかし，住民の反応を見ると，問題意識はあるものの，中山間地域に比べ，生活が揺らぐほどの緊急性のある課題ではないようである．むしろ，柏ビレジの「地域空間」として重きを置くべきは，買い物の場のように直接生活を支えるものではなく，多世代が交わりながらコミュニティを育み，これから迎える課題に対してまちづくりを進めていく，そんな空間であろう．そこで，"たなカー＆ぷらっと"という発想を活かして，住民が楽しみながら，コミュニティの力を高めていく，そんな2つのプロジェクトを展開することとした．"こどもたなカー"と"ぷらっとガーデン"である．

"こどもたなカー"とは，名前の通り，こども達が作る"たなカー"である．住民と楽しみながら"たなカー"を作ってみることで，将来の暮らしにおける，その魅力・可能性を感じてもらう，さらには広く，これからのまちづくりを考えてもらうことが狙いである．そこでまず，楽しむことのプロ，こども達の手を借りることにした．

"こどもたなカー"プロジェクトは2011年8月から2カ月に1回のペースで開催しており，平均して5〜10人のこども達に参加してもらっている．まずワークショップを開催し，"こどもたなカー"を制作する．毎回balloonがテーマを決めるが，具体的にどういう"たなカー"を作るかはこども達が検討する．お店であれば，そのコンセプト，販売する商品，販売方法，値段，お店のデザイン，名称まで，すべてこども達に話し合いで決めてもらう．その後，制作に入り，看板や値札，ゲーム性を持たせる場合はその道具まで，自分たちでデザインする（写真9）．時間がある時は，みんな

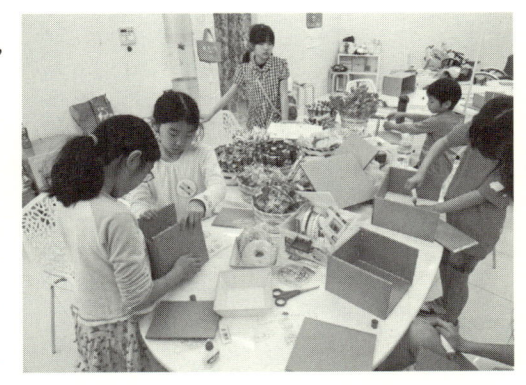

写真9　ワークショップでの制作の様子

で近くのショッピングモールまで買い出しにいき，商品の仕入れを行う．

"こどもたなカー"は，柏ビレジも含めた柏の葉地域の小学生を対象に行っており，様々な地域のイベントに"こどもたなカー"を出店する形で参加している．ワークショップは各イベントの1週間前に行い，制作した"こどもたなカー"を用いて，イベントでは実際にお客さん相手に販売をするのである．宣伝，会計，接客とすべての運営をこども達に任せている．年に1回は地域を飛び出し遠征を行っており，2011年はヨコハマトリエンナーレに，2012年は幕張メッセのイベントに参加している．balloon特製の屋台を使った雑貨屋や駄菓子屋，自転車を使ったお菓子屋や，台車を使った病院や紙芝居屋，リアカーを使った給水車や移動する畑等，こども達の自由な発想で様々な"こどもたなカー"を展開してきた（写真10，11，12）．

写真10　屋台を使った"雑貨たなカー"

写真11　自転車を使った"お菓子たなカー"

このプロジェクトは"たなカー"の魅力を発信することも狙いだが，最大の狙いは，こども達のエネルギーをまちづくりの起爆剤とすることである．まちの一員として，自分の力で考え，協力し合い，動くことでまちに魅力をもたらすことができ，まちを楽しくでき，そして自分たちも楽しむことができる．そうこども達に感じてもらうことが重

第5章　モバイル施設のネットワークが地域空間を変える　　　　123

要である．そして，それを見
ている大人にも感じてもらう．
"こどもたなカー"を目にす
る大人が，まちづくりの楽し
さを感じる，まちのために何
か一歩を踏み出す，そんな機
会を生み出すことを目指して
いる．また，こどもが動けば，
自然と大人は目を向けるし，
手を差し出す．そうやって，

写真12　リアカーを使った"畑たなカー"

こども達のエネルギーが大人に伝わり，まち全体に連鎖していく．そうやっ
て世代を超えて，まちに関わる楽しさが広まっていく．"こどもたなカー"
が生み出す「地域空間」が，そのきっかけになるのではないだろうか．

　一方で，柏ビレジにおいては，戸建て住宅が立ち並び，パブリックな空間
が少ない住宅地の中で，いかに"ぷらっと"を創出していくか，ということ
を試みている．「地域空間」の器をどう挿入するかということである．そこ
で，パブリックな道路と，プライベートな住宅との間に位置する，個人の庭
に着目した．柏ビレジには庭好きな方が多く，手入れが行き届いており，1
つの地域資源であると言える．その庭を活用して住民の憩いの場ができない
かと，取り組んだのが"ぷらっとガーデン"である．

　"ぷらっとガーデン"は，個人宅の庭を時間や日にちを限定して公開する
取り組みである．一般的なオープンガーデンは，庭を鑑賞することを目的と
しているが，この"ぷらっとガーデン"は庭という空間を使って，住民同士
が楽しみ，コミュニティを形成していくことを狙いとしている．「自分の庭
は見せるほどではない」とか，「来た人をおもてなししなくてはいけない」
といった気兼ねを取り除いて欲しいということで，"ぷらっとガーデン"と
いう名前が付けられた．そして，庭で楽しむことができる簡単なプログラム
を組み込むことで，近所の誰でもぷらっと立ち寄れて，楽しんでいける「地

写真13 "ぷらっとガーデン"となった庭

写真14 "ぷらっとガーデン"でのかき氷

域空間」とすることを目指している．

2012年は2回，"ぷらっとガーデン"を数軒の家で1日行うイベントを実施した．本番前にワークショップを2～3回実施し，"ぷらっとガーデン"を実施する方，関心があり一緒に運営をしてくれる方を集め，チームを組んで準備を進めた．ワークショップでは，植物病の専門医を招いて知識の習得をしたり，実際にオープンガーデンを実施している他の地域に見学に行ったり，参加者の庭でプレ・イベントを行ったりし，自分たちの庭のこと，まちのことを考えてもらい，その中で，自分たちの地域に合った形での開催方法を検討した．庭で行ったプログラムは庭の所有者の関心によって様々で，紙芝居をする方もいれば，絵画や写真の展示，押し花の教室，ちょっとしたカフェコーナー，夏はかき氷等，バラエティに富んだものとなった（写真13, 14）．

庭は空間的に完全にプライベートではない上に，ある程度見られることも想定されており，パブリックな性質を持っている部分がある．また，公園などの公共空間は使用に関しては規制が多く，本当の意味で住民が公共的に使えない．一方，個人宅の庭は所有者が"ぷらっとガーデン"に面白さを見出せば，継続してパブリックな使い方が可能である．所有者は自分のものであるので，きちんと手入れをするし，そこを使わせてもらう近所の方も，他人

の所有しているものであればきれいに使おうとする．その分，メンテナンスが行き届くと考えられる．さらに，これからの高齢化を考えると，庭の手入れをすべて自分で行うことは難しくなる．そういった時に，業者に頼むという選択肢もあるが，地域の人同士で手伝い合う，庭好きな仲間同士で助け合うことができれば，地域の景観を地域住民でマネジメントしていくことができるのではないか．個人のプライベートな庭が，時に"ぷらっとガーデン"としてパブリックに利用されることで，庭を介して住民が少しずつ近づき，コミュニティの面でも，環境の面でも，貢献することが期待される．この取り組みは2013年度から柏市とballoonとの協働事業として，柏ビレジにもう1地区を加えた2地区で，"ぷらっとガーデン"の普及，運営組織の設立まで含めたモデルの構築を目指して展開することとなった．柏市には庭に関する活動を支援する「カシニワ制度」[1]というものがあり，それを活用していくのだが，住民の方々と活動，議論する中で，より住民の使いやすい制度に修正していくことも必要である．

　柏市では"たなカー＆ぷらっと"というアイデアから，世代を超えた「地域空間」の創出への取り組みが2つ，生まれたわけだが，どちらにも共通することは，まず関心のある方が，楽しみながら，始めるということである．まちづくりを動かすのは「危機感」かもしれない．しかし，同時に「楽しみ」でもあるだろう．それは大きな持続する力である．「楽しみ」から動き始めること，そして，それを支える，担保する仕組みを作っていくこと，この流れができた時に，物事は持続していくだろう．

5. 都市縮小時代の「たたみ方」と「動き方」

　balloonのプロジェクトから3つの地域での「地域空間」のあり方，そしてそれに対する取り組みを紹介したわけだが，その活動の中で考えられる，持続的な社会の構築への手がかりを2つ，最後に示したい．
　1つ目は，"たなカー＆ぷらっと"というアイデアから見出せる，都市縮

小時代における周辺地域の将来像である．香取市や津和野町のような，過疎化・高齢化が既に深刻化し，そこでの暮らしの基盤自体が揺らいでいる地域において，移動販売が生み出している「地域空間」は非常に重要である．人と会って話す，自分の欲しい物を自分の目で見て，手に取って選ぶ．都会に住んでいる人にとっては当たり前のことだが，当たり前のこと故に，それが簡単にはできない地域では，そこに住むことの根本が問われる．現状では，その根本を支えている1つが移動販売である．しかし，将来を考えると，そういった地域に若者が戻ってこない限り，人口は減り続け，移動販売も役割を終えていく．ただ，これは決して悲観的なストーリーではない．若者が戻って来るためには，そこに雇用を生まなければいけないが，日本全体で人口が減少する中，どこの地域にもそれができるわけではない．中山間地域の集落は，縮小し続け，いずれは住む人がいなくなるということも現実的に考えられる．それに対し，集落を早々にたたんで住民を中心市街地に移住させるとか，どうせなくなる集落なので，ある程度見捨てていい，とはならない．高齢化社会は多くの問題を生んでいるが，それと同時に，多くの日本人が長生きできる，自分の愛する地域でより長い時間を過ごすことができる社会でもある．縮小する中でも，そこに住み続ける人が豊かな暮らしを築いていける，そういった地域が，持続的な社会と呼ばれるべきではないだろうか．都市デザインを担う者として，そういった地域の「たたみ方」とも言うべき，縮小の過程を描くことが，必要だと感じている．縮小の中でも，"ぷらっと"という住民同士が自然と顔を合わせる，つながっていく「地域空間」が必要であるし，"ぷらっと"を"ぷらっと"たらしめるための，"たなカー"という動く機能が存在することが，1つ大きな可能性を持っている．

　また，柏ビレジのように，都市郊外部の住宅地は，やり方によっては，より郊外の地域から，これから人口が流入してくる可能性もある．しかし，その場合でも，将来は縮小していくことを考えれば，"たなカー＆ぷらっと"は重要な考え方である．さらに，それは都市間競争とも言え，どこかで人口が増えていれば，どこかで人口は減っている．都市郊外部であっても，都市

の「たたみ方」を考えていくことが必要である．

　手がかりとしての2点目は，組織のあり方，アクションのあり方である．香取市では問題意識の高い住民と，津和野町では柔軟な考えを持った行政と，柏市では元気なこども達と，さらには庭好きな住民と，プロジェクトを進めている．そこに共通することは，動ける人が動く，ということである．アクションにつながるモチベーションを持った人が，まずやってみる，そんな姿勢がそこにはある．「地域がこうなればいいのではないか」，「地域をこうすれば楽しくなるのではないか」，そう感じた人が，自分のできることから始める．そこから仲間ができ，チャンスが生まれ，新たな挑戦も生まれる．できる人ができることをやる，それが連鎖していくことで，まちは変わり始めるのではないだろうか．まずやってみる，それが何よりも大事な一歩である．

　しかし，口で言うのは簡単で，住民同士だから言えないこと，そこに暮らしているから取り除けないプライド，近所からの視線等，それを抑えてしまうハードルはたくさん転がっている．balloonには，そのハードルを下げてあげる，そして背中を少し押してあげる，そんな組織としての役割がある．動ける人が動く，それにとことん付き合う，柔軟に寄り添う，そっと支える，それがballoonが掲げる"urban design partners"である．まちに入り込んで，住民と同じ視点でまちを見る．その一方で，外から来た組織だからこそできる考え方を示す．そして一緒に汗を流す．そういった組織が，これからのまちづくりに貢献することができるのではないだろうか．

　まずやってみる，その姿勢はballoonという組織にも重要であり，まちを豊かにしていくことであれば分野を問わず，そして，それをできることから，自分たちでやってみる，というのがスタイルである．balloonのメンバーの専門は様々で，建築・都市計画をはじめとして，IT・空間情報，社会学，経済学，言語学と，幅広い視点で地域を見つめていくことを大切にしている．その専門を活かし，空間の設計から制作，ICTを活用したシステム開発からアプリの制作，グラフィックデザインからワークショップのコーディネートまで，すべて自分たちで行う．自分たちの目で見て，手を動かして，考え

ることで，地域を総合的な視点で捉えることができるのである．それと同時に，現実的な話としては，業者への外注等で余計なお金を使わなくてもすむ，ということも重要である．

　まずやってみる，これはお金のない中でもやってみる，という意味でもある．アクションを起こしたくても，まちづくりの現場にそうそう大きなお金があるわけではない．しかし，その中でもできることから始めることが大切である．香取プロジェクト，"こどもたなカー"プロジェクトでは，活動当初から助成金を得ることができたが[2]，津和野プロジェクトでは，事業化する前の現段階では予算はなく，balloonが負担して進めている．この期間の負担を事業化後に回収できればいいわけで，投資とも言えるが，新しいモデルを作るという意味では，その多少の負担をしても取り組む価値のあるプロジェクトだとも言える．そうやって，予算がない中で，先を想定して動いてみる腰の軽さも必要である．また別のいわきプロジェクトでは，住民組織と資金を一緒に獲得することから始めている[3]．いわき市内で食をテーマに活動している「PeMeLL（パメル）の会」とballoonで，新しく組織を作り，国からの支援へ応募し，支援金を受けて，活動を展開している．地域の食を支えたいという「PeMeLLの会」の活動に，balloonの"たなカー＆ぷらっと"というアイデアが合わさることで，新鮮な野菜や惣菜，地域住民の手作り雑貨や図書館を積んだ"たなカー"が生まれた．資金があるからballoonに依頼するのではなく，balloonと組むことで資金獲得という第一歩から共に力を合わせて取り組んでいく．そういう組織があることで，そういう関係性があることで，どんなところでも，まずやってみる，そう思える土壌を作ることにつながるのではないだろうか．また，"ぷらっとガーデン"に関しては，2013年度から柏市の予算で実施することになっているが，2012年度は東京大学の研究プロジェクトの一環として，研究者としての立場にもなりながら進めている[4]．NPOという企業としてのballoon，研究者としてのballoon，また市民としてのballoonといったように，状況に応じて，柔軟に動きやすい立場をとることも，まずやってみる，という動きを支える重要

な要素である．

　balloon はこのように，まちが動き出す初期の段階で役割を果たすことが期待される．外からの組織だからこそ，起爆剤となることができるが，外からの組織だからこそ，いつかは抜けていかなくてはいけない．外からの組織を活かしながら，住民，行政，地元企業，地域にいる者で回せるようになった時，それは持続と呼べるであろう．誰かに頼ることなく，それぞれができることに取り組んで，地域社会を築いていくのである．そういう意味では，balloon の取り組みは住民の，あるいは地域のキャパシティ・ビルディングと言うこともできるかもしれない．少なくとも，住民の背中を押して，まちへの想いを連鎖させていく，そこに取り組んでいる意味は大きい．本章を通して見ると，重要なキーワードとして「連鎖」という言葉が挙げられる．まず動ける人が動く，それが違う人を動かす．そこから生まれたものを，誰かがまた動かす．そんな連鎖の中に，住民1人ひとりが入り込み，地域とつながっていく．それが今イメージできる，ソーシャル・サステイナビリティである．

注
1) 　オープンガーデンや，市民団体等が手入れを行い活用しているオープンスペースを「カシニワ＝かしわの庭，地域の庭」とし，「カシニワ」に関わる活動を支援する制度である．それにより，都市緑化の推進，コミュニティの醸成等，地域の魅力を向上させることを目的としている．
2) 　香取プロジェクトは香取市の「地域振興事業」，"こどもたなカー"プロジェクトは「URCAまちづくり企画支援事業」として助成金を得ている．
3) 　いわきプロジェクトでは，「復興支援型地域社会雇用創造事業」に基づき内閣府より補助を受けている「いわきビジネスプランコンテスト2012」に応募して採択された．
4) 　平成23年度科学技術戦略推進費「気候変動に対応した新たな社会の創出に向けた社会システムの改革プログラム」としての，東京大学の研究プロジェクト「明るい低炭素社会の実現に向けた都市変革プログラム」の一環として行っている．

参考文献
杉田聡（2008）『買い物難民　もうひとつの高齢者問題』大月書店．

鈴木亮平（2011）「元気にがんばるまちづくり NPO urban design partners balloon モビリティを用いた地域再生」『都市計画』294, pp. 70-71.
樋野公宏・杉崎和久編（2011）「買い物弱者を救えるか？」『都市計画』294, pp. 3-59.

PART II

政策・計画への参加プロセスのリノベーション

第6章
社会的持続性を志向するコミュニティ開発政策

的場信敬

1. 英国の持続可能な発展の視座

持続可能な発展（Sustainable Development: 以後 SD）が 1992 年の「国連環境開発会議（地球サミット）」において世界共通のキーワードとなって 20 年になるが，第 1 章で議論されたように，SD を構成する環境・経済・社会という 3 つの要素のうち，社会的持続性については，他の環境的，経済的持続性と比べて，その議論や実践は限定的であった（Dillard, *et al*., 2009）．その一方で，SD の実践で早くから世界をリードしてきた英国では，自国の社会状況（非効率な保険サービスや犯罪問題，教育改革，マイノリティへの対応など）もあり，当初から社会的側面も含めた包括的な SD への対応を行ってきた．

SD への注目が高まった 1990 年代後半に誕生したブレア政権（1997-2007 年）が，慢性化する経済停滞への対応と自治体の現代化（modernisation）という要請の中で，公共の新たな担い手として注目したのが，チャリティや地縁組織，社会的企業といったサードセクター組織であった．以降，地方自治や地域再生，SD に関する政策の多くが，政府・企業・サードの各セクターのパートナーシップを原則として進められてきた（的場 2009）．

このような英国の社会・政治的背景をふまえて，本章では，社会的持続性の実現に向けた政策とその実践に必要な要素について検討する．その際具体的な事例として，近年 SD を政策の柱（guiding principle）に位置づけた英国ウェールズの地域再生の取り組みである，コミュニティーズ・ファースト（Communities First: 以後 CF）事業をとりあげる．CF は，地域コミュニティを巻き込みつつ利害関係者のパートナーシップにより地域課題を抽出し，解決のためのプロジェクトを実践する 10 年間の事業で，個人やコミュニティのキャパシティ構築（Capacity building），さらにはエンパワメントの実現を目指す興味深い取り組みである．

まず，ウェールズの SD への取り組みについて，特に社会的持続性の観点

第 6 章　社会的持続性を志向するコミュニティ開発政策　　　135

から考察する．その上で，それらをもとに，CF の理念とこれまでの実践について，文献と現地調査から評価し，社会的持続性に取り組む政策に必要な要素と課題について検討を行う[1]．

2. ウェールズの持続可能な発展へのアプローチ

英国は SD の取り組みでは早くから世界をリードしてきたが，近年では地球規模的な気候変動への対応や，SD のより具体的な政策目的の設定という視点から，温暖化対策への取り組みを強化してきた．その中で，SD に向けて特徴的な取り組みをしているのがウェールズである．2006 年地方政府法（Local Government Bill）において，SD をウェールズ政府の中心原則（Core Principle）として設定し，SD のための戦略を策定し実践していくことを法的に位置づけており，「SD の促進を法的な義務として設定している数少ない政府のひとつ」（Welsh Assembly Government, 2009: 8）となっている．さらに，現在は SD の推進をより具体的に法律で規定する「持続可能な発展法（Sustainable Development Bill）」の策定を準備中である．

地方政府法をふまえて策定されたウェールズの SD 戦略 *One Wales: One Planet － The Sustainable Development Scheme of the Welsh Assembly Government* では，SD がウェールズ政府の組織原則であることを改めて確認した上で，ウェールズにおける SD を次のように定義している．

> ウェールズにおいて SD は，ウェールズの人々やコミュニティの経済的・社会的・環境的な福利を増進し，我々と将来世代の生活の質をより高次元で実現することを意味する．これらのことを，社会的正義と機会の平等を促進し，かつ自然・文化環境を保全・発展させつつその限界を尊重する形で追求していく．（Welsh Assembly Government, 2009: 8）

この定義の下に，2 つの中心原則（Involvement: 利害関係者の意思決定

や実践への巻き込み; Integration: 環境・社会・経済の各課題の解決に向けた統合的・包括的取り組み）とそれを補強する6つの補助原則を定め，さらにそれらSD原則の実現をはかるための5つの指標的テーマを設定している．各指標的テーマに設定された「目指すべき成果」をみると，コミュニティの参加や責務といった視点から設定された項目が多くあり，中心原則の「Involvement」も含めて，社会的持続性の要素が色濃く反映されていることがわかる．SDの実現には，個人やコミュニティがしっかりと地域ガバナンスに巻き込まれ，変化を作り上げていくことが必要である，と考えるウェールズ政府のスタンスが良く表れている（Welsh Assembly Government, 2009: 20）．

3. ウェールズの地域再生

(1) コミュニティーズ・ファースト事業の概要

これらの社会的側面の持続性を充実させるうえで，カギとなる政策として設定されているのがコミュニティーズ・ファースト政策である．CFは2002年にウェールズ政府によって策定された，地域再生のフラッグシップ・プログラムで，複合的衰退指標（Welsh Index of Multiple Deprivation）によって明らかになった100の最衰退区域から，132のコミュニティを抽出して，それらの地域の衰退・格差解消をはかる政策である．2008-09年の年間予算は，約3千9百万ポンド，2009-10年は，約3千6百万ポンドである．地域の利害関係者によるパートナーシップ組織を立ち上げ，10年という長期にわたって継続的に資金を投入し，地域のキャパシティを高めることで，地域住民の主体的な取り組みによって地域再生につなげていくことを目指している（Adamson and Bromiley, 2008: vii）．当初地方政府用に出版されたCFのガイダンスでは，その目的として以下の点が挙げられている．

● 地域のコミュニティの人々の自信や自尊心，「自分は出来る」という意

識の醸成
- ●教育や就職に役立つスキル・トレーニングの推進
- ●地域住民のための雇用創出と所得の増大
- ●住宅とその周辺環境の質の向上
- ●アクティブで健康的なライフスタイルの実現と人々の健康に影響を与えるような様々な課題に取り組むことによる，健康および福利の改善
- ●コミュニティの安全と，生活し，働き，遊ぶための場の確保
- ●政府セクターによるサービス提供方法の変化の促進

(Welsh Assembly Government, 2002: 4-5)

　最荒廃地域の再生におけるフラッグシップ事業として位置づけられているCFだが，準備された資金は10年間で総額3億ポンドほどである[2]．ウェールズ政府全体の予算が約150億ポンドであることを考えると，それほど大きな金額ではない．そのため，資金の多くは，後述する「コミュニティ開発オフィサー（Community Development Officer）」やCF運営チームの人件費・運営費に充てられ，プロジェクトを実践するための資金は少なくなっている（Welsh Government, 2011）．

　CFの意思決定は，地域の政府セクター組織，企業，ボランタリー組織，地域コミュニティなどで組織されるCF理事会によって行われる．また，プロジェクトにおける議論や実践をサポートし，コーディネートする役割として，コミュニティ開発オフィサーが各地域に派遣されている．彼らは地域再生やより具体的なテーマ，例えばチャイルドケアや福祉などの専門家で，その地域の地方政府が雇用している（資金はウェールズ政府が支出している）．さらに，行政サイドでも，コミュニティーズ・ファースト・ユニットがウェールズ政府に設置され，ここがCF全体の運営や各CFとの調整を行っている[3]．

（2） コミュニティーズ・ファースト事業の特徴

①徹底したコミュニティの巻き込みとパートナーシップ組織による運営

　CF の遂行には，パートナーシップを立ち上げる必要があるが，その際には「三分の一原則（Three Third Principle）」が採られている．これは，パートナーシップの意思決定を行う理事会に参加するメンバーの構成比を表すもので，地域コミュニティ，企業・ボランタリー組織，政府セクター組織という3つのグループが，それぞれ3分の1ずつ席を占めることを意味する．特にボランタリー組織と地域コミュニティを分けることによって，より地域コミュニティの意見を意思決定に強く反映させるしくみが整備されている．

②市民やコミュニティのエンパワメントの視点

　「エンパワメント」という言葉は，様々な意味で使用されており，コミュニティ開発の分野においても，個人のキャパシティ開発と同義，つまり個人（やコミュニティ）の能力をより高める（enable にする）といったニュアンスで使われることも多い．一方で，Adamson and Bromiley（2008）は，コミュニティ・エンパワメントを，「コミュニティや近隣地域レベルの意思決定のプロセスにおいてそれらの住民が影響を与えること」（p. vii）を指すとし，文字通り地域における「権限（パワー）」のバランスを再構築することを重視した考えを提示しており，CF におけるエンパワメントもこの点を重視している．

③CF を通した，地域のメインストリーム・サービス（例えば保健や
　福祉，教育などの地域の主要な公的サービス）の改革

　CF では，地域コミュニティの代表を意思決定に巻き込むことで，政府セクター組織のメインストリーム・サービスを，より地域の実情やニーズに合致したものにしていく（bending）ことが，最重要の課題のひとつとして設定されている（Welsh Assembly Government, 2002）．これはまた，エンパワメントが成し遂げられた際の具体的な成果と考えることもできる．

第 6 章　社会的持続性を志向するコミュニティ開発政策　　139

これらの特徴は，社会的持続性の要素に重なるところが多く，CF が社会的持続性の実現に寄与する可能性を秘めた興味深い政策であることを示している．次項では，実際の CF 事業について，事例調査の結果をもとに検討していく．

(3)　コミュニティーズ・ファースト事業の事例

　CF の事例として，CF が最も多く集中する（23 か所）ウェールズ南部のロンダ・カノン・タフ（Rhondda Cynon Taff: RCT）市における Perthcelyn and Penrhiwceiber 地区の CF を紹介する．RCT 市は人口約 24 万人で，ウェールズで 3 番目に多くの人口を抱えた行政区である（図 1）．産業革命期には世界有数の鉄と石炭の産地として栄えたが，炭鉱の閉山に伴い，失業，犯罪，教育，健康，自然環境など，地域の持続性を脅かすあらゆる課題が噴出し，それ以降，ウェールズで最も荒廃したエリアのひとつとして認識されている．ただ，立地的には首都カーディフへ列車で 30 分ほどで，またロンドンへと続く高速道路へのアクセスも良いため，市南部では産業団地や住宅地が増加している．その一方で，中部から北部にかけては，従前の諸問題を抱えたままであり，市内での「南北問題」が顕在化している．

　Perthcelyn and Penrhiwceiber 地区は RCT 市の北部に位置するウェールズでも最も荒廃したエリアで，2001 年の CF の立ち上げ時に対象地区として選定された．人口は

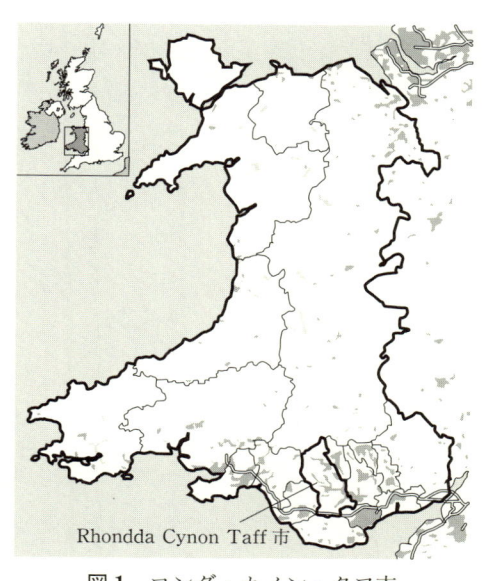

図 1　ロンダ・カノン・タフ市

写真1 地域の倉庫を改造したジョブ・クラブのオフィス

約6,500人でそのうち1,500人ほどが失業保険などの何かしらの公的サポートを受けている．特に若者は深刻で，16～24歳の失業率は50％を超えている．この地区のCF全体の資金は32万ポンドほどで，そのほとんどが5名のコミュニティ開発オフィサーの人件費に充てられている．

このような深刻な失業問題への対策のために，CFプロジェクトの1つとして立ち上げられたのが，ジョブ・クラブ（Job Club）である（写真1）．英国には失業者対策を行う政府セクターの全国組織として，ジョブセンター・プラス（Jobcentre plus）が存在するが，この地域ではあまり活発に活動していない上，煩雑な官僚的手続きが必要になるなど，地域住民からはあまり信頼されていない．さらに，職探しにはコンピューターを利用する必要があり，ITスキルがない，あるいはそもそもパソコンを持っていないなど，低スキル・低所得層の失業者が多いこの地区の実情にはそぐわないサービスが提供されており，地域ニーズに合致するサービスを提供する必要性があった．

ジョブ・クラブでは，1対1の面談で，学歴や職歴，家族構成，失業期間などの細かい情報を集め，そこからどのようなスキルやトレーニングが必要になるのかを，個別に見定めていく．ここを訪れる人は，スキルがないため

第6章　社会的持続性を志向するコミュニティ開発政策　　　　141

に就職できない人ももちろんいるが，長期間失業状態にある人が自信を喪失している場合も多く，そういう人たちには，職探しには一見関係ないような地域でのボランティア活動やイベントなどに連れ出して，その中で徐々に社会での自信を回復させるといったような，ユニークな取り組みも行っている．また，深刻な若者の失業対策の一環として，フィルム・アカデミーを開設している．地域に以前あった小さな映画館を活用し，映画産業に関する関心の喚起と，台本の書き方やカメラの扱い方といった関連スキルを身に着けさせる取り組みである．

　もうひとつの面白い事業が，コミュニティ・トレーニング・キッチンである．これは主に，地域の女性のスキルアップと就職支援を目指した取り組みで，地域にコミュニティ・カフェを設置し（このカフェ自身も，地域の憩いの場を作るという地域ニーズに応えるものである），そこでカフェやレストランで働くための調理スキルを実践で学んでいく，というものである．地域の政治家も巻き込んだパートナーシップ組織を新たに立ち上げ，カフェを設置するための外部資金を2年間かけて獲得した．調理スキルのトレーニング

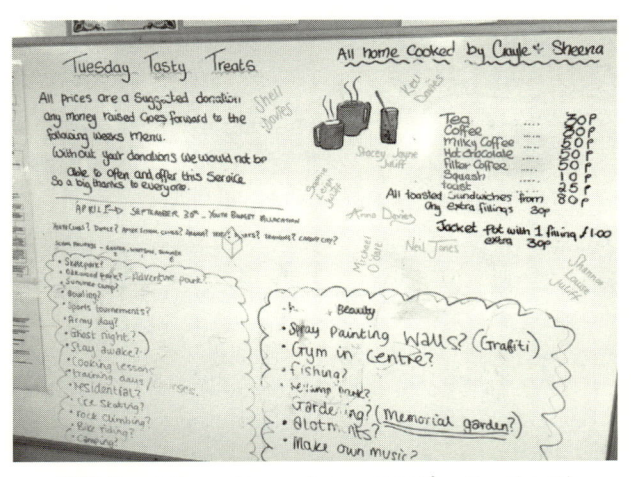

写真2　コミュニティ・トレーニング・キッチンが提供している手書きのメニュー

だけでなく，このカフェの立ち上げ準備プロセス自体（例えば資金獲得のノウハウやパートナーシップでの協力関係構築など）も，地域コミュニティのキャパシティの向上に寄与している（写真2）．

こういった柔軟な取り組みは政府セクター組織には難しく，コミュニティ開発オフィサーが地域で有効に機能した効果であるといえる．ジョブ・クラブはこれまで350人ほどの支援を行ってきたが，就労支援成功率は50%ほどである．政府セクターのジョブセンター・プラスが，場所によっては6%くらいのところもあるとのことで，かなりの成果をあげていることがわかる．

このように，就業支援を行う組織として設置されたジョブ・クラブであるが，現在では，この地域のCFプロジェクト全体をコーディネートするような役割を担っている．教育，人種差別問題に関する取り組みや，信用金庫（credit union）の運営，さらには，地元小学校と連携してコミュニティ菜園のための資金を獲得したり，新鮮かつ安全な野菜を分配するための食品協同組合の運営にも携わっている．なお，これらのCFの事業におけるサポートはすべて無料で受けることができる．

インタビューしたこの地区のコミュニティ開発オフィサーは，CFの今後の展開について，次のように話してくれた．

> 有能な個人や活発なコミュニティが永遠にプロジェクトに存在するわけではないので，一時的なコンディションに頼らない参加のシステムを実現するために，地域ガバナンスへの構造化といったものを考える必要がある．CFがそのきっかけとしてそういう動きに影響を与えていければ良いと考えているが，それにはまだかなりの時間がかかるだろう．

地域コミュニティのキャパシティを高め，住民の意思決定への影響力を増し（＝エンパワメント），地域ニーズに敏感な地域ガバナンスを実現することで，地域社会の持続性を高めていくという，社会的持続性の考え方にまさに合致した視点であるといえる．ただ，彼自身が指摘するように，このよう

第6章　社会的持続性を志向するコミュニティ開発政策

な仕組みづくりにはまだまだ課題が多く残されているのも確かである．次項では，このあたりも含めて，CF の評価と課題を取り上げる．

4. コミュニティーズ・ファースト事業の評価

CF については，これまで政府によって 2006 年に中間評価，2011 年に 10 年間を総括した評価がまとめられ，さらにいくつかのアカデミックな評価もなされている（Welsh Assembly Government, 2006; Adamson and Bromiley, 2008; Adamson, 2010; Welsh Government, 2011）．ここでは，これらの文献と，RCT 市および隣の Merthyr Tydfil 市における，地方政府職員，ボランタリー組織スタッフ，地域住民，そしてウェールズ政府職員からの聞き取り調査から，上述した CF の特徴を中心に，特に社会的持続性への貢献という視点で，CF の評価を行っていく．

(1) 地域住民の参加とキャパシティ構築

CF でまず重視されていたのが，コミュニティ開発（Community Development）であった．これは，広義にはシンプルに「地域再生」を意味するが，より狭義には，地域住民やコミュニティの参加とキャパシティの増大，他者とのネットワーキングなどによる地域の社会的資本の開発を意味していた．住民参加について最新の政府による評価報告書では，事例調査に用いられた 25 のプロジェクトすべてにおいて，住民参加，特に若者の巻き込みについて改善されたとしている（Welsh Government, 2011）．より具体的には，上の例でも見られた労働市場にアクセスするための職能スキル・トレーニングのほか，地域社会の実践プロジェクトに参加することによる自信創出（回復）やコミュニケーション・スキルの修得，さらには，プロジェクト・チームにおける外部資金獲得スキルや組織マネジメントのスキルの獲得などがあげられる（Adamson and Bromiley, 2008; Adamson, 2010）．ただ一方で，筆者のインタビューでは，CF の活動の中で住民の「巻き込み（involvement)」の方策として，ビーチへの旅行や水彩画コースの企画といった活動がある例を挙げて，CF における巻き込みの意味を疑問視する行政職員もいた．

　このような指摘を鑑みると，CF におけるキャパシティ構築の成功は，コミュニティ開発オフィサーによるところが大きいと思われる．CF では，地域にある程度まとまった資金が提供されるため，アクションプランを策定する際に，非現実的なウィッシュリスト（例えば高額なレジャーセンターやコミュニティホールなどの建設）になってしまうところもある．その際に，有能なコミュニティ開発オフィサーがいるところでは，より現実的な議論に修正したり，最初により小規模なプロジェクトから進めて，徐々に個人や組織のキャパシティを高めていき，最終的に大きなプロジェクトを行うようにもっていく，といったコーディネートを行っていた．このようなプロセスを経て，地域コミュニティ全体のキャパシティ，言い換えれば主体的に参加し自分たちで地域を担っていく能力，も高まっている．あるコミュニティ開発オフィサーが自分たちの役割について，次のように話してくれた．

　　コミュニティ開発オフィサーの役割は，地域のために何かをしてあげるのではなく，地域の人々やコミュニティのキャパシティを構築して，彼ら自身が自分たちで何かを出来るようになるように仕向けること．そこで重要なのは，住民の興味関心を持続させることと，彼らが地域にもたらしたい変化を成し遂げるためのスキルを提供するということだ．

　コミュニティ開発の成功に寄与しうるもう１つの大きな要素がサードセクター組織である．筆者が訪問した地域では，コミュニティ開発オフィサーや地方政府職員と密接に連携する形で，地域のサードセクター組織「グラウンドワーク（Groundwork）」が活躍しており，彼らがいわば地域の「潤滑油」として重要な役割を果たしている．グラウンドワークは，CF が始まるよりも前から長年地域において環境をテーマにした地域再生の取り組みを行って

おり，地域住民と地方政府双方と関係が深く信頼も厚い．また，若者支援や雇用のためのトレーニングでも実績があり，そのような専門知識やスキルの面でも CF 地域に貢献している．コミュニティ開発オフィサーは外部の専門家として派遣されてくるため，特に当初は地域との関係は浅く，またプロジェクトが終了すれば地域を去ることになる．地方政府職員も同様で，むしろ異動を考えれば CF を担当する期間はコミュニティ開発オフィサーよりも短いことも考えられる．個人やコミュニティのキャパシティ構築，さらにはその先のエンパワメントを実現していくには，地域への地道で長期間のコミットメントが必要になる．この意味で，恒常的に地域住民と最も近いところで機能するグラウンドワークのようなサードセクター組織は，サービスの提供者としても，コミュニティ開発オフィサーも含めた利害関係者間のコーディネーターとしても，重要な役割を担う可能性がある．

(2) トップダウン型サポートの弊害

キャパシティ構築での成果が著しい地域がある一方で，CF のトップダウン型のサポートが，逆に地域再生の弊害になっているという議論もある．まずは，コミュニティ開発オフィサーとの兼ね合いで，外部から彼らが有能で強いリーダーシップを発揮するタイプの場合に，地域住民が彼らに CF プロジェクトの仕事を任せて，自分たちはお手伝い程度に参加する，といったことが起こっている（Adamson, 2010）．これでは確かに，地域住民のキャパシティを向上させる機会が著しく減ってしまう．

また，資金の面でも，CF 資金は比較的人件費の割合が多いものの，地域にある程度まとまったお金が支給されるため，地域コミュニティが彼ら自身でプロジェクト資金を獲得する努力を怠るようになる，という問題もある．長年地域再生の取り組みを続けてきたボランタリー組織のスタッフが次のような話をしてくれた．

CF が始まる前は，地道に地域コミュニティと活動を続けてきて，ゆっ

くりではあるが成果も出ていた．それが，突然 CF の「労せず手に入る資金（easy money）」を手に入れることで，考えることをやめてしまった．CF のこの 10 年は，「失われた 10 年」になってしまった．

このように，特に以前から活動している地域では，CF がキャパシティ構築の面ではむしろ悪い影響を与えているという状況もあるようだ．ただこれは，CF の方法論の問題というよりもむしろ，CF の目的，つまりは地域住民のキャパシティ構築とエンパワメントの視点を，十分に地域に伝えきれなかったことによって生じたと考えられる．この意味でも，上述したような，コミュニティ開発オフィサーや政府セクターのキャパシティ強化や，CF 間の経験の共有をはかるしくみの整備といった方策が，今後も重要になると思われる．

（3） エンパワメントと地域のメインストリーム・サービスへの影響力

Adamson and Bromiley（2008）によれば，エンパワーされたコミュニティは，「政府セクター組織に，コミュニティ主導の活動をサポートするような政策（それが彼らの当初の政策や優先事項とは異なる場合でも）を取るように，影響を与えることができうる」（p. 11）としている．CF は，地域住民の参加やキャパシティ構築の面では一定の成果をあげているが，これまでの評価を見る限り，このようなコミュニティのエンパワメントまで実現している地域はほとんどないようだ（Adamson and Bromiley, 2008; Adamson, 2010; Welsh Government, 2011）．

> CF は良く言ってもコミュニティの代表にコンサルテーションをする有効な手段にすぎなかった．（Adamson, 2010: 122）

筆者の現地調査においても，地域住民が CF 理事会や個別プロジェクトにおいて活発に活動する姿は見られたが，そういう動きが，CF の外側，特に

第6章　社会的持続性を志向するコミュニティ開発政策　　　　　147

他の政府セクター組織の活動に変化をもたらした，といった話は聞くことが出来なかった．

　CF資金が地域で活用できるプロジェクト資金であることは間違いないが，実際には，CFの事業全体をコーディネートするコミュニティ開発オフィサーとそのチームの人件費・運営費が占める割合が大きい．地域コミュニティのキャパシティを向上させることで，コミュニティ自身が地域再生の中心となるというCFのねらいが良く表れており，これ自体が問題とは言えないが，新たなプロジェクト資金を期待していた一部のメンバー組織の中には，物足りなさを感じたところもあるようだ（Adamson, 2010）．また，CF理事会は，決定した事項の遂行を，そのメンバー組織に強制する権限を持っていない．つまり，メンバー組織には，新しい政策を開発・実践するための資金も義務もないということで，この点は，CFの決定や活動が地域で影響力を持つこと（≒エンパワメント）の障害となっていると思われる．

　この点からも明らかなように，エンパワメントは，単に地域住民やコミュニティの参加の機会を増やし，キャパシティを増大させるようなしくみを作るだけでは達成できない．そのしくみの目的を理解し，有効に活用できる有能な議長やメンバー組織と，彼らのゆるぎないコミットメントが必要になる（Adamson and Bromiley, 2008）．その意味では，まずウェールズ政府が，CFの組織や構成員にこの政策の目的を当初からしっかりと説明しておく必要があった．特に，エンパワメントについては，既存の地域運営の方法論を改革する，つまりは権限の所在のシフトを含む根本的な変革であるので，より徹底した指導が必要であったと思われる．事実，エンパワメントという言葉がもつこのような意味を十分理解していない地域がまだ多くあるようだ（Adamson, 2010）．

　域内の政治家との関係も重要になる．英国の他のパートナーシップ政策と同様に，CFについても，間接民主制のしくみによって選ばれた地方議会と，住民やコミュニティ自らが意思決定に参加し実践していくより直接民主制的なしくみとの軋轢が生じる場合がみられる．ただ，地方議会の議長がCF理

事会の議長を務めているところでは，CF理事会での決定がすぐに地方政府の政策に反映されるというようなこともおこっている（Adamson, 2010）．これはより直接的な民主主義を志向するパートナーシップ型ガバナンス全体の課題であるが，どのようにCFに政治家を巻き込んでいくのかは，CF成功のカギのひとつと言えそうである．

　上述した情報の欠如とも関係するが，政府セクター組織の意識の低さを指摘する声もある（Woodall, et al., 2010）．長年地域運営でイニシアティブをとり，公共サービスを自らの手で提供してきた政府セクター組織には，自分たちの活動を地域コミュニティの望む計画に適合させたり，地域再生を住民主体型に変えていくための方法論やスキルが備わっていない．また，訪問したRCT市は，23ものCF地域を抱えており，地方自治体は，シニアレベルの職員をすべてのCFに派遣することが難しくなっている．そのため，自治体の声を代表できない若手の職員が参加したり，場合によっては職員を派遣すること自体が出来ないというような状況も生じている．さらに，コミュニティ開発オフィサーからは，CF資金の収支報告についての不満が聞かれた．例えば人件費について，コミュニティ活動や地域住民からの相談に昼夜問わず追われるコミュニティ開発オフィサーは，就業時間がイレギュラーになることが多いが，このような状況に，柔軟性を欠く行政の収支報告システムが対応できていないという問題である．このように，CFというイノバティブな政策が実践されている一方で，それを運営する体制がまだ十分に整っていない現状が明らかになっている．地方政府に限らず，政府セクター全体のエンパワメントに関する理解を高め，組織文化を変えていくようなコミットメントを促進していくことが求められている（Adamson, 2010）．

　ただ，筆者の事例調査における政府セクター職員（地方政府とウェールズ政府職員）へのインタビューでは，すべての人が，地域コミュニティやサードセクターのエンパワメントの重要性を認識しており，また，政府セクターの新たな「Enabler（条件整備者）」としての役割についても，意識の高さをうかがわせた．もちろん彼らは，CFの担当者であったり先進自治体の職

員であったりするため，このような意識も他の職員と比べて高いと思われるが，いずれにしても，政府セクター内部でも，変化の兆しがあるのは間違いない．

(4) 成果（アウトカム）重視の取り組みへ

ウェールズ政府は，CF の成果をよりはっきりさせるために，2009 年度から，住民参加やキャパシティ開発といったプロセス的な成果より，雇用や教育，住居など具体的テーマにおける成果を重視する姿勢にシフトしている．その一環として，2009 年には「コミュニティーズ・ファースト成果資金（Communities First Outcome Fund）」として，2 千 8 百万ポンドを新たに準備して，地域コミュニティの主導で政府セクター組織のメインストリーム・サービスの改革に挑戦するようなイノバティブなプロジェクトのために活用できるようにした．このような資金を準備することで，エンパワメントとメインストリーム・サービスの改革についてのウェールズ政府の意思を示す狙いもあったようだ（Adamson, 2010）．

このようなアウトカム重視への方向転換は，未だコミュニティのキャパシティ開発の必要性が問われている地域からは批判を受けているが，より先進的な CF の中には，このような転換を肯定的に受け止めているところもある．ある程度のキャパシティ構築が進んでくると，より具体的な目標＝アウトカムの設定が必要になってくる，ということである．このように，CF の進度は様々であるため，今後はそれらにより柔軟に対応できる体制を整える必要があると思われる．

(5) 総括

以上の CF への評価を総括すると，地域住民およびコミュニティの巻き込みやキャパシティ構築ではかなりの成功をおさめたが，エンパワメントとメインストリーム・サービスの改善というレベルにまでは未だ到達しておらず，そのため荒廃地区再生のための具体的な成果（雇用や教育，住宅，健康な

ど）についてもまだ不十分な状況にある，ということができるだろう．この状況は評価の分かれるところだが，地域運営に参加するための個人の意識改革や知識・スキルの向上，また，個人や組織間のネットワーキングといったコミュニティ・レベルの社会的資本の醸成は間違いなく進んでおり，筆者は十分に評価に値すると考えている．ウェールズ政府の中間報告は，CFを「地域再生政策ではなくキャパシティ構築政策である」（Welsh Assembly Government, 2006: 73）と総括したが，今後のエンパワメントに向けた素地を固めるための，重要な準備期間であったとポジティブにとらえたい．事実，調査した地域の1つでは，地域再生プロジェクトを進めていく中で，地域住民の知識や自信の欠如を問題視し，当初の予定を変更してまずはキャパシティ構築の取り組みを行ったというところがあった．エンパワメントにつながる今後の発展については，上述した政府セクターのコミットメントなどが必要となってくるだろう．

　今後，CFを通してコミュニティのエンパワメントをさらに進めていく際に，重要な要素の1つと考えられるのが，「地域サービス理事会（Local Service Board: 以後LSB）」との関係性である．LSBは，イングランドにおける地域戦略パートナーシップ（LSP）にあたり，政府，企業，市民社会の各セクターの利害関係者が参加するパートナーシップ組織で，地域運営の最重要政策である「持続可能なコミュニティ戦略（Sustainable Community Strategy）」（日本の総合計画にあたる）の策定に責任を持つ．行政の最高責任者（Chief Executive）や議会の議長といった政府のトップが参加することも多く，また警察やヘルスサービスなど他の政府セクター組織や企業，ボランタリー組織もシニアレベルのスタッフを派遣する．それぞれの組織の意思決定に直接影響を及ぼしうるメンバーが集まっているため，CFによる最底辺からの動きが上手く接続されれば，地域の意思を戦略的なレベルで効率的に反映させることが可能になる．なお，LSBは，新たな「単一総合行動計画（Single Integrated Action Plan）」の策定にも引き続き責任を持つが，その際に，ウェールズ政府の代表もLSBに参加することになっている．LSBの地

域運営における影響度は一層高まることが予想されるため，この関係性構築はさらにその重要性を増すことになる．

5. 社会的要請としての社会的持続性の追求

　本章では，社会的持続性の理念とその実現について，特に政策実践のプロセスの分析を通して検討した．ここで取り上げた社会的持続性の追求は，それ自身はそもそも新しい視点というわけではなく，SDの概念が出現した1980年代から常に存在したものである．それがここにきて議論や実践が高まりを見せているのは，慢性化する経済停滞，地球温暖化による気候変動や自然災害の多発による人間および自然環境破壊，少子高齢化や過疎化による地域コミュニティの崩壊など，環境・経済・社会の様々な問題が顕在化してきたことで，これまでの政治・社会構造や社会的価値観を見直し，これらの課題に柔軟かつしなやか（resilient）に対応する人類社会の構築の必要性が，実感として感じられてきたから，ということであろう．

　日本においては，社会的持続性に対する理解や注目度はまだ低く，CFのように，エンパワメントまで志向した地域再生事業についてもまだあまり見られない．ただ，上にあげた諸課題は日本でも深刻であるし，例えば東日本大震災で完全崩壊した地域コミュニティの再生や，原発や沖縄の基地問題で揺れる地域コミュニティのガバナンスにおいては，地域コミュニティのキャパシティを高め，その力と意思を地域運営に有効に活用するためのエンパワメントを実現していくことは，今後必ず必要になってくると思われる．CFの経験と課題の分析は，こうした日本の新たな挑戦にも有益な示唆を与えてくれている．

謝辞
　本研究のための現地調査にあたり，英国バーミンガム大学客員講師の小山善彦氏，Groundwork Merthyr and Rhondda Cynon TaffのMargaret Hannigan

Popp 氏には多大なご協力を頂きました．ここに深く感謝の意を表します．

注
1) 本章は，的場信敬（2012）「社会的持続性のための地域再生政策－コミュニティ・エンパワメントを志向するコミュニティーズ・ファースト事業の分析－」『龍谷政策学論集』第2巻第1号（龍谷大学政策学会），の内容に加筆修正したものである．
2) 1つのCFあたりの予算は，平均で年間約20万ポンドほどで，これは住民ひとりあたり年間55ポンドほどの計算になる（Welsh Government, 2011）．
3) CFがスタートした当初は，各CF間の情報交換やネットワーキングを促進する役割を担った「コミュニティーズ・ファースト・サポート・ネットワーク」が，ウェールズの8つのボランタリー組織のパートナーシップにより設置され，サード・セクター側のサポート体制も整備されていたが（三橋ほか2005），2008年に解散している．

参考文献
的場信敬（2009）「英国における持続可能な社会形成と地域ガバナンス・システムの構築」『日本公共政策学会2009年度研究大会報告論文集』日本公共政策学会，pp. 107-119．
三橋伸夫・鎌田元弘・福与徳文・齋藤雪彦・八木洋憲（2005）「英国ウェールズにおけるコミュニティ・ファースト事業の計画手法」『農村計画論文集』第7集，農村計画学会，pp.151-156．
Adamson, D. (2010) "Community empowerment: Identifying the barriers to 'purposeful' citizen participation", *International Journal of Sociology and Social Policy*, 30 (3), pp. 114-126.
Adamson, D. and Bromiley, R. (2008) *Community empowerment in practice: Lessons from Communities First*, Joseph Rowntree Foundation.
Dillard, J., Dujon, V. and King, M.C. (2009) "Introduction", In Dillard, J., Dujon, V. and King, M.C. (eds.) *Understanding the Social Dimension of Sustainability*, New York: Routledge.
Welsh Assembly Government (2002) *Communities First Guidance for Local Authorities*, Welsh Assembly Government.
Welsh Assembly Government (2006) *Interim Evaluation of Communities First*. Cardiff: Welsh Assembly Government.
Welsh Assembly Government (2009) *One Wales: One Planet － The Sustainable Development Scheme of the Welsh Assembly Government*, Cardiff: Welsh Assembly Government.
Welsh Government (Welsh Assembly Government) (2011) *The Evaluation of*

Communities First, Welsh Government.
Woodall, J., Raine, G., South, J. and Warwick-Booth, L. (2011) *Empowerment and Health & Well-being Evidence Report*, Centre for Health Promotion Research, Leeds Metropolitan University.

第7章
合併後のまちづくりの新展開
― 旧足助町（豊田市）のいま ―

三浦哲司

1. 合併検証とまちづくり

　わが国では，この10年ほどのあいだにいわゆる平成の大合併が進み，市町村数は大幅に減少した．振り返ってみると，長年にわたりまちづくり活動を盛んに展開して広く知られてきたところも，全国的な合併のうごきとは無縁ではなかった．たとえば，わが国でまちづくりの先駆事例として位置づけられてきた旧湯布院町（大分県）は合併後に由布市となり，旧美山町（京都府）は合併して南丹市へと移行している．

　合併は自治体の枠組みの再編を意味し，まちづくりの現場も少なからず影響を受けることになる．そのため，こうしたまちづくりの先駆事例が合併後にどのような状況に直面しているかを検証することには，一定の意義を見出せるように思われる．このような検証作業の積み重ねにより，あらためて「平成の大合併とは何だったのか」という評価の一端が担われるであろう．しかも，合併のピーク期から現在まで8年ほどが過ぎ，ようやく合併自治体における合併後のさまざまな変化を検証できるほどの時間的経過もあった．

　そこで，本章では旧足助町（愛知県）に焦点を当て，合併後のまちづくりの実態把握につとめたい．足助町も言わずと知れたわが国のまちづくりの先駆事例であったが，2005年4月には隣接する旧豊田市を含む7市町村と合併した．合併後の豊田市では地方自治法に基づく地域自治区制度が導入され，足助町は現在，足助地域自治区として再出発している．合併によってまちづくり活動の活力が失われる事態が全国各地で見受けられるなか，多彩な取り組みで知られてきた足助町は，合併から8年ほどが経過した現在，はたしてどのような状況にあるのだろうか．

　以下ではまず，平成の大合併の動向とともに，合併自治体のまちづくりと社会的持続性との関係に触れる．続いて，足助町時代のまちづくりの展開，および合併後のまちづくりの今日的状況を確認する．そのうえで，合併後のまちづくりの可能性を展望してみたい．なお，本章では特段の断りがない限

り，合併前は「足助町」，合併後は「足助地区」「足助地域自治区」と表記していく．

2. 平成の大合併と社会的持続性

(1) 平成の大合併の進展

この10年ほどで合併が進んだ結果，わが国の市町村数は1,719まで減少している（2012年12月時点）．2004年度末までに配置分合の申請をし，2005年度末までに合併を行った場合には合併特例債の発行が認められるなどの国の財政措置もあり，図1にあるように，とりわけ2004年度から2005年度にかけて合併件数が増加したのだった．

こうした背景には，地方分権のながれのなかで，権限移譲の受け皿としての基礎自治体の基盤を強化していくという「受け皿論」，あるいは合併により自治体財政の効率化を進め，悪化の一途をたどる自治体の財政状況を改善するという「財政健全化論」があった．その一方で，政治的な事情も存在した点には留意する必要があろう（西尾 2007: 38-40）[1]．

総務省はその後，『「平成の合併」について』を公表し，合併特例法の期限

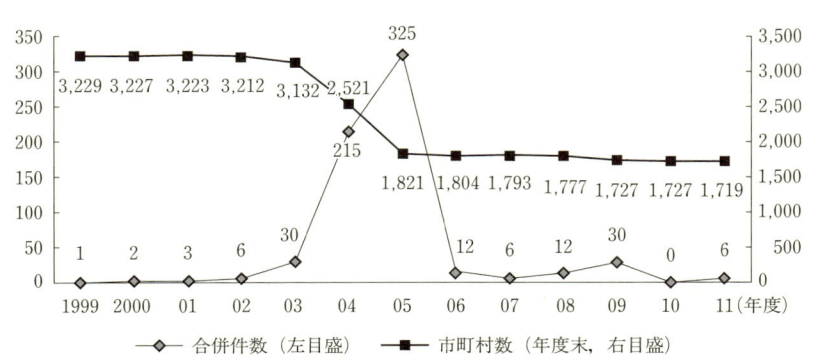

出所：総務省ホームページ「合併件数」の数値を基に筆者が作成した．2012年12月閲覧．
http://www.soumu.go.jp/gapei/pdf/090624_05.pdf

図1　平成の大合併の推移

である 2010 年 3 月で全国的な合併の推進に一定の区切りをつけると言明した（総務省自治行政局合併推進課 2010: 26）．一連の進捗状況をふまえた事実上の合併終息宣言であり，これからの合併自治体はポスト合併時代における自治体運営のあり方が問われているといえよう．

(2) 平成の大合併とまちづくり

平成の大合併に対しては，まちづくりのビジョンを欠いていたとの指摘がなされることがある．確かに，自治体行政は合併期限まで膨大な事務調整に追われ，合併後のまちづくりのあり方を展望するまでにいたらなかったケースも多かったように思われる．合併前には新市建設計画が策定されるが，「コンサルタントに投げたり，抽象的な言葉の羅列に終始してしまった」（葉上 2009: 79-80）場合も数多くみられた．

まちづくり活動は多領域で展開され，活動主体・活動規模・活動範囲・活動期間もさまざまである．一方で，自治体からの活動助成金を受給する，自治体が設置した活動スペースを利用するなど，自治体との関係を持つ場合も少なくない．そうであるならば，まちづくり活動にも合併による影響が及びうることは容易に想像できる．極端な場合，合併後に活動助成金が打ち切られるといったケースもあろう．

あるいは，合併によってそれまでの役場機能が大幅に縮小するという事態も想定される．市町村合併のねらいのひとつには行政機能の効率化があり，多くの合併自治体では旧役場が支所または出張所へと移行することになる．当然ながら職員数の減少も進むわけであり，平成の大合併が推移していく過程でも地域住民からは「役場が遠くなるのではないか」「住民と行政との距離が拡大するのではないか」との懸念もしばしば示された．地域社会やまちづくりの現場からすると，合併に伴って従来からの役場機能が縮小するという変化はさまざまな局面で影響が大きく，合併による揺らぎのひとつとして理解することができよう．

このようにみてみると，まちづくり活動にとって市町村合併は無視しえな

い変化といえよう．なかには合併を契機にして，魅力的なまちづくり活動を新自治体の全域にまで拡張させようと挑んでいる自治体もないわけではない[2]．しかし，全国的にみると，そうしたうごきは稀であるように思われる．

(3) 問われる社会的持続性

ヨーロッパ各国で持続可能性の重要性が説かれたのは20年以上前のことであり，1990年代からはこの概念をふまえた自治体の政策展開が図られてきた経緯がある．当初は，公害対策など環境問題に関する内容が中心だったが，しだいに福祉やコミュニティといった社会問題，雇用や消費といった経済問題までも包含するようになった．

こうした変容は部分的持続可能性から全体的持続可能性への移行という文脈でとらえられるが，環境・社会・経済という3領域は相互に有機的な結びつきを深めることも要請される．さもなければ，深刻な悪循環に陥るおそれが極めて大きいからである．たとえば，地域経済の衰退によって雇用が失われ，人口減少が進行するとコミュニティの基盤が揺らぎ，結果として財政基盤が脆弱化して公共サービス供給は困難になり，生活自体が成り立たなくなる．同時に環境保全への対応も滞らざるを得ず，森林や田畑の荒廃，あるいは不法投棄の増加を招いてしまうであろう．

わが国の自治体でも近年，「持続可能なコミュニティ」「地域社会の持続可能性」「持続可能な自治体形成」といった言葉が総合計画をはじめ，各種の計画で見受けられるようになった．確かに言葉が独り歩きしているに過ぎず，横並び的発想で飛びついた場合もあろう（小島 2012: 3）．しかし，平成の大合併によって自治体再編が進んだ今日，いよいよ合併自治体はいかにして持続可能性，とりわけ社会的持続性を高めていくかが課題となってくる．合併による急激な変化が地域社会やまちづくりの現場にさまざまな変化をもたらし，長年にわたって築いてきた歴史・伝統・文化・住民活動・地域の連帯などは，合併を契機に崩壊してしまうおそれがあるからである．実際に，合併によって地域が衰退したとの声がしばしば聞かれ，社会的持続性が保たれな

かった場合も多い．合併自治体はいま，こうした状況に対してどのように向き合うかが問われているといえよう．

　以上の事情をかんがみながら，続いて合併前の足助町，および合併後の足助地域自治区におけるまちづくりの実態を探っていこう．

3．旧足助町のまちづくり

(1)　足助町の概要

　足助町は，愛知県のやや北東部に位置する中山間地域で，合併以前の2000年国勢調査では人口が9,852人，世帯数が2,709世帯，面積が193.27km^{2}であった．町内の中心部には，谷あいを流れる足助川に沿って家々が立ち並んでおり（写真参照），とりわけ旧商家の住居が残る伝統的な町並みは全国的にも広く知られてきた．また，紅葉の景勝地である香嵐渓も有名で，毎年10月から11月にかけて県内外からの多くの観光客で賑わい，周辺道路は交通渋滞が発生するほどであった．もっとも，まちの山間部にも集落が点在しており，足助町の地域特性は典型的な農山村地域としてとらえられる．

　戦後は農業と林業のまちとして歩んできたが，しだいにグローバル化の進行によって足助町は衰退していく．その一方で，隣接する豊田市ではトヨタ自動車の工場が次々と建てられ，第1次産業従事者のなかには工場労働者として働きに出る者も増加していった．この頃には，足助町から豊田市内へと転居する者もあらわれたという．こうした事情から町外への人口流出が進み，1970年には過疎地域に指定される．

　ただ，この指定が足助町の「まちづくりを問いただし，反省を促す良い機会」（青木1996: 38）となったといわれる．そこで，まちの将来に危機感を募らせた足助町役場の職員や一部の住民の発意により，その後は3つのかたちのまちづくり活動が展開されることになる[3]．

(2) まちづくりの3つのかたち
①住民によるまちづくり

　しだいにまちが衰退するなかで，足助町住民の一部には，都市化が進む時代にこそ香嵐渓や歴史的な町並みを守り，独自性を発信することが将来の足助が歩む道である，という意識が芽生えていった．この時期に醸成された「保存という名の新たな開発」（矢澤 1991: 62）という逆転の発想が，その後のまちづくりの思想・哲学として浸透していく．

　1970年代半ばからはじまる住民によるまちづくりの中心的内容は，町内の中心部に残る歴史的な町並みの保存運動だった．1975年には「足助の町並みを守る会」が発足し，この会を中心に1978年の第1回全国町並み保存ゼミの開催を進めた．この時期には重要伝統的建造物群保存地区の選定にむけた準備も進めたが，結果的に選定を受けない道を選び，この選択が住民の自主的な町並み保存を促すこととなった．

　1990年代に入ると，住民と行政が一体となったまちづくりをめざすために，住民団体が結集して1993年には「足助まちづくりの会」を発足させている[4]．この枠組みによって継続的に景観整備，河川清掃，公園づくりに取り組む一方，1994年には足助町役場と連携して町並みの修景基準を明確化させていった（鈴木 2006b: 47）．この頃にはまた，若手の商工会関係者を中心に「Asuke Tourism 21世紀倶楽部」が結成され，彼らを中心に歴史的町並み地区で多数の土びなを展示する「中馬のおひなさん」もはじまった（縄手 2002: 122-125）．同様に，住民有志が「たんころりんの会」を結成し，2002年からは竹かごに和紙を貼り付けた行灯（たんころりん）を中心部一帯で灯すイベントもスタートさせている．こうした新たな取り組みの結果，さらに多くの観光客が足助町を訪れるようになった．

　このように，足助町時代には中山間地という条件をものともせずに，時代ごとに住民によるまちづくりが盛んに展開されてきた経緯を把握することができる．

写真 足助の歴史的町並み
　　　（写真提供：永野真義氏）

第7章　合併後のまちづくりの新展開　　　163

②行政によるまちづくり

　住民によるまちづくり活動が進む一方で，イベント開催時の事務局機能を担うなど，足助町役場も多様な支援を進めていった．住民によるまちづくり活動が軌道に乗ると，足助町役場はその後にさらなるまちの魅力の創造をめざし，施設の建設によって独自性を追求していく．その代表例が「三州足助屋敷」と「福祉センター百年草」であった．

　このうち，1980年に香嵐渓に建設された三州足助屋敷は，伝統技術の継承と地域雇用の創造をめざした「生きた民俗資料館」で，当初から古道具類を展示する一般的な民俗資料館との差別化を図ってきた．施設内では職人の手による紙すき，鍛冶，機織り，炭焼きが営まれ，現在でも来場者は昔ながらの暮らしぶりを見学することができる．

　後者の福祉センター百年草は「福祉と観光の融合」という考えのもと，1990年にオープンした福祉施設である．都市と山村の交流，若者と高齢者の交流，健常者と障がい者の交流など，幅広い年齢層や立場の人々が集える施設の運営をめざしてきた．そのため，施設内には高齢者が利用するデイサービス施設に加え，高齢者雇用の場であるハム工房やパン工房，さらにはホテル，レストラン，喫茶店，入浴施設もあり，従来型の福祉施設とは異なる発想によって建設・運営されたことがわかる．

　このように住民によるまちづくり活動と同時並行しながら，足助町役場もまちの魅力の創造とともに住民福祉の向上をめざし，まちづくりを担い支えてきた．この延長線上に，1990年代からはじまる住民と役場職員による協働のまちづくりがある．

③協働のまちづくり

　足助町は第3次総合計画（足助シャングリラ計画，1996-2005年）で，これまでのまちづくりの展開が行政主導，あるいは熱意のある一部の住民主導であった点を真摯に受け止め，将来的に過去の蓄積を継承しつつ住民1人ひとりが主役となれるまちづくりのあり方を追求することに決めた．そこで，

この総合計画のなかで重点が置かれた地域づくり活動を具体化していくために，足助町役場は1997年に「足助町地域づくり計画推進要綱」をとりまとめている．また，この要綱に則るかたちで地域担当職員制度を導入して支援体制を整え[5]，旧町内15地域74集落の住民とともに『足助町地域づくり計画』の策定を進めていったのである[6]．

　この計画は，15地域（おおむね旧小学校区に相当）ごとで地域の将来像を描く「地域計画」，および74集落（15地域を細分化した集落単位に相当）ごとに住民意見を反映させて将来の方向性を示す「集落計画」からなる．一連の策定過程では住民と地域担当職員との協働が重視され，地域・集落ごとで双方が直接向き合いながら，時間をかけて現状把握・課題設定・テーマ設定に取り組んでいった．結果として，2年がかりで地域・集落ごとの具体的な活動計画がまとめられ，『足助町地域づくり計画』（2004年3月）が完成している．町内全域で計画策定に取り組んだ一連のプロセスは，極めて珍しいケースといえよう．その内容も地域・集落の伝統文化の継承，自然環境の維持・改善，人的交流の促進など多岐にわたり，地域づくりを実践するうえで住民と行政がそれぞれ果たす役割の明確化に寄与するものであった．

　このうごきと同時並行して，2003年からは「足助町まちづくり委員会」を設立し，合併後の足助全体のあり方を見据えた振興計画の策定も進めていった（今川 2003: 19-20）．この過程でもまた，公募を含む住民と役場職員とが一緒になって熱心にワークショップを重ね，合併後の地域づくりを見据えた議論を繰り返した．最終的には，『山里あすけに暮らす豊かさを求めて－あすけ振興計画』（2004年3月）の完成というかたちで実を結んでいる．

　さらに，これらの取り組みを含む足助町のまちづくり活動や地域づくり活動の成果を広く町内外に報告する機会として，1997年から「シャングリラ足助」も開催してきた．多くの住民とともに，まちづくりに関心のある町外の人々も参加するこの報告会は，参加者全体で足助のまちづくりの方向性を意見交換する機会であった．毎年の開催では準備から当日の運営まで，住民と役場職員が合同で取り掛かっており，まさに足助町における協働のまちづ

くりの象徴といえよう．

(3) まちづくりの到達点

　ここまでみてきたように，足助町では3つのまちづくりが展開されてきた．同時に，これらはいずれもまちの将来を見据えた取り組みであった．すなわち，わが国で建設推進型の地域開発のながれが行き詰る前段階で，住民による町並み保存運動が歩まれてきた．また，エコツーリズムへの注目が高まる前の時点で三州足助屋敷が，地域で支えていく福祉のあり方が追求された早期に福祉センター百年草が，それぞれ行政によって建設されてきた．さらに，合併前には足助町の蓄積を合併後にも継承していくねらいから，『足助町地域づくり計画』『山里あすけに暮らす豊かさを求めて－あすけ振興計画』の策定が進行していったのである．足助町のまちづくりが広く評価されてきた背景には，長年にわたって積み重ねられてきた独自性を見失わない一方で，常に先進性を追い求めてきた姿勢があったように思われる．

　とりわけ注目しておきたいのは，協働のまちづくりは地区や集落が抱える問題を明らかにし，将来的にいかにして課題に向き合っていくかを模索する課題解決型の性格であったという点である．しかも，たとえ合併後に役場の支援体制が変化しても，地区や集落の住民自身の力で地域を支えることを志向していたのだった．すでに触れたように，市町村合併はまちづくりの現場に対してさまざまな影響をもたらしうる大きな変化である．そうした事情を見据え，合併前の足助町では時間をかけて住民と役場職員との協働によって地域力の向上につとめてきたといえる．

　もっとも，足助町のまちづくりの担い手たちが自覚していたように，重要なのは独自性と先進性を備えた足助町のまちづくりを合併後もいかにして持続させていくかである．先人によって積み上げられてきた足助町のまちづくりは合併後の現在，はたしてどのような姿にあるのだろうか．

4. 合併後のまちづくり

（1） 豊田市との合併と足助地域自治区

　足助町を含む周辺6町村（藤岡町，小原村，足助町，下山村，旭町，稲武町）が旧豊田市に編入合併し，2005年4月に豊田市が誕生した．2012年11月時点で人口は423,145人，世帯数は167,851世帯，面積は918.47km²である．愛知県北中部に位置する工業都市として知られてきたが，合併後には都市的性格と農山村的性格を併せ持つことになった．

　この合併を構成した矢作川流域7市町村は，歴史的にも日常生活面でも深いつながりを有してきた．そのため，将来にわたって活力ある流域生活圏を維持するために，流域市町村の合併によって行財政基盤の充実を図り，都市と農山村が共生する地域づくりを進めていくという共通認識が醸成されてきた経緯がある．結果として，旧豊田市を中心に新たな自治体づくりに取り組む一方，合併後も旧市町村ごとで進めてきた独自の地域づくり活動を促す目的で，地域自治区制度が導入されたのである[7]．

　地域自治区制度に関しては，現在は旧6町村ごとおよび旧豊田市内を6地区に区分し，合計12地域自治区が設置されている．このうち，旧6町村の地域自治区は大半が事務所にあたる「支所」および地域協議会にあたる「地域会議」からなる．他方，旧豊田市区域では人口が多い事情から，地域自治区にはひとつの「支所」と複数の「地域会議」が置かれている場合が多い．ともあれ，いずれの地域会議も地域自治区内の住民の意見集約と調整を担い，共働のまちづくりを推進する役割が期待されている[8]．

　豊田市の地域自治区制度で特徴的なのは，地域会議の役割が自治体行政当局に対する答申や意見具申など地方自治法上の規定にとどまらない点である．表1のとおり，地域課題解決や地域活性化に取り組む団体を支援する「わくわく事業」における補助金申請団体の審査機能，あるいは地域住民の合意のもとで地域が抱える課題への対応を市行政当局に促す「地域予算提案事業」

第 7 章　合併後のまちづくりの新展開

表1　地域会議へのしかけ

	わくわく事業	地域予算提案事業
内容	さまざまな地域課題に対し，地域住民自らが考え，実行するきっかけづくりのためのしくみ．地域会議による公開審査結果に基づき，支所長が補助事業内容や補助額を決定する．	地域課題解決を目的とした事業の必要経費を，事業計画書による提案をとおして市の予算案に反映する．提案の翌年度に事業計画書に基づき，地域課題解決のための事業を実施する．
目的	地域づくりを担う多様な主体の育成，および地域活動の活性化	地域意見を市行政当局が行う事業に反映させ，効果的に地域課題解決を図ること
予算	1 地域会議あたりで毎年 500 万円が上限	1 地域会議あたりで各事業の必要経費を積み上げ，総額で 2000 万円が上限

出所：豊田市ホームページ「都市内分権の推進　地域自治区制度と地域自治システム」http://www.city.toyota.aichi.jp/division/ad00/ad20/1238994_15646.html を参照して筆者が作成した．2012 年 12 月閲覧．

における提案機能を付与するなど，地域会議に独自の役割を持たせるといった工夫が確認される．こうした工夫は，豊田市行政当局による地域会議へのエンパワメントとして理解することができよう．

　こうして，足助町はこの合併にともなって足助地域自治区へと移行し，現在は足助町役場から移行した足助支所，および地区住民から構成される足助地域会議が置かれている．とりわけ，後者に関しては足助地域自治区における「共働活動の要」であり，そのあり方は合併後の足助地区全体に大きな影響を与えることになる．

(2)　3 つのまちづくりのいま
①住民によるまちづくりのいま
　地区中心部でのイベント開催・景観整備・河川清掃など，足助町時代から続く住民によるまちづくりは合併後にも継続して展開されている．なかでもイベント開催は，合併後も毎年 2 月から 3 月にかけて，「中馬のおひなさん」が開催されている．第 14 回となった 2012 年にも中心部では数多くの土びなが店舗の軒先で展示され，例年通り多くの観光客が訪れた．同様に，「たんころりん」も合併後の現在も続いており，はじめは会員だけでスタートした

取り組みも，現在では周辺住民の協力もあって規模が拡大してきている．

また，景観整備に関しては，2011年6月に地区中心部が国から重要伝統的建造物群保存地区に選定されたうごきがあった．上述のとおり，足助町時代の1970年代には地区選定をめざしたが，結果的には住民自らの力で町並み保存を進める道を選択した経緯がある．今回，合併後に選定されたのは，下水道工事をはじめとする都市基盤整備事業によって町並みに「足助らしさ」が失われるおそれがあったからであった[9]．一連の過程では文化財担当職員から足助まちづくり推進協議会（合併後に結成されたまちづくり団体）に対して選定にむけた提案があり，この協議会内に部会を置いて検討を進め，合意形成を図ってきた．まちづくりの手法のひとつとして選定を進めたという事情がうかがえる．

他方で，足助地区の中山間部では現在，集落活性化にむけた取り組みがいくつか看取される．たとえば，地区のほぼ中央部に位置する椿立自治区では，「綾渡の夜念仏と盆踊」（国の重要無形文化財）の保存，水車小屋やハイキングコースの整備などに地区住民が主体的に取り組んでいる[10]．こうした取り組みは合併前にも実践してきたが，合併を契機に再出発し，今日まで活動を継続させている．また，現在ではNPOの協力のもと，市外から参加者を募って休耕田での田植えを行うなど，自然環境の再生にも挑んでいるという．足助地区のまちづくりといえば中心部の町並み保存のイメージが強いが，中山間部でも果敢にまちづくり活動が展開されているのである．

②行政によるまちづくりのいま

足助町役場は合併後に豊田市役所社会部足助支所へと移行し，社会部に属するひとつの支所という位置づけになっている．現在は全市的に統一された事務方式で行政運営が行われ，足助町役場時代とは違って支所の判断のみでは各種施設の整備を進めることができない環境にある．合併したのだから，当然の結果である．同様に，足助町時代の地域担当職員制も廃止となり，役場時代に比べると足助支所の職員数の削減も進んでいる．この合併では，協

第7章 合併後のまちづくりの新展開

議会の段階から「都市と農山村の共生」をめざしつつ，市役所組織の効率化による行財政基盤の強化も謳っていた（豊田市 2005: 46-47）．支所の規模縮小もまた，当初から想定されていた変化であった．

このような状況をふまえると，少なくとも足助町時代のように役場が率先して施設整備を進めていくかたちのまちづくりは，変りつつあるといえよう．たしかに合併後には足助支所として都市整備部・上下水道局・教育行政部などと連携し，新たに歴史を活かしたまちづくりを推進している実態も確認される（歴史的建築物修理補助，下水道整備など）．ただ，上述した今日的状況は合併によって役場が支所へと移行した結果であり，まちづくりをめぐる環境変化としてとらえることができる．本章では先に，合併に伴う役場機能の縮小よって地域社会やまちづくり活動に対してさまざまな影響が生じうるという揺らぎの問題に触れた．全国の合併自治体と同様に，合併後の足助地域自治区もこうした問題に向き合っていることがわかる．

もっとも，こうした合併に伴う行政機構の変化の一方で，新しいうごきも確認される．それは，合併後の豊田市行政当局として，旧7市町村の職員を人事異動によって積極的に交流させ，新しい豊田市役所として職員が一丸となって行政運営に従事していく土台づくりをめざすうごきである．現在では，たとえば足助町時代にまちづくりの最前線で活動してきた職員は，本庁に異動してそのノウハウを市全体のまちづくりに活かしていくなど，多様な工夫が施されている．その反対に，長年にわたり旧豊田市役所で勤務してきた職員を旧町村の支所に異動させることによって，都市部での事務執行で培った能力を農山村部で積極的に活用している状況もある．合併後の豊田市行政当局では，こうした旧市町村の垣根を越えた人事交流を進めることで，「都市と農山村の共生」という新市の理念を実践しているといえる．

ちなみに，合併前の2004年には，三州足助屋敷および福祉センター百年草の運営団体と足助町観光協会が合併して「株式会社三州足助公社」が設立されている．合併後の現在は，この会社が指定管理者として各施設の運営を担っている．

③協働のまちづくりのいま

　足助町時代における協働のまちづくりとして，先に地区住民と役場職員による計画策定，および「シャングリラ足助」の開催に触れた．このうち，前者に関しては，『足助町地域づくり計画』で策定した内容を基盤にし，合併後にスタートした「わくわく事業」を活かしながら地域づくり活動を展開する地区・集落が確認される．たとえば足助地区の中心部に位置する足助自治区（中部地域）では，「わくわく事業」の活動助成金を活用しながらEM活性液の点滴を進め，河川浄化を進めている取り組みが確認される．こうした活動の背景には，合併前の『足助町地域づくり計画』の策定時に，河川浄化による清流の再生を地区の課題として位置づけていた経緯がある．現在の足助地区の中山間部では，これ以外にも都市住民との交流や自然環境の保全・再生など，多様な地域づくり活動が展開されている．このように盛んに活動する地区・集落では，多くの場合に『足助町地域づくり計画』を基盤にして，内容の実現をめざしている点は興味深い．

　また，後者の「シャングリラ足助」は合併後も継続しており，現在は合併にともなって発足した足助地域会議が中心的な担い手となっている．具体的には，地域会議が支所職員とともに毎年の企画案を審議し，準備作業を担っているのである．合併後の推移を振り返ってみると，「地域力アップ大作戦」（2010年），「若者が住み続けられる足助を目指して」（2012年）など，その時々に即したテーマで開催されてきた経緯がみられる．同時に，合併後に導入された「わくわく事業」や「地域予算提案事業」の内容や成果を広く報告・発信する機会となっており，合併を契機に新しいかたちで開催されている実相がうかがえる．

　この地域会議は合併後の現在，足助地域自治区における新たな協働のまちづくりの担い手として活動しはじめている実態が確認される．合併前には足助町まちづくり委員会によって『山里あすけに暮らす豊かさを求めて－あすけ振興計画』（2004年3月）が策定されたが，その対応は足助地域会議へと実質的に引き継がれているのである．過去7年にわたる活動では，足助地域

会議は高齢者の健康づくりや森林保全など5つの内容からなる『やろまいか！ 足助！』（2006年9月）, 定住促進の必要性を説いた『あすけ住暮楽夢プラン』（2008年3月）といった提言書をとりまとめてきた．

こうした計画や提言の蓄積を基盤とし，足助地域会議は2009年度から本格的にスタートした豊田市の「地域予算提案事業」を活用しながら，現在までに提言内容の実現を図っている．具体的には，「歴史伝統文化保存事業」「空き家の提供支援による定住促進事業」「足助通信によるUターン促進事業」が展開されているが，こうした内容は上記の振興計画や提言書に盛り込まれていたのであった．現在のところ，その多くは事業実施段階にあるゆえに，評価にはもう少々の時間を要する．ただ，少なくとも合併前から位置づけられてきた地域課題に対して，合併後も継続して解決に向けた取り組みを展開している実態が把握されるのである．

このように，現在の足助地域自治区では足助地域会議が新たな協働の担い手として「シャングリラ足助」の開催に取り組み，「地域予算提案事業」を活用して支所職員と連携しながら事業提案とその展開を図っている実態が確認される．合併後の足助地域自治区では協働のまちづくりもまた，新たな段階へと移行しているといえよう．

（3） 持続するまちづくり

ここまでみてきたように，足助町では合併という大きな変化を経つつも，合併後も果敢にまちづくり活動が展開されている実態が確認される．もちろん，足助町時代にまちづくりの一端を担ってきた役場は足助支所へと移行し，かつてのように施設建設を推進するのが困難な状況にはある．また，職員数の減少も進み，足助町役場時代に比べると地域社会やまちづくり活動と行政職員との関係は変化しているといえよう．もっとも，こうした状況変化は合併前の時点で想定されていたものであった．だからこそ，『足助町地域づくり計画』や『山里あすけに暮らす豊かさを求めて－あすけ振興計画』の策定に取り組み，合併前に地域力の向上を図ってきたのであった．

結果として，住民によるまちづくりに関しては合併後も継続し，むしろ合併という変化を契機にいっそう活発な活動展開をめざしているとさえいえる．また，合併後に発足した足助地域会議は，足助町時代から積み上げられてきたまちづくりの蓄積を継承しつつ，地域社会が抱える深刻な課題の解消をめざして活動しているのである．

　本章では詳細に検討できなかったが，合併を契機に設置された全国の地域自治組織はいま，曲がり角を迎えている．財団法人地域活性化センターの調査によると（財団法人地域活性化センター 2011: 27-31），調査対象の4割ほどの自治体では現在の地域自治組織のあり方に疑問が抱かれ，しくみを見直す必要性が認識されているという．このなかには「何を実施すれば良いかわからない」との声も寄せられ，地域協議会活動の停滞によって地域自治組織の設置意義が見出されていない実態がうかがえる．結果として，地域自治組織の設置数は微減している．

　しかし，足助地域会議は協働のまちづくりの新たな担い手として，提言書をとりまとめ，「シャングリラ足助」を開催し，「地域予算提案事業」を活かした事業提案とその実施に取り組むなど，活発な活動を実践していた．もちろん，活動内容は時代の変遷とともに変化するところもあろうが，このような足助地域自治区の実態には，少なくともまちづくり活動の持続性を見出すことができるのではないだろうか．

5. まちづくりの可能性

　本章ではここまで，平成の大合併の動向，合併とまちづくりの関係，合併自治体によるまちづくりの展開と社会的持続性の関係をみてきた．続いて，合併前後の足助町のまちづくりについて，3つの側面からとらえてきた．その結果，行政によるまちづくりは状況が変化した一方，住民によるまちづくりは引き続き盛んに取り組まれている実態が確認できた．同時に，協働のまちづくりの新たな担い手として，足助地域会議が熱心に活動している今日的

第7章　合併後のまちづくりの新展開

表2　地域会議委員の計画策定参加者

	第1期	第2期	第3期	第4期
計画策定経験者	1名/19名	7名/18名	11名/18名	7名/19名

出所：筆者作成．

状況も把握された．本章のまとめにかえて，一連の検討をふまえながらまちづくりの可能性について触れておきたい．

　本章で扱ってきた合併前後の足助町におけるまちづくりの動向からは，合併前の備えが重要であるという示唆が得られるように思われる．足助町では合併前の段階から合併後の変化を見据え，地区住民と役場職員との協働によって『足助町地域づくり計画』の策定に尽力してきた．すでにみたように，こうした経験を基盤にして地区・集落は合併後の「わくわく事業」への申請を進め，地域づくり活動に取り組んでいた．また，表2のとおり地域会議委員にも計画策定経験者が多く，「シャングリラ足助」の開催に関する協議や「地域予算提案事業」を活かした事業提案の検討では，『足助町地域づくり計画』の策定を進めたときの経験から議論が交わされることも多いという[11]．同じように，住民代表と役場職員とが『山里あすけに暮らす豊かさを求めて－あすけ振興計画』の策定を進め，住民自身の力によって身近な問題の解決に取り組む重要性を説いてきた．このように，合併前に将来的な状況変化をふまえ，地区や集落，そして足助全体のあり方を見つめなおす機会をもったことが合併後のまちづくりに活かされ，その持続性を支えているように思えるのである．そうであるならば，取り組みのかたちはさまざまだろうが，合併の前段階でいかにして住民の活力や主体性を引き出せるかが，合併後のまちづくりの可能性を大きく左右するといえる．

　平成の大合併が進行した結果，地域が著しく衰退したところもみられる．そうしたなかでの足助の経験は，豊富な示唆を提供してくれる．自治体の枠組みの再編の潮流が再来したときに，いかなる備えを施すかがまちづくりの社会的持続性の確保に影響しよう．なお，合併後の足助地域自治区が引き続き少子化・高齢化に直面していることには変わりはない．本格的な「人口減

少時代」が到来しつつあるなかで，引き続き足助のまちづくりをみていきたいと思う．

注
1) もっとも，平成の大合併をめぐる政治過程に関しては，その解明が進みつつある（今井 2008）．
2) たとえば，合併後の安芸高田市では，旧高宮町時代に取り組まれてきた地域づくりの実践（「地域振興会方式」といわれる）の全市的な展開を試みている（児玉ほか 2011）．
3) なお，これら3つは便宜的な区分にすぎず，長年にわたり住民と行政が相互にかかわりあいを持ちながらまちづくり活動に取り組んできた点には留意されたい．
4) もっとも，この会には足助町行政当局（産業課，建設課，教育委員会）も加わっていた点には留意を要する．
5) 地域担当職員が地域に出向いて住民の話を聞き，議論を交わすことが，地域で活動する多様な人材の存在に気づく契機になったという（青木 2005: 65-66）．
6) 足助町の『足助町地域づくり計画』に関しては，鈴木（2006a）や谷口（2009）に詳しい．
7) 地域自治区制度の導入過程は，今川（2008）に詳しい．
8) 豊田市では，市民と行政が協力して働くことのほか，市民と行政が共通する目的に対して，それぞれの判断に基づいて，それぞれ活動することを含み，共に働き，ともに行動することでよりよいまちをめざすことを示すために，あらゆる資料であえて「共働」と表記している．
9) 豊田市社会部足助支所職員へのヒアリング調査による（2012年10月11日，於・足助支所）．
10) 椿立自治区の取り組みに関しては，椿立自治区（2008）に詳しい．
11) 豊田市社会部足助支所職員へのヒアリング調査による（2012年10月11日，於・足助支所）．

参考文献
青木信行（1996）「『経営』感覚のまちづくり」『造景』第5号．
青木信行（2005）「足助のまちづくりと市町村合併」『コミュニティ政策研究』第7号．
足助地域会議（2006）『やろまいか！ 足助！』．
足助地域会議（2008）『あすけ住暮楽夢プラン』．
足助町（1996）『第3次足助町総合計画　足助シャングリラ計画』．
足助町（2004）『足助町地域づくり計画』．

第7章 合併後のまちづくりの新展開

足助町（2005）『足助物語－昭和30年の合併から50年』．
足助町まちづくり委員会（2004）『山里あすけに暮らす豊かさを求めて－あすけ振興計画』．
今井照（2008）『「平成大合併」の政治学』公人社．
今川晃（2003）「ネクスト・ステップへのシナリオ　愛知県足助町」『月刊自治研』第530号．
今川晃（2008）「「都市と農山村との共生」と「都市内分権」思想とのハーモニー－豊田市の場合」『合併自治体の生きる道』（地方自治職員研修臨時増刊号88）公職研．
植田和弘（2004）「持続可能な地域社会」植田和弘ほか編『持続可能な地域社会のデザイン』有斐閣．
小島聡（2012）「持続可能な地域社会の多様性と地方自治」小島聡・西城戸誠編著『フィールドから考える地域環境』ミネルヴァ書房．
児玉更太郎ほか（2011）『高宮町・地域振興会方式と町長・児玉更太郎』公人社．
後藤春彦監修（2000）『まちづくり批評－愛知県足助町の地域遺伝子を読む』ビオシティ．
財団法人地域活性化センター（2011）『「地域自治組織」の現状と課題－住民主体のまちづくり』．
白石克孝（2005）「サステイナブル・シティ」植田和弘ほか編『グローバル化時代の都市』岩波書店．
鈴木常夫（2006a）「愛知県旧足助町の地域づくりに関する研究－住民と行政の『協働』から住民『主体』の地域づくりへ」『愛知淑徳大学論集－現代社会学部・現代社会研究科篇』第11号．
鈴木常夫（2006b）「愛知県旧足助町の歴史的・文化的遺産を活かした地域づくり・まちづくりに関する研究」『愛知淑徳大学現代社会研究科研究報告』第1巻．
総務省自治行政局合併推進課（2010）『「平成の合併」について』．
谷口功（2009）「地域資源の共同管理の可能性－豊田市足助地域の地域性から考える」『コミュニティ政策研究』第11号．
椿立自治区（2008）『椿立家族ものがたり』．
豊田市（2005）『豊田加茂7市町村の合併の記録』．
縄手雅守（2002）「地域文化の創造と観光振興－三州足助に見えるまちづくり観光への取り組み」井口貢編著『観光文化の振興と地域社会』ミネルヴァ書房．
西尾勝（2007）『地方分権改革』東京大学出版会．
葉上太郎（2009）「カネに始まり，カネに終わるのか－『まちづくり』なき合併の実相」『合併自治体の生きる道』（地方自治職員研修臨時増刊号88）公職研．
三浦哲司（2013）「合併前後の足助地域自治区」『同志社政策科学研究』第14巻第2号．
諸富徹（2010）『地域再生の新戦略』中央公論新社．

矢澤長介（1991）「小さな小さな足助屋敷物語」『文部時報』第 1376 号.

第8章

公害地域から持続可能なまちづくりへ

−西淀川・あおぞら財団の取り組み−

藤江　徹・谷内久美子・清水万由子

1. 持続可能な交通まちづくり

　交通は都市生活・都市空間の基本的な構成要素であり，都市交通による移動は，住民の生活の質に大きく影響を与える．日本では，戦後モータリゼーションの進展に伴って，道路交通を中心として，交通事故，道路公害，都市交通空間のアメニティ向上，バリアフリー整備，地球温暖化防止など，様々な問題が発生した（宇沢 1974）．都市交通は，人々の生活に欠かせないものでありながら，安全で健康な都市生活環境を脅かすものとなった．

　日本の都市計画制度は，「国家高権」と言われたように，国・県に対して市町村の力が弱く，結果として公共事業（道路整備）が人々の生活の質に優先されるという状態が続いてきた（西村 2007）．

　サステイナブル・シティ（持続可能な都市）の考え方は，都市における生活の質の向上を目標とし，土地利用，交通，住宅，商業など都市のあらゆる構成要素において，環境・経済・社会のサステイナビリティを統合的に向上させようとする．サステイナブル・トランスポート（持続可能な交通）は，サステイナブル・シティに貢献する交通のあり方だ．汚染の削減，生態系への配慮，エネルギー効率性，安全と健康，アクセシビリティの確保，利用のしやすさ（affordability），公共空間の確保などを指標とし（Litman, 2012），欧州では都市交通政策の基本理念となっている．サステイナブル・トランスポートの実現には，多様な分野間の政策統合と，多様なユーザーの参加にもとづくガバナンスが必要とされよう．持続可能な交通まちづくりは，サステイナブル・トランスポートをめざした，多様な主体によるガバナンス改革のプロセスであると言ってもよい．

　本章は，阪神工業地帯の中核地にあって大気汚染を中心とする道路公害を経験した大阪市西淀川区で，持続可能な交通まちづくりの"模索"をつづける公益財団法人公害地域再生センター（あおぞら財団）の活動を振り返る．あおぞら財団は，公害問題だけでなく，西淀川地域での生活の質を左右する

様々な交通問題，特に「交通困難者」（三星・新田 1995）と呼ばれる人々が自力では解決／回避しがたい問題にも取り組みはじめた．例えば高齢者の移動を支える交通手段の普及，車いす利用者や視覚障害者の移動時の安全，災害時の避難支援などである．そこで貫かれているのは，地域での生活者の視点，交通問題の影響をじかに受ける当事者の視点から，交通まちづくりを進めるということである．

環境汚染は，社会的な不公正と裏表の関係にあることが多い．いわゆる「環境正義（environmental justice）」の考え方にも通じるが，公害被害は，それを回避しうる政治的・経済的・社会的な力を十分に持たない人々に集中しがちである．公害反対運動では，汚染の被害をうけた当事者が専門家らの支援を得て，自らの声によって汚染根絶と被害救済を求めた．当事者たちの運動は，不公正な公害被害を生み出している社会の問題点を明らかにしたものといえる．

したがって，あおぞら財団の活動の射程は，政府による道路政策・計画にとどまらず，地域コミュニティでの取り組みや人材育成をも含む．後述するように，各地の道路公害を解決しようとした政策的アプローチは隘路に陥り，道路公害を生み出した空間的・社会的構造が根本的に変わったとは言いがたい．道路公害を生み出した構造とはつまり，地域の産業構造，生活様式，交通のあり方，自治のあり方などを含む「中間システム」（宮本 2007）であると言ってよい．生活者・当事者が主体となる持続可能な交通まちづくりを後方支援しようとするあおぞら財団の活動は，道路公害を生み出し続ける構造に，変化をもたらすことができるだろうか．その可能性についても，展望したい．

2. 西淀川公害とあおぞら財団

(1) 西淀川大気汚染公害

大阪湾にそそぐ淀川の西岸に位置する西淀川地域は，もとは河口に浮かぶ

いくつもの島（砂州）であった．江戸時代の新田開発により大都市近郊農村となり，明治時代以降は大阪の急激な工業都市化に伴って工場と労働者住宅が多くつくられ，戦後も機械・化学工場が集まる住工混在地域となった．

今から35年前，「日本一の大気汚染激甚地」と言われた西淀川地域は，大阪臨海部に立地する大工場群からの排煙と，国道43号などの幹線道路からの自動車排気ガスによる都市型複合汚染によって，住民の間に気管支ぜんそくや慢性気管支炎などの公害病が多発した．公害病は，身体機能が低下するだけでなく，人々に精神的な苦しみをもたらした．発作の危険と発作への恐怖感をたえず抱え，仕事や教育の機会をうしない，家族を持つことさえあきらめざるをえないこともあった．通院・治療による経済的な負担も小さくな

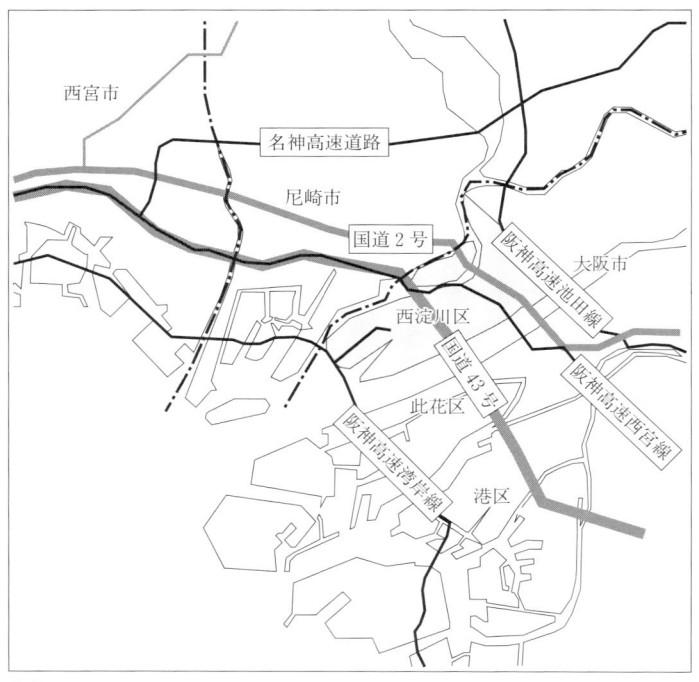

出典：あおぞら財団作成．

図1　西淀川区の位置

い．患者と家族は，公害がもたらす様々な被害を抱え込んで，この地で生きてきた．

全国の様々な公害反対運動の中でも，西淀川の公害患者組織は，非常に強い結束で知られている．政府が1969年に制定した「公害に係る健康被害の救済に関する特別措置法」（特別措置法は1973年の公害健康被害補償法に引き継がれた）によって公害病と認定された患者とその家族が，1972年に「西淀川公害患者と家族の会」を結成し，企業や行政機関等との交渉や，地域での学習会などの運動を展開した．そして，汚染排出企業と道路管理者（国・旧阪神高速道路公団）の公害に対する法的責任を問うため，1978年に西淀川大気汚染裁判を提訴した．

工場排煙と自動車排気ガスによる都市型複合汚染では初めての裁判であり，大気汚染では最も原告数が多い大規模な裁判となった．西淀川を皮切りに，川崎（82年），尼崎（88年），名古屋南部（89年），東京（96年）で国等を相手とする道路公害裁判が提訴され，大都市部での道路公害は社会問題として注目を集めた．20年に及ぶ患者らの粘り強い闘いの中で，企業群の加害責任（1次判決）や自動車排気ガスによる健康被害（2～4次判決）を認める判決が言い渡され，1995年3月に企業らとの間で，1998年7月には国・旧公団との間で，和解が成立する．

(2) 道路連絡会の意義と限界

1次訴訟では，被告企業との和解が成立し，和解金の一部で1998年にあおぞら財団が設立された．2～4次訴訟判決は，沿道住民の健康被害に対する道路管理者の責任を認めた．国は控訴したが，原告は賠償請求権を放棄してでも迅速に環境再生をすすめようと，国・公団に道路環境対策の実施を約束させ，和解を成立させた．和解条項では「沿道環境改善」のための方策がしめされ，その進捗を確認するための「西淀川地区道路環境沿道に関する連絡会」（以下「道路連絡会」）の設置も和解条項に盛り込まれた．道路連絡会は，沿道環境改善施策の履行を原告・被告双方が確認し，道路環境改善方策につ

いて協議するため，1998年以降，原告と建設省（現：国土交通省近畿地方整備局），阪神高速道路公団（現：阪神高速道路㈱）との間で開催されてきた．

道路連絡会は，その後につづく尼崎，川崎，名古屋南部，東京などの道路公害訴訟の和解条項でも採用され，道路公害の改善方式として一定の普及をみている．公害被害者が，道路環境対策について政策決定者に直接意見を述べることができるという意味で，勝訴をかち取った原告にのみ認められる，特別な機会である．

ただし，西淀川の道路連絡会は，実質的な道路環境改善を進めるうえで，いくつかの点で限界を抱えている．1つには，西淀川訴訟の和解は一連の道路公害訴訟の初期のものであったため，現在の知見を基準にするならば含まれるべき道路環境改善施策が詳細かつ十分に盛り込まれているとは言えない．和解条項では「総合的な環境対策」「必要な環境対策」への取り組みがうたわれているものの，大型車の流入規制やバリアフリー道路空間整備などは，和解条項に明示されていないために，道路連絡会を通じて実現を導くことが容易ではない．また，訴訟の枠組み内にある和解条項に定められた道路連絡会は，あくまでも原告と被告の協議に限定されることから，自治体，国土交通省以外の関連省庁，警察など，それらの施策の実施に必要な関係主体を，協議の場に参加させることが難しい．

公害訴訟は，公害被害に対する加害責任の所在を明確にし，被害者の尊厳を守り，環境再生に社会的正義が存在することを明らかにした．しかし，判決および和解という司法的な「決着」は，環境再生施策の効果的な実施を直ちに約束するものではない．1998年以来，西淀川大気汚染裁判の原告は道路連絡会でも粘り強く道路環境の改善を訴え続けてきたが，道路公害の根本的な改善に向けた環境対策が進んでいるとは言えないのである．

（3） 道路検討会による「道路提言」

「西淀川道路対策検討会」（以下「道路検討会」）は，原告が道路連絡会で提起する道路環境対策を，交通計画等の専門家に諮問するために組織された．

第 8 章　公害地域から持続可能なまちづくりへ　　　　183

1997 年 4 月から 98 年 6 月にかけて開催した「西淀川道路提言研究会」を前身とし，1998 年 11 月にあおぞら財団内に発足した．

　道路連絡会での検討課題を踏まえ，政策提言の作成や，西淀川地域を中心とする阪神地域の道路環境対策を検討し，これまでに「道路提言」Part 1～6 を発表している．その内容は，ロードプライシングの導入，大型車規制，公共交通体系の整備，道路整備計画の分権化と住民参加，環境 TDM（交通需要管理）社会実験，自転車の活用，地域福祉交通の充実，都市アメニティの回復，コンパクトなまちづくりなど，まさに持続可能な交通の考え方を先取りするものであった．

　最初の道路提言から 10 年が経過した Part 6 作成にあたっては，交通及び環境問題に関する社会情勢が大きく変化したことを受け，個別施策の提案ではなく，これからの交通まちづくりの基本的な理念や方向性について，改めて提起している．そこで新たなキーワードとしてあげられているのが「低速交通」と「地域発」である．

　クルマ依存社会がもたらした様々な交通問題を克服していくためには，現代社会が執拗に追い求めてきた高速交通ではなく，その対極にある徒歩や自転車，公共交通など身近な低速の交通手段を活かした地域発の交通まちづくりを目指していくことが必要である．少子高齢化・人口減少社会を迎えるにあたり，環境問題の解決だけでなく，人々のふれあいから新たな文化を生み出していく地域づくりを指向する提言として取りまとめられている．

　このように道路検討会は，道路公害地域の創造的再生に向けた提言をうちだしてみせたが，残念ながらそれらがすべて道路連絡会の場で十分に吟味され，実現したわけではない．一部の沿道環境改善や測定所の設置，環境ロードプライシングの実施などは，議論を経て，少しずつではあるが実施されてきた．しかし，交通総量の削減など抜本的な対策は行われず，未だ「空気がきれいになった」わけではない．「道路提言」が示してきた持続可能な交通まちづくりの基本的な考え方は，和解当時の「沿道環境改善」の発想を大きく超えるものであり，提案を実現していくには，新しい政策的アプローチが

必要だろう．

公害反対運動から訴訟，和解に至る一連の西淀川公害反対運動は，加害責任の明確化と，事後的な被害救済については不十分ながらも達成した[3]．しかし，公害反対運動が目指してきた公害のないまちづくりは，訴訟を経てもなお，模索の途上にある．

(4) あおぞら財団の設立

あおぞら財団は，西淀川公害患者たちの「手渡したいのは青い空」という思いを受けとめ，公害で疲弊した地域を再生するために作られた，非営利民間組織（NPO/NGO）である．

西淀川公害患者と家族の会（以下「患者会」）は，都市政策の専門家らが集まるグループの協力を得て，1991年に最初の判決が出される直前に「公害被害者による西淀川再生プラン（素案）」を発表した．その後，プランはPart 6 まで改訂されている．公害被害者の立場から地域コミュニティのトータルな再生プランが提案されたことは，日本の公害史上，初めてのことである．

1995年の被告企業との和解条項において，原告らは和解金の一部を個人に分配せずに「原告らの環境保健，生活環境の改善，西淀川地域の再生などの実現に使用する」と決め，あおぞら財団を設立した．あおぞら財団の設立趣意書には，次のように書かれている．

> 公害地域の再生は，たんに自然環境面での再生・創造・保全にとどまらず，住民の健康の回復・増進，経済優先型の開発によって損なわれたコミュニティ機能の回復・育成，行政・企業・住民の信頼・協働関係（パートナーシップ）の再構築などによって実現される．

患者会会長の森脇君雄氏によれば，当時，公害防止と被害救済にとどまらない地域再生という考え方は，環境庁（当時）などの政策立案現場にもほと

第 8 章　公害地域から持続可能なまちづくりへ

んどない，新しいものだったという．

　設立当初は，都市計画・都市政策の研究者や，実践家を中心とする運営検討委員会がおかれ，研究者，患者会，ボランティアなどが参加する共同研究プロジェクトによって，地域再生の課題や政策手法が検討された．先進工業国の都市環境再生において共通の課題でもあった，土壌汚染問題への対応，工場撤退地域の土地利用，公共空間形成，道路整備手法など，海外事例の調査も行われた．先述の「道路提言」も，そうした研究成果の 1 つである．

　あおぞら財団は，公害・環境問題や道路・交通に関わる多くの専門的人材をネットワークしているが，まちづくりの主役は地域で生活・生業を営む人々である．彼らの日常と接続されないまちづくりには，リアリティがない．西淀川の公害反対運動は，地域住民によって担われたものだった．運動家でも政治家でもなく，ごく普通に暮らしていた人たちだ．一方で，地域住民の中には地域内の工場で働く人がいる．被告企業で働きながら反対運動に関わる人もいた．激甚な公害と，長年にわたる反対運動が，地域コミュニティに何のしこりも残さなかったとは言えまい．

　たまたま公害訴訟の当事者とはならなかったが，潜在的には被害者であり加害者でもありえた地域住民もまた，持続可能な交通まちづくりにおいては，当事者であるはずだ．それゆえに，公害患者たちはあおぞら財団という新しい組織をつくり，若い職員たちが地域の自然，人間，コミュニティの再生をすすめるという使命を引き受けたのである．

　設立趣意書に謳われた「コミュニティ機能の回復」「信頼・協働関係の再構築」は，あおぞら財団が設立 15 周年を迎えたとする今，様々な試行錯誤を重ねてようやく手応えが感じられるようになっている．そこには，時代の変化とともに，あおぞら財団自身の変化があった．公害，環境，交通といったテーマが先行する活動から，自治会レベルでの地域コミュニティに根ざした活動への変化である．職員が地域住民の一人ひとりと人間関係をつくることによって，あおぞら財団が持つリソースが，徐々に地域コミュニティによって活用されるようになってきた．以下では，あおぞら財団の模索と変化の

過程を振り返ってみたい．

3. 交通まちづくりの模索

(1) 道路環境市民塾

　大気汚染裁判から生まれた環境 NPO という珍しい来歴をもつあおぞら財団は，「環境再生」というミッションを掲げ，いかに具体的な成果を上げながら，多くの市民が環境問題を理解し，参加できる取り組みを進めていけるか，試行錯誤を続けている．道路や交通の問題に，市民がもっと関わっていけないだろうかという思いをもとに，あおぞら財団のネットワークを通じた呼びかけで始まったのが，市民向け講座「道路環境市民塾」である．

　2003 年 4 月にスタートした当初は，道路環境問題の解決に向けて行動できる「人づくり」を目指して，ボランティアによる企画・運営形式で開講した．道路環境問題について，学びたいことを学ぶ講座を重ねる中で，様々な活動を行っている人との出会いが生まれる．そこから，新たなネットワークにつながったり，講座の意見交換の中から出てきたアイデア（つぶやき）が新たな活動の芽生え・実践につながったりしている．

　ここでは，2 つの具体的例を紹介する．

　1 つは，フードマイレージ[1]教材づくりである．第 I 期（2003 年）講座「自分と自動車のつきあい方を考える」では，フードマイレージの考え方を学習した．実際に大阪卸売市場で扱われている食材の生産地を調べて，時代ごとの輸送方法の違いを比較して，輸送される過程で排出される二酸化炭素量を計算するなど，輸送と地球温暖化の関係を探った．

　その後，同講座の企画担当であった松井克之氏（当時：西淀川高校教諭）と，松村暢彦氏（当時：大阪大学助手）が参加する「西淀川公害に関する学習プログラム作成研究会（主催：あおぞら財団）」では，同講座で実施した買物ゲームを学校教育現場で使える教材にすることとなった．2005 年には，松井・松村両氏やあおぞら財団からの呼びかけで，学校教員や大学の研究者，

第8章　公害地域から持続可能なまちづくりへ

NPO職員などが集まり「フードマイレージ教材化研究会」を結成した．その後，交通環境学習の観点だけでなく，幅広く，現場の教員が参加することで，小学校，中学校，高校等の学校現場で，使いやすく工夫されたフードマイレージ教材とプログラムの普及につながっている（写真1）．

写真1　フードマイレージ教材の開発
（あおぞら財団撮影）

もう1つの事例は「自転車まちづくり」をテーマとした活動である．第III期（2005年）講座は「自転車を活かしたまちづくり」と題して，5回に及ぶ連続講座を通じて自転車イベントを創っていくという，風変わりな講座であった．参加者それぞれ自転車についての思いやアイデアをたくさん出してもらう結果となった．

講座を通じて，自転車まちづくりの奥深さを改めて認識することとなった参加者の何人かが，新たにできたネットワークを活かして，後日，「自転車文化タウンづくりの会」を立ち上げ，あおぞら財団は事務局を引き受けている．

写真2　タンデム自転車
（あおぞら財団撮影）

同会では，多様な市民や専門家とともに，実践的に「自転車を活かしたまちづくり」を進める活動を行っている．例えば，大阪のメインストリートである御堂筋に自転車レーンの設置を求めるよう多くの市民とアピール走行す

る御堂筋サイクルピクニック，視覚障害者とともにタンデム（2人乗り）自転車を楽しむ活動などである（写真2）．

道路環境市民塾の活動は，道路，交通，環境といったテーマに関する問題意識を共有する個人を発掘し，ネットワークすることにつながった．しかし，西淀川地域の具体的な交通問題を直接あつかうのではないから，地元住民の学習の場とはなりにくかった．足下にある交通問題の着実な解決には，広く関心のある市民の意識・能力の向上だけでなく，地域住民の生活に根ざした活動が必要になってくる．

(2) 西淀川交通まちづくり意見交換会

2009年度に開催した「西淀川交通まちづくり意見交換会」は，地域住民が生活者の視点で交通まちづくりの目標像を議論する場をつくろうとしたものだ．

交通計画の専門家による情報提供と少人数グループに分かれての討議を3日間行い，西淀川の地域交通の方向性を議論した．大阪大学・京都大学・あおぞら財団による共同研究の一環であり，一般の地域住民による討議・熟議（deliberation）を通じた交通まちづくりビジョン形成プロセスの実証実験でもあった（清水2010）．

まず，市販の電話帳を用いて無作為抽出した区内2,000世帯に，会への参加を呼びかける「西淀川交通まちづくりだより」と，会への参加意思と個人属性等を尋ねるアンケート票を郵送した．返送されてきた467通の回答のうち，意見交換会に「参加してみたい」と回答したのは23%，「参加したくない」は46%，「わからない」が31%であった．日程調整の結果，約20名が意見交換会に参加した．意見交換会では，交通問題やまちの将来像についての意見を出し合いながら，専門家が提案する交通施策オプション（自転車を使いやすくする／バスを使いやすくする／自動車交通を減らす／住民の交通行動を変えるための情報提供をする）を選択し，それぞれの施策を柱とする交通まちづくりのビジョンを話し合った．

無作為抽出という方法をとったのは、特定の利害関係者や既存の人的ネットワークに偏ることなく、ランダムに参加を呼びかけて集まった「ミニ・パブリックス」(篠原 2012)では、実際の意見分布により近い、多様な意見を拾い上げることができると予想したからである。そこでの討議と熟慮を経て参加者が意見を変容させ、合意を形成していくプロセスは、多様なニーズや価値観を拾い上げ、互いに折り合いをつけて進めていく「まちづくり」にとって必要なものだと考えた。

実際に意見交換会に参加した人々は年齢層や性別に偏りがあり、アンケート調査から環境や住民参加などに関心が高いといった傾向が見られるなど、結果的には特定の属性・関心バイアスが存在した。また、「参加したくない」理由の半数以上は「仕事や家事で忙しい」ことだった。介護や病気で交通・移動に問題を感じている人ほど、あらかじめ決められた時間と場所に行って討議に参加することが難しいということには、留意しておくべきだろう。

表1　西淀川交通まちづくり意見交換会のプログラム

第1回　西淀川交通まちづくり意見交換会
6月21日（日）13：30～16：30，参加者20名
西淀川の交通問題概要・アイスブレイク グループ討議①「何とかしたい！ この問題～交通の困りごとあれこれ～」 グループ討議②「こんなまちなら住みたいな！～10年後の西淀川～」
第2回　西淀川交通まちづくり意見交換会
7月26日（日）13：30～16：30，参加者20名
第1回意見交換会のふりかえり 専門家からの提案：4つのオプション 投票① グループ討議①「難問解決なるか!?　～専門家からの提案を考える～」 投票② 意見へのシール貼り グループ討議②「西淀川をこんなまちにしよう！～私たちの提案をつくろう～」 投票③
第3回　西淀川交通まちづくり意見交換会
8月30日（日）13：30～16：30，参加者15名
第1回，第2回の振り返りと今後について 専門家からの提案「交通まちづくりパッケージ案のご提案～パッケージ（施策の組み合わせ）で比較すると，光と影がよくわかる!?～」 グループ討議①「どう選ぶ？　4つの交通まちづくりパッケージ」 全体発表① グループ討議②「○○で変える！　未来の西淀川交通まちづくり」 全体発表②

出典：筆者作成.

意見交換会で議論された内容を踏まえて，研究グループは西淀川交通まちづくりビジョンをまとめ，広く区民・市民に呼びかけて 2009 年 12 月に開催した公開討論会で提案した．公開討論会は，意見交換会に参加しなかった専門家，行政機関（市役所）を招いて，提案の内容と討議のプロセスについて，さらに議論を深めることが目的だった．

ところが，無作為抽出した各世帯に直接案内を郵送した意見交換会に対して，区内の新聞広告に案内チラシを織り込んだ公開討論会では，財団が直接参加を呼びかけた参加者以外の一般参加者がほとんどいなかった．このことは，今もなお続く道路公害が，もはや人々の日常的な問題関心とはなっていないことを示唆しているのかもしれない．あるいは，公開討論会は自分が参加して意見を述べるべき場として認識されなかったのかもしれない．一人ひとりに案内状を出し，丁寧に問いかけと議論を繰り返す意見交換会は，考えを深めることには有効だ．一方で，問題意識を多くの住民に広げるためには，大規模に行う必要があり，NPO や研究者だけでの取り組みには限界がある．

道路環境市民塾や意見交換会のような場で，じっくりと学習し，議論することは，参加者である市民・住民はもちろん，あおぞら財団にとっても学びの機会となる．共通の問題意識を持ち，主体的に問題解決に取り組もうとする仲間を得る場でもある．交通・道路・環境問題といったテーマを掘り下げる「テーマ型」とも言えるつながりだ．

一方で，地域コミュニティは高齢者の見守りや防災など，様々な喫緊の課題を持っている．西淀川区で近年増加しているマンション建設によって流入した新住民や，外国人労働者が，地域の共同活動にいかに関わりうるかという課題も出てきている．そうした様々な課題と合わせて，交通や環境の問題にも同時に取り組めるようなプログラムが必要となる．

こうした模索を続ける中で，テーマ型のつながりから，地域住民の日常生活や地域運営の現状に即した地縁型のつながりへと，あおぞら財団の活動が変化していくことになる．

4. 西淀川交通まちづくりプロジェクトの展開

(1) 身近なバリアフリー

　西淀川交通まちづくり意見交換会では，西淀川の交通課題として，公害・温暖化防止のために自動車を控え自転車の活用，高齢者や障害者の外出機会を確保する福祉交通の充実，住民自身の交通まちづくりへの参加などが提案としてまとめられた．

　意見交換会終了後，筆者らは参加者の一部にインタビューを行い，意見交換会の総括と今後の展開について意見を聴取した．その結果，数名の参加者が継続プロジェクトの企画に参加することとなり，体験と学習を通じて地域の交通課題解決を考える「西淀川交通まちづくりプロジェクト」を2010年度から始めた．

　このプロジェクトで2010年度のテーマとして取り上げたのは，身近なバリアフリーである．交通困難者が移動する際に，経路の途中の1箇所でもバリアが生じていると，外出ができなくなってしまい，日常生活を送ることが困難になる．しかしながら，すべての環境がバリアフリーになるのは，まだまだ先であると言わざるを得ない．西淀川は，幹線道路が多いことから道路の横断がバリアとなっていること，海抜が低く水害も生じやすい地形であることから，建物の1階の床面が歩道よりも高く作られており，大きな段差があることなど，バリアが生じやすい状況である．

　物理的なバリアを解消するには，行政や所有者が主体とならなければ，取り組むことが困難である．しかしながら，バリアには物理的なものだけでなく，意識上のバリア，情報のバリア等が存在する．そこで，このプロジェクトでは，個人では難しく，行政の取り組みも十分ではない意識上のバリア，情報のバリアを解消するための取り組みを1年間にわたり実施した．

　最初に実施したのは，障害の疑似体験と障害当事者からの講演である．西淀川在住の視覚障害者や車いす利用者から日常生活についてお話を聞いたう

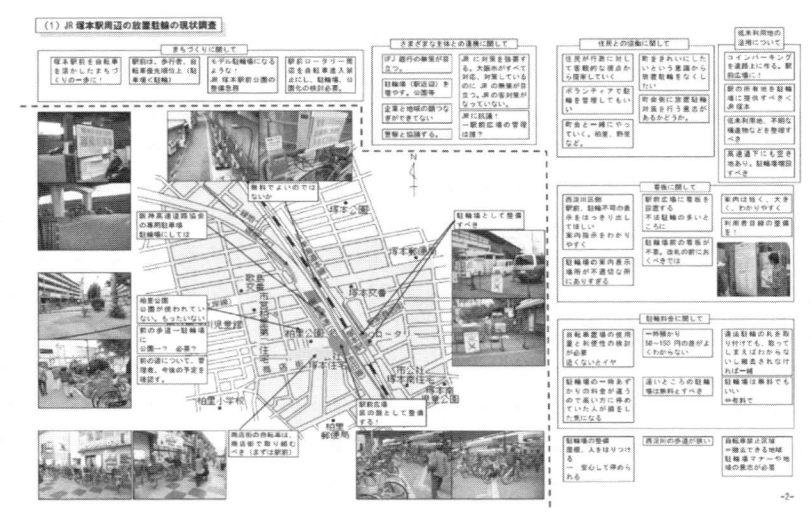

出典：西淀川交通まちづくりプロジェクト．

図2　西淀川交通まちづくりプロジェクトによる実態調査

えで，体験キットを用いて当事者と共に障害の疑似体験を行った．この体験を通して，プロジェクトの参加者は自分達が暮らしている西淀川にバリアが数多く存在すること，障害者が不便を感じていることに対して，共感的に理解することができた．終了後，プロジェクトで何をしたいのかを話し合った結果，駅前に溢れる不法駐輪が障害者の移動の大きなバリアになっているのではないか，町中のバリアフリー情報を集めて共有する仕組みを作ってはどうか，という意見が出た．

　駅前の不法駐輪については，実態調査やプロジェクト内で話し合いを重ねた．駐輪場候補の検討や不法駐輪がしにくくなるような看板の設置等，プロジェクトでの調査と議論をふまえて違法駐輪対策の担当部署である区役所に対して提案を行った．当プロジェクトの提案後，区役所内に駐輪対策の協議会が作られている．

　町中のバリアフリー情報の共有化については，公共施設や飲食・商業施設のバリアフリー情報を収集し，「西淀川おでかけマップ」にまとめた．この

マップには，物理的なバリアフリー情報だけでなく，物理的バリアがあったとしても職員や店員の介助を受けることができるといった情報も掲載している．マップはインターネット上で閲覧できるほか，紙媒体でも2,000部作成し，西淀川区内の公共施設や店舗，関係者に配布している．

(2) 防災と交通を考える

2011年3月11日に起きた東日本大震災は，阪神大震災の記憶を呼び起こすとともに，防災に対する意識を喚起した．交通まちづくりプロジェクトでも，災害時の交通と移動について議論した．西淀川区は多くの事業所を抱え，災害時には多数の帰宅困難者が発生するであろうこと，水害時に区内のほとんどの地区で浸水が生じると予想されることなど，災害に対する脆弱性が高いことから，改めて防災と交通移動について認識を深める必要性があると考えた．

まず，災害弱者になりうる乳幼児の親，高齢者，障害者にインタビュー調査を行った．いずれの対象者からも，災害時には手助けが必要であり，近隣の人々との繋がりが重要であるとの認識をもちながらも，日常的には断絶しているといった意見や，避難訓練に参加できていないといった意見が聞かれた．知的障害者や精神障害者など，見た目で障害があると分からない障害者の保護者や関係者からは，日ごろから一般の人に障害を理解してもらうことが，災害時の避難にも繋がるとの意見が聞かれた．平時のバリアフリーが災害への備えとなるのである．

また，西淀川区内で，自主的に災害への備えに取り組んでいる事例の調査も行った．ある自治会では，地域内にある高層マンションなどを「津波災害発生時における緊急一時避難施設」として使えるように，自治会とマンションの管理組合の間で協定を結んでいる．ある知的障害者施設では，地域の避難訓練に参加し，中学生と知的障害者が共に避難を経験した．

次に，西淀川ではどのような災害が起こりうるのかを知るために，防災専門家を招いて講演会を行った．専門家からは，災害時の西淀川では，津波，

出典:西淀川交通まちづくりプロジェクト.

図3　にしよどがわ防災まちづくり通信

大規模な停電，地盤の液状化，橋の通行止めによる物資の不足，工場の火災などが起こりうることを指摘された．また，災害時においては誰もが被災者となるため，行政を頼りにできないことから，自助，共助が重要になることを再確認した．

2011年度の交通まちづくりプロジェクトで学んだこれらの内容を，広く地域住民に伝えるために，「にしよどがわ防災まちづくり通信」を発行し，住民の防災意識の向上や地区での避難訓練の充実などを訴えた．

(3)　災害時要援護者支援の実践

東日本大震災では，死者・行方不明者の6割は60歳以上，障害者の死亡率は全体の2倍と，多くの高齢者や障害者が逃げ遅れて命を亡くした．高齢者や障害者等，災害時に支援を要する人々（災害時要援護者）は，大きな不安を抱えている．また，健常者で生き残ったとしても，まわりの人を助ける

第8章　公害地域から持続可能なまちづくりへ　　　　195

ことができずに，自分の無力感に苛まれるといったことも多く起きている．

　災害時には，被災した住民同士での救命救助活動が重要となるが，そのためには日ごろからの付き合いがあることや，支援する側が介助の仕方を知っていることが，前提条件として必要となる．しかしながら，西淀川区は近年高層マンションが乱立し，隣人とのつながりが薄れている人も多く，近隣に高齢者や障害者が住んでいたとしても，それを把握している人は少ない．また，今までの避難訓練は，自力で移動できる健常者が中心であり，介助が必要な高齢者や障害者等の要援護者は参加してこなかった．

　そこで，2012年度の交通まちづくりプロジェクトでは，前年度から継続して防災をテーマとし，災害時の要援護者避難支援ができる住民を増やそうと，2回のセミナーと要援護者の避難訓練を実施した．

　セミナーで参加者が学んだ内容は，車いす利用者や視聴覚障害者の介助方法，要援護者やその家族からの意見，避難所に併設する福祉避難室の考え方，避難グッズの紹介，おんぶひもや布製担架の介助体験など，多岐にわたった．また，それらをふまえて，要援護者支援に対してどのようなことができるのかを，セミナー参加者同士で話し合った．今まで，障害者の災害に対する意見を健常者に届ける機会は限られていたため，健常者からは災害時の要援護者の支援について考えるきっかけになった，障害者からは具体的に避難のイメージを持つことができた，との意見が寄せられた．

　要援護者の避難訓練は，佃地区防災訓練に合わせて実施された．佃地区防災訓練は自治会が主体となって実施する

写真3　災害時要援護者避難訓練の様子
　　　　（大阪市西淀川区佃地区にて，
　　　　あおぞら財団撮影）

ものて,地区内の防災リーダー,中学生,水防や消防など,約400名が参加する大規模なものである.避難訓練では,要援護者の自宅から避難場所への避難,津波避難ビルへの布製担架を使った上下搬送訓練,避難所内での福祉避難室体験などを行った.佃地区避難訓練の参加者の関心は高く,熱心に見学が行われた.

セミナーや避難訓練での体験を通して,地域住民が災害時の要援護者の避難を考えるきっかけをつくることができた.また,障害者が避難訓練に参加することにより,災害への大きな不安を少し低減することができた.災害発生時に一人でも多くの命を助けるために,防災に対する取り組みを組織的に継続的に行うことが重要である.

5. 公害地域から持続可能なまちづくりへ

(1) 地域にねざした交通まちづくり

あおぞら財団は,公害地域の再生と持続可能な交通まちづくりをめざして,政策提言や学習・討議の機会づくりに加えて,身近なバリアフリー,不法駐輪対策,防災と交通・移動,地域コミュニティにおける災害時要援護者支援などのより地域の具体的課題に即した実践活動に取り組んできた.これらは,財団の活動のごく一部ではあるものの,そのアプローチの変化をよく表している.

当初は,市民・住民の立場から公害・交通・環境問題の解決を"求める"というように,どちらかと言えば,力のない者が力のある者に対して訴えていくスタイルであった.あるいは,社会全体に対して,問題の所在を知らしめていくという,問題提起型のスタイルである.

しかし近年は,地域住民とともに,彼らの日常生活の中で当たり前だ(変えられない)と思われていた現実を一つずつ取り上げ,学び,議論し,行動を起こしてみるというスタイルへと変化しつつある様子が見て取れる.駅前に置かれた自転車の山や,健常者だけが参加する避難訓練も,そうした現実

第 8 章　公害地域から持続可能なまちづくりへ　　　　　　　197

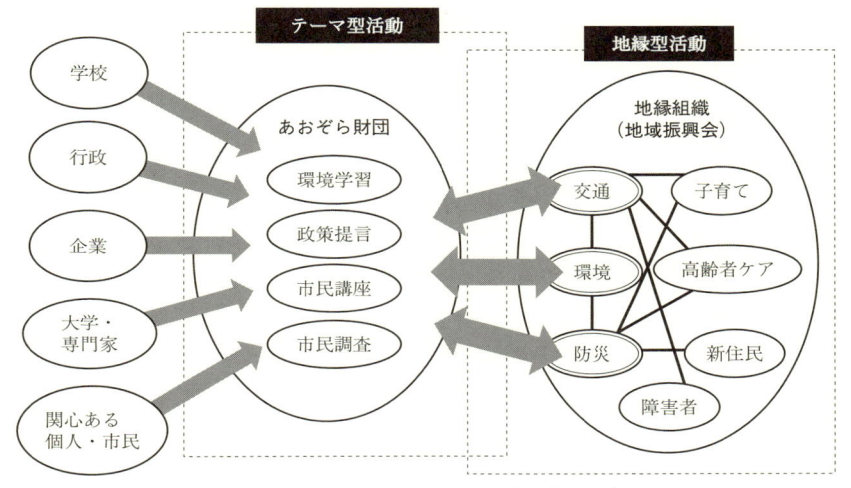

図4　あおぞら財団の役割（筆者作成）

のひとコマだった．

　その変化の背景には，財団スタッフが，活動の中で地域コミュニティの担い手と築いてきた信頼関係がある．佃地区の避難訓練に，あおぞら財団を介して要援護者が参加することになったのは，佃連合地域振興会[4]との協力関係の積み重ねがあったからである．財団スタッフは西淀川区の地域福祉アクションプラン公募委員として，地区での高齢者の見守りネットワークの立ちあげや要援護者支援の取り組みに関わった．佃連合地域振興会は，財団が事務局となった廃油回収活動に，地域をあげて非常に熱心に協力をしてくれた．財団スタッフは，それらの過程で地区の会合に参加し，活動の趣旨を説明してきた．

　こうした積み上げを踏まえ，ようやく地域住民からもあおぞら財団の存在が認められるようになり，公害反対運動の延長線上に描いてきたテーマ型の取り組みが，地域振興会をはじめとした地縁組織の活動と重なるようになってきた．財団スタッフは，様々な地域活動に参加する中で得た知見や信頼関係を，環境学習や防災などのテーマ型の取組みに活かして，地域コミュニテ

ィにねざした活動となるようつとめている（図4）．

　地域コミュニティにとっても，地縁組織とNPOなどのテーマ型組織が目標を共有して活動していくことで，より幅広い活動に取り組むことができる．地縁組織によってすでに取り組まれている課題に加えて，交通・移動や環境，防災といったテーマについても，地縁組織とテーマ型組織が協働できるプログラムを実施すれば，要援護者支援の避難訓練のような成果がえられるであろう．

　テーマ型組織と地縁組織は時に対立し，関係性を持とうとしないこともある．西淀川という地域の中から生まれたあおぞら財団にとっては，日々の実践の中で互いに信頼関係を築き，それぞれの強みと弱みを補い合いながら，協力関係を広げていくことが大切である．特に，地域コミュニティが抱える課題に応える形で，財団が持つ専門性やネットワークを活かすことが重要だ．あおぞら財団の使命は，地域の再生であり，交通・環境というテーマから始まってはいるが，持続可能なまちづくりが最終的な目標であるからだ．

(2) 流動する社会にくさびを打つ

　社会は変化しつづける．その中で新しい課題も生まれる．あおぞら財団が生まれてからの15年間にも，公害・環境に関する制度や市民の関心は大きく変化した．ましてや，最も大気汚染公害が激しかった高度経済成長期から，40年もの歳月が流れた．人口の約半分は，当時を知らない世代である．

　しかし，激甚な公害は発展途上国を中心に今なお繰り返されており，西淀川の道路公害も，根本的にはなくなっていない．一方で，地球温暖化問題や福島第一原発事故を契機としたエネルギー問題は，私たちの将来に大きな影響を与え，迅速な対処が必要な環境問題であるが，「国民的議論」のうえに，明確な方向性を定めるのが難しいのが現状だ．

　あおぞら財団の15年間の活動もまた，様々な試行錯誤の積み重ねであったが，その出発点であり目標であり続けたのは，公害のあったこのまちを，よくしたいという人々の思いだ．かつて，西淀川で大気汚染に苦しんで住民

第8章 公害地域から持続可能なまちづくりへ　　　199

　運動を起こした患者の1人は,「命を守りたかった．そして,長年住み続けてきたまちを何とかしたかった」と言った．持続可能なまちづくりは,そうした個人からの発意なくしては進まない．原点は,「いま,ここ」に生きている人たちが安心して暮らすための切実な課題を受け止め,共感する仲間を集め,自分のため,子や孫のために,自らの手で具体的な活動を実践するというシンプルなものだ．

　変化し続ける社会において,あおぞら財団が果たしうる役割とは何だろうか．ここでは異なる2つの意味での「くさび」となることだと考えてみたい．1つは,物を割るための「くさび」である．方向性を見いだせないまま,あるいは声の小さな当事者をないがしろにしたままに流動する社会に対して,時には,多数派とは異なる意見であっても信念を持って問題提起する．患者会による公害反対運動は社会への「くさび」を打ち込む行為となり,環境保全という新たな価値観を生み出すきっかけとなった．

　もう1つは,2つのものを固くつなぎあわせるための「くさび」である．変化が生まれつつある時には,既存の価値観と,新しい価値観をつなぐ「くさび」役も必要となる．自ら変化の契機を生み出しつつ,実際に社会が変化する過程を,できるだけ多くの人が当事者として関わることができるものにしなければならない．地域コミュニティにねざそうとすれば,そのどちらもが必要なのであり,地域コミュニティにねざした活動であるからこそ,それが可能となるのである．

　あおぞら財団の活動は,公害を生み出した社会の構造にどのような変化をもたらしたのか．その総括は別途行わなければならないが,本章で見てきたことから言えるのは,「子どもたちに青い空を」という願いを受け継いだあおぞら財団の活動が,より多くの地域住民とつながりを持ち始めているということだ．地域コミュニティとの協働や,自発的な個人の活動参加によって,あおぞら財団の活動は,人々の生活様式,地域社会に対する問題意識,社会関係の一部を変化させるきっかけをつくり続けている．こうした変化は,一朝一夕に公害を根絶するものではない．より地域にねざした活動が存在し続

けることが重要だ．あおぞら財団は，その拠点として，今後も，社会の「くさび」であることが求められよう．

注
1) フードマイレージとは，食糧輸入相手国からの，輸入量と輸送距離を乗じて算出されるもので，食糧の輸送に伴って排出される二酸化炭素から，食糧輸送の地球環境への負荷を測ろうとする概念である．
2) 地域福祉とは，個人に対する公的な福祉サービスの提供だけでなく，地域社会の様々な主体による生活課題への取り組みによって，多様な生活ニーズに対応し，住民同士が支え合うという考え方である．
3) 1983年に公害健康被害補償法が改定されて，第一種地域の指定が解除されて以降，大気汚染による指定疾病（公害病）患者の新規認定による補償給付は行われていない．
4) 大阪市では，1947年に地域での災害救助や戦後復興を目的に結成された赤十字奉仕団をベースにして，75年に地区ごとの地縁組織として地域振興会が結成された．地域振興会は，地区ごとのイベントや清掃・防犯・防災などのコミュニティ活動を担っているほか，各種委員の推薦や行政情報の周知，大阪市行政への要望等，市政の末端組織としての役割も果たしてきた．従来は，地域振興会が中心となり地域課題に対応してきたが，役員が固定化される傾向もあり，地域活動が地区全体に広がらない，マンション居住者や若年層の参加が少ない，広範な地域課題に柔軟に対応できないなどの課題も抱えている．大阪市全体での振興町会への世帯加入率は約68％（2007年6月現在，大阪市総合コールセンターHPより）である．

参考文献
宇沢弘文（1974）『自動車の社会的費用』岩波書店．
篠原一（2012）『討議デモクラシーの挑戦』岩波書店．
清水万由子（2010）「討議による住民意見の熟成－西淀川交通まちづくり意見交換会の取り組みから－」『交通科学』41(1), 20-31.
西村弘（2007）『脱クルマ社会の交通政策－移動の自由から交通の自由へ』ミネルヴァ書房．
三星昭宏・新田保次（1995）「交通困難者の概念と交通需要について」『土木学会論文集』518/IV-28, 31-42.
宮本憲一（2007）『環境経済学』岩波書店．
要田洋江（2004）「障害を持つ人を排除しない地域社会の条件－日本の障害者政策の課題－」大沢真理編『講座あたらしい自治体の設計：第6巻ユニバーサル・サ

―ビスのデザイン―権利と福祉―』有斐閣,103-140.
Litman, Todd (2012) *Well Measured: Developing Indicators for Sustainable And Livable Transport Planning*, Victoria Transport Policy Institute.

PART III

人的資源の継続的創出

第9章
内子町における地域住民のエンパワメントの可能性

的場信敬・平岡俊一・豊田陽介・多比良雅美・井上芳恵

1. キャパシティ構築とエンパワメント

地域課題の多様化や財政悪化，新たな「公共性」議論における要請といった，現在の社会的・政治的状況の中で，「住民参加」や「パートナーシップ」といった，地域住民のニーズや意見をより直接的に地域再生やまちづくりの政策に反映させるしくみの議論や実践が活発化している．それと同時に，このような新たなしくみの中で活躍する人材や組織（いわゆる地域主体）の確保や育成（キャパシティ構築: capacity building），地域の主体間のパワー・バランス，多様な主体の地域運営の意思決定への参画の程度，など地域運営を担う主体にまつわる新たな論点も顕在化してきた．

地域社会の運営について，現在の間接民主制のしくみに加えて，このようなより直接民主制的なしくみを導入するということは，これまで地域運営において権限を持っていなかったある地域主体が，他の主体とその権限を共有するということに他ならない．言い換えれば，地域主体が新たな権限を得る＝「エンパワー」される，ということである．

地域主体の「エンパワメント」の視点は，社会的持続性を構成する重要な主要素のひとつとして，論者の間で認識されている．社会的持続性を担保する，地域住民の福利の追求や公平性の確保といった要素を満たすためには，地域住民の具体的なニーズや生活状況が正確かつ的確に地域運営に反映される必要があるためである（Magis and Shinn, 2009; Manzi, et al., 2010）.

この「エンパワメント」という言葉であるが，個人や組織の「キャパシティ構築」と同義，つまり個人や組織の能力をより高めて，いわゆる「使える個人・組織」にする，といったニュアンスで使われることも多い．ただ，Adamson and Bromiley（2008）は，エンパワされたコミュニティは，「政府セクター組織に，コミュニティ主導の活動をサポートするような政策（それが彼らの当初の政策や優先事項とは異なる場合でも）を取るように，影響を与えることができうる」（p. 11）として，地域の意思決定の中枢にお

ける影響力の増大，文字通り「権限（パワー）」のバランスの再構築を意味する言葉としてとらえている．本章でも地域住民の「エンパワメント」をこの意味に設定し，キャパシティ構築とは区別して考えたい．

このような視点から，本章では，地域再生におけるキャパシティ構築とエンパワメントの関係性について，特に，地域住民の「キャパシティ構築」が社会的持続性の要素として認められる「エンパワメント」の実現にどのように寄与するのか，という視点から具体的事例を基に考察する．また，地域に合ったエンパワメントの追及のあり方についても検討してみたい．

これらの検討を行う上で，地域づくりの先進地として知られる愛媛県内子町を取り上げる．内子町は，愛媛県中央部，松山市の南南西約40kmに位置する人口18,600人ほどの町で，総面積の8割近くが森林という中山間地域である．2005年に，旧内子町が近隣の五十崎町，小田町と合併して，現在の内子町となった．かつて製蠟業で栄えた町並みの保存事業や，生産高・就業者数の減少にあえぐ農業の再生事業，地域自治活動などにおいて，一貫して地域住民の地域運営への参画と，そのための知識やスキルの育成に重点を置く取り組みを展開してきた．これらの特徴的な取り組みと，現在筆者らが進めている「地域づくり型温暖化対策プロジェクト」を，地域住民のキャパシティ構築に注目しつつ分析し，内子町におけるエンパワメントの可能性について検討する．

2. 住民と行政による地域づくりの取り組み

(1) 歴史的町並み保存の取り組み

内子町における一連の地域づくり活動の契機となったのが，町の中心部に位置する八日市・護国地区の歴史的町並み保存事業である．江戸後期に製蠟業により栄えた同地区の町並みが，1972年に文化庁の「第1次集落町並調査」事業の対象になり，住民組織である「八日市護国地区町並み保存会」（以後，保存会）が1975年に設立された．同年に朝日新聞『アサヒグラフ』

写真1　八日市・護国地区の町並み

で紹介されたことなどもきっかけとなり，町民の間で伝統的な建造物群の価値が見直され，町並みの保存に向けた取り組みが活発化した．町も，古い建築物の改築を望む所有者や近隣の住民などと地道に議論・交渉を行うと共に，建物所有者の金銭的負担を軽減する「伝統的建造物群保存対策費補助金交付要綱」（1978年）や，現状変更を許可制にするなどした「伝統的建造物群保存地区保存条例」（1980年）といった法的な整備を進めていく．このような町を挙げた精力的な活動により，当時の繁栄を偲ばせる大きな蔵屋敷や町屋の通りが全長600mにわたって保存され，1982年に国の重要伝統的建造物群保存地区指定を受けるに至った．その後も，地域住民と町役場が町並み保存のあり方について共に学ぶ機会として，町並み保存の世界的先進地であるドイツ・ローテンブルク市の市長を招いた住民向けイベントを開催したり（1986年），保存会とのより密接な連絡・交流体制を構築するために，保存地区中心部に新たに「八日市・護国町並み保存センター」（以後，保存センター）を設置（2000年）するなど，地域住民を巻き込み，共に考える保存活動を展開してきた（写真1）．

　保存運動は，はじまった当初より観光振興策を中心に自治体主導で進めて

きたが，住民主体のまちづくり活動として再出発するために保存センターを保存地区内に設置し，住民と情報を共有しながら協働で保存運動を推進してきたという経緯があったようだ．このように，地域住民と行政職員が，活動の中からお互いの最適な関係性を真摯に模索してきたことが，現在の良好な関係と町並み保存の成功につながっている．また，こうした町並み保存での経験を活かし，後で紹介する石畳地区や他の地域での活動では，行政ももちろん参加はするが，あくまで主体は地域住民で，行政は住民の活動の展開をサポートし事業をコーディネートする役目に徹することで成功を収めている．これが内子町が住民と協働で活動を展開する際の基本スタンスとなっているようだ．

このように八日市・護国地区という点からはじまった歴史的町並み活用の取り組みであるが，そこから面への発展も進んでいる．保存地区の境界からすぐ外側に，大正天皇の即位を記念して地域住民有志によって建築され，その後老朽化のために取り壊されそうになっていた芝居小屋「内子座」が，町民の熱意により1985年に修復され，現在歌舞伎や文楽といった当初の使用目的のほか，各種の講演会やコンサート，さらには結婚式の会場として利用されており，町のシンボル的な存在となっている．この内子座と保存地区を，町の商店街を経由した線（道路）で結ぶことで，地域の文化的資産を繋いで面的な地域資源とする取り組みが進められており，町の観光業や地域の活性化に一役買っている．

(2) 農業再生に向けた「知的農村塾」と農産物直売所

内子町はまた，農業再生と地域活性化をリンクさせた取り組みでも知られている．農業は内子町の主要産業のひとつで，戦後長らくは葉タバコの生産が特に盛んであった．しかしながら，喫煙者の減少や高齢化による担い手不足のために，1985年以降は生産量は減少し続けている．このような地域農業の転換期に，地域農業再生と農業を中心とした豊かな農村生活の検討を目的としてはじめられたのが，「知的農村塾」である．1986年に町が主導して

はじまって以来現在も続く息の長い事業で，町が年間の運営費（約50～60万円）を負担して，農家や地域づくりに興味のある町民を対象に，農閑期に年4，5回開催している．研究会には毎回50～60人ほどが参加しており，大きなイベントの際には500人を超える参加者を集める．テーマも農業活性化をはじめ，高齢者問題や女性の社会進出など，農業の枠に収まらない地域づくり全体に発展したものになっており，また，講師についても，特に実践的な議論が出来る点を重視して全国から招聘している．さらに，参加者の国内外視察なども積極的に開催している．

ここで継続的に学習を重ねた参加者たちが，内子町の農業や地域づくり活動のリーダーとして現在活躍しているが，彼らが内子の農業や目指すべき地域像などについて，ある程度の共通意識を醸成していたことが，活動の成功につながっているようだ（鈴木 2006b; 諸富 2010）．

このような知的資源の蓄積のプロセスの中からアイディアが生まれ，農業活性化の中核を担う施設として設立されたのが，農産物直売所「内子フレッシュパークからり」（以後，からり）である．第3セクター方式で運営されているが，株式の44%を地域住民が所有する地域に根差した施設となっており，知的農村塾の参加者も多く運営に参加している．設立に先立ってまとめられた事業計画「フルーツパーク構想・基本計画書」（1992年）では，からりを単なる農作物直売所にとどまらない「消費者とのコミュニケーション空間」として位置付けており（諸富 2010），事実，現在のからりは，地元農産物の販売のみならず，農産物加工品の開発・販売，消費者ニーズの情報収集・共有拠点，レストラン営業など，農業の総合産業化と地域観光のベースとしての機

写真2 内子フレッシュパークからり

能を有した総合施設に成長している（写真2）．

からりで一貫して重視してきた取り組みが，提供する農作物の「安全」の確保である．からりでは早くから農家を地道に説得し，栽培履歴を公開する「トレーサビリティ」の取り組みを進めてきた．現在では，からりで販売する農作物は，いつ，どこで，誰によって栽培されたか100％トレース可能である．情報は，からり内に設置された端末からいつでも見ることが可能である．実際に活用する消費者は少ないようだが，安心感をもたらす効果はあるようだ．また，栽培方法の情報公開の取り組みも行っている．化学合成肥料の使用について，従来の使用量からの「3割減」，「5割減」，「不使用」，という3つのカテゴリーに分ける認証制度を開発した．それぞれのカテゴリーに合わせたシールが商品に貼り付けられており，消費者が商品を購入する際に簡単に識別できるようになっている．

このような食の安全に関する取り組みは，手間もコストもかかるため，通常農家の合意を得ることは必ずしも容易ではない．しかし，知的農村塾で先進の事例や厳しい農業の現状を学んできた地元農家は，「安全」を付加価値としてとらえ，積極的に取り組んでいった．単なる農業技術にとどまらない，農業に関する広い知識や情報を蓄積する知的農村塾のキャパシティ構築の成果が，わかりやすく見られる例である．

現在，からりに出荷する農家の会員は500名ほど（旧内子町内の農家の約17％）で，常時430名ほどが農産物や加工品などを出荷している．最近では，からり専業で年収が1,000万円を超える農家も出始めている．来場者数も年間50〜60万人にのぼり，売り上げは約7億円で黒字経営を達成している．

(3) 地域自治活動：石畳地区の取り組み

内子町では，これらの個別課題解決型の事業とともに，地域の自治活動の活発化にも積極的に取り組んでいる．そのひとつが，自治会ごとに10年に一度策定する「地域づくり計画」の取り組みである．これは，旧内子町時代に当時の公民館分館制度のもとで各地域が策定していたものを2005年の合

併後にも引き継いだ取り組みである．各自治会で自分たちの地域課題を検討して今後10年間の地域計画をとりまとめ，その計画に沿った具体的な地域のプロジェクトを企画・実践する．行政は，各自治会に3名の担当職員を置き，町との連絡調整や計画策定のサポートを行うほか，資金面でも，各自治会に住民人数に応じた補助金（平均で1自治会80万円ほど）と，地域づくり計画で設定されたプロジェクトごとに，補助率9/10，最高50万円の事業費（1自治会区における事業数の上限はない）といったサポートを提供している．このあたりにも，行政が地域住民のキャパシティを構築し，自立を積極的に促していく姿勢がうかがえる．

　このような行政がサポートする自治活動を契機として，より地域住民主導の活動を展開してきたのが石畳地区である．石畳地区は，町の中心部から北に約12キロ離れた人口350人程度の山間の小さな集落で，内子町内でも周辺部に位置し，高齢化と過疎化が深刻な課題となっている．石畳自治会でも当然このような課題は認識されていたが，役員任期が持ち回りで2年間と短期であること，自治会の意思決定は公平性や全会一致を原則としていること，などの自治会の特徴が，地域で創造的な取り組みを迅速に行うには不向きである，といった考えが一部の住民の中で共通認識となった．そうして，自治会から独立して地域づくりのプロジェクトを行っていく組織として，石畳に住む若手・中堅の農家や役場職員12名が「石畳を思う会」（以後，思う会）を1987年に結成した．自治会と思う会は相互の交流も活発で，両方の会に参加する住民も多いが，2つの会の長は別々に人選している．現在は，思う会のメンバーも当初の倍以上の25名ほどになっている．

　思う会の代表的取り組みが，石畳の原風景の回復のシンボルとなる水車の建築である．設立当初のメンバー12名が5万円ずつ出資した60万円のみで，行政などからの補助を一切受けずに成功させた（写真3）．その後2つを新たに建設したが，2つ目以降は，地元の若手大工が水車づくりの技術を引き継いで完成させている．これらの水車を活用して1992年から水車祭りを開催しており，毎年1,000人を超える参加者が町内外から訪れている．こちら

も町からの補助は受けていないが，例年140〜150万円の売り上げをあげている．このような地域の景観を守る「村並み保存」の活動は，ほかにも，蛍の観察会や学習会，河川を守るための近自然工法による河岸工事の勉強会やスイス研修，遊休地を活用したそば栽培など，多岐にわたっている．

写真3　石畳地区の水車

さらに，村並み保全を地域の観光振興に活用し，地域経済活性化につなげる取り組みにも特徴がある．例えば，遊休地ではじめたそば栽培について，ここで収穫されたそばを使用したそば屋を，これも地域資源である大きなしだれ桜のそばに開業し新たな観光

写真4　石畳の宿

スポットを創出している．また，地域観光の拠点として，古民家を活用した「石畳の宿」も人気がある（写真4）．これは，町が地域にあった築80年の古民家を現在の場所に移築・リフォームしてオープンしたもので，農村体験で地域を訪れた観光客を中心に，年間1,500名ほどの利用者がある．現在は指定管理者制度でさくらの会が運営を担っており，地元農家の主婦の方々を雇用することで（現在9名），地域の雇用創出にも一役買っている．当初，内子町は，この宿を単なる宿泊施設としてだけではなく，スタッフの新たな起業を支援する研修施設としても位置づけていた．まだ起業者は出ていない

が，宿に併設する建物で，地元の女性が新たにカフェをオープンするなど，住民自身による地域活性化の取り組みは着実に広がっている．

このような石畳地区の成功は，他の自治会にも「自分たちも」というような良い競争意識を与えているとのことで，事実，石畳地区と同じように過疎化に苦しむ立石地区においても，思う会と同様の住民組織「愛鱗会」が結成され，新たな地域活動に取り組んでいる．

(4) 内子町の地域づくり活動の特徴

以上，内子町の特徴的な地域づくり活動について紹介してきた．景観，農業，観光，地域自治と分野はさまざまだが，ここからいくつかの共通の特徴を抽出できるように思われる．まず，どの取り組みにおいても，「人づくり」（＝地域主体のキャパシティ構築）の意識が高いことである．顕著な例は「知的農村塾」だが，ここでは農家自身が考え・行動するためのキャパシティが高められ，単なる農業生産者から6次産業を担う経営者へと成長した例が見られた．そうして成長した人材が，より広い視野をもって地域全体のまちづくりや「生活の質」の改善のために活動する状況が生まれている．ある行政職員へのインタビューでは「知的農村塾の成功から，住民も行政職員も学ぶことが当たり前になった」という指摘があった．事実，石畳地区においても，新しい取り組みを実践する際には，先進地の視察や外部講師の招聘などを積極的に行い知識やスキルを蓄えるとともに，事業の遂行自体も重要な研修の場として位置付けて多くの地域住民を巻き込むことで，個人はもちろん，地域コミュニティ全体のキャパシティを高めることに成功している．

この「人づくり」重視のルーツの一端は，実は内子町役場内部に見ることが出来る．1979年から実に30年間にわたり町長を務めた河内紘一氏は，1982年に策定した第2次内子町振興計画において，地域づくりの3本柱のひとつとして「人づくり」をかかげた（後の2つは，「町並み保全（環境づくり）」と「高次元農業のムラづくり（産業づくり）」）（鈴木2006a）．それ以後，人材育成に関する予算や事業が削られることはほとんどなく，常に各

種研修への参加や国内外の視察が奨励されてきた．そうして得た成果を地域住民と共有する中で，次第に「人づくり」の意識が地域づくり活動に浸透してきたように思われる．事実，筆者らがインタビューした複数の行政職員が，「この時期の「人づくり」への視点が，現在の地域運営に大きな恩恵をもたらしている」と答えてくれた．「人づくりに」対するこのようなスタンスは，現在の町長と役場にも受け継がれており，いわば内子町の文化としてしっかりと根付いている．

次に，住民と行政の良好な関係があげられる．これは筆者らがこれまで行ったインタビューや後述するプロジェクトの中で感じたことだが，内子町では住民と行政職員の距離がとても近い．前述の河内前町長の時代から，住民参加への意識が高く協働型事業も多く行われていることで地道に関係を強化してきたようだ．ここで紹介した地域づくり活動も，多くは行政が主導してはじまったものだが，その際には常に地域住民と相談し，住民の側も良くそれに応えながら共に事業を作り上げていく様子がうかがえる．言い換えれば，住民と行政の間の信頼関係がしっかりと構築されている，といえる．

また，これに関連して，住民との協働事業における，行政の一歩引いた対応も特徴的である（諸富 2010）．行政主導ではじまる事業でも，実践の主な担い手を常に地域住民に据え，職員は住民の主体的な活動を支える側，あるいは活動をコーディネートする側にまわっている．それにより，地域住民の主体性が芽生え，当該事業はもちろん，その後の地域づくり活動においてもリーダー的存在として活躍する人材に育っていく例がみられる．

このように，内子町では，住民や行政職員のキャパシティを構築する環境が整っており，実際の地域づくり活動の中で，具体的な成果もあがっている．それでは，このような「人づくり」の環境が整った地域において，地域住民のエンパワメントはどのような状況にあるのか．現在筆者らが内子町で進めている「地域づくり型温暖化対策プロジェクト」のプロセスの分析から検討してみたい．

3. 地域づくり型温暖化対策プロジェクト

(1) プロジェクトの目的と特徴

これまで見てきたように，内子町では，「人づくり」や「住民参加」「協働」といった言葉で特徴づけられる地域づくり活動が町内のあちこちで見られるようになった．これはすでに内子町の「文化」と呼べるものになりつつあるが，このような素地の上に，新たな取り組みとして2010年秋にスタートしたのが「地域づくり型温暖化対策プロジェクト」である．

内子町は，総合計画において「エコロジータウン内子」をキャッチフレーズとして設定し，環境問題への対応を重点課題のひとつとして位置づけている（内子町2007）．総合計画の実践計画的位置づけの環境基本計画も，地域住民との活発な協議により2008年に策定しており，また，2011年度には，環境政策・温暖化対策を専門に担当する環境政策室も新設された．

本プロジェクトは，端的に言えば，内子町の温暖化防止計画の策定とその推進組織の整備を行うことを目的としたプロジェクトであるが，①より実効的・継続的な活動展開のために，地域経済やコミュニティの活性化に結びつくような地域温暖化対策モデルを検討していること，②そのために，地域住民の主体的な活動と利害関係者間のパートナーシップを重視していること，③単なる議論だけに終わらせないために，小水力発電やバイオマスエネルギーなどの具体的な実践プロジェクトを展開すること，といった特徴を持つ．

(2) プロジェクトの推進体制と実践プロセス

これらのミッションを効果的に運営・実践していくために，環境政策室の職員と町内のNPOスタッフ，町外の学識経験者（エネルギー政策，環境政策，まちづくり，市民参画などの専門家）による運営チームを組織して，プロジェクトの骨格を作りあげてきた．

まず，運営チームは，今回のプロジェクトに活用できそうな地域資源や人

材の発掘に努めた．内子町は総合計画において，持続可能な地域づくりを強く意識したビジョンを設定しており，本プロジェクトでも環境政策室は当初から「環境」を広い視点でとらえていた．そのため，環境分野にとどまらず地域で活躍する人々を広範にさらい，地域づくり型温暖化対策のためのゆるやかなネットワークを形成することを目指した．その結果，上で紹介したプロジェクトの関係者のほか，地元のNPOスタッフ，林業関係者，自治会役員，Iターン者など，さまざまな知識とスキル，興味を持った住民を集めることが出来た．

　2011年度の中盤からは，これらの住民メンバーと運営チームで環境パートナーシップ組織「うちこ未来づくり協議会」(以後，協議会）を立ち上げた．約1年にわたっておおよそ月1回のペースで研究会を開催した．前半は，地域研究で著名な大学教授による講演や討論会，地域資源を再発見するためのワークショップや現地視察などを行い，後半は，それらの地域資源をふまえて，内子町の望ましい将来像を，環境に関する具体的かつ優先的テーマを選定する形でまとめていった（写真5）．ここで選定されたテーマは，現在策定中の温暖化防止計画の骨格をなしている．また，これらの作業を通して，これまで疎遠だった異なる分野・業種間，またIターン者と地元民間の新たな住民間のネットワークも生まれてきた．

　運営チームでは当初から，本プログラムの重要な要素のひとつとして，知的農村塾のような地域住民のトレーニング・プログラムの開催を検討していたが，この間の作業を通して，協議会の中からも「自然エネルギーに関する具体的な事業を検討するための

写真5　うちこ未来づくり協議会でのワークショップの様子

表1 「自然エネルギー学校・うちこ」のテーマと講師

第1回：自然エネルギー概論と太陽光発電（2012年9月2日）
　　　　講師：和田武氏（日本環境学会長）
第2回：小水力発電（2012年10月21日）
　　　　講師：古谷桂信氏（全国小水力利用推進協議会理事）
第3回：バイオマスエネルギー（2012年11月18日）
　　　　講師：大場龍夫氏（株式会社森のエネルギー研究所代表）
第4回：省エネルギー（2012年12月2日）
　　　　講師：宇野勇治氏（愛知産業大学造形学部建築学科准教授）
第5回：全体のまとめ（2013年1月20日）
　　　　講師：豊田陽介氏（特定非営利活動法人気候ネットワーク主任研究員）

情報を学ぶ学習会を行いたい」という声が聞かれるようになった．そこで2012年9月から，「自然エネルギー学校・うちこ」を5回にわたって開催した．各回は，講師による講演とワークショップ（または自由討論会）がセットになっており，講演で情報を得た後すぐに，講師や他のメンバーとじっくりと議論が出来る形になっている．講師は，理論的・専門的な話とより具体的な実践の話のバランスを考えて選定した．参加者は，自然エネルギーの導入例や，個人やコミュニティレベルでも挑戦出来る実践例を学んだ（表1）．

温暖化防止計画の中には，そこで設定された各項目の実践を担保するために，環境や地域づくりに関する具体的なモデル事業を加えることになったが，この自然エネルギー学校での学びが，住民自身がより現実的で実現可能な事業を検討するのに寄与している．現在は，これまでの住民メンバーの意見や協議会での議論をもとに，運営チームで温暖化防止計画の素案を作り上げている状態である．来年度は，協議会と行政の間で，この温暖化防止計画の推進体制を検討し，モデル事業を実践していく段階に入ることになる．

4. 内子町における地域住民のエンパワメントのあり方

　以上，内子町における地域づくり活動について，その特徴と現状を概観し

た．最後に，これらの取り組みについて，「キャパシティ構築」と「エンパワメント」という2つのキーワードから再評価し，内子町におけるエンパワメントの可能性について検討する．

まず，キャパシティ構築については，上で見てきたように，極めてその意識が高く先進的な取り組みが展開されているといえる．筆者らが進める地域づくり型温暖化対策プロジェクトについても，この2年間は，まさに地域住民のキャパシティ構築のための取り組みであった．特に協議会が結成されてからは，多くの研究会やワークショップ，さらに「自然エネルギー学校・うちこ」の開催もあり，参加メンバーの環境（特にエネルギー関連）の知識や地域資源の再確認，メンバー間の新たなネットワークなど，個人やコミュニティとしてのキャパシティは確実に高まっている．それと同時に，このような住民メンバーとの新たなプロジェクトのコーディネートを行い，住民の意見を取りまとめつつ温暖化防止計画を策定している行政側にも，貴重な学びの機会となっている．これまでの地域づくり活動の例にもれず，内子町の文化を活かした活動が展開されている．

それでは，地域住民のエンパワメントについてはどうだろうか．これは，エンパワメントを実現する形をどのように捉えるかによって評価が変わってきそうである．例えば，総合計画のような地域運営のトップレベルの計画策定・実践や予算編成について，地域住民が直接的にかつ継続的に影響を与えるような行政との関係やしくみ[1]を考える場合，この地域づくり型温暖化対策プロジェクトや内子町の他の取り組みが，地域住民のエンパワメントの増大に直接的に寄与しているとは言い難い．ただこれは，内子町の取り組みの限界を示しているのではなく，住民参加の目的やエンパワメントの意味を，町がこのような形では理解していないためである．

内子町の「エンパワメント」はむしろ，本章で紹介したような個別分野の取り組みでもたらされた地域住民の意思や地域資源について，各担当行政職員が誠実に対応して政策化することで町全体の地域運営に反映させる，という形で間接的にもたらされているように思われる．例えば，上述の通り内子

町では各自治会に担当町職員を配置しているが，彼らは現地での会合にただ同席するだけでなく，議論や実践に積極的に参加して，地域住民との信頼関係を構築しつつニーズや意思を吸収し，それをより良い地域運営に活かしてきた．特に，行政と住民の距離が近い中山間地などの小さな町では，このような行政職員を媒介としたしくみも機能しうるのではないか．

このようなしくみの中でも，地域住民やコミュニティのキャパシティ構築がエンパワメントに大きく寄与していると考えることが出来る．上で紹介したように，地域づくり型温暖化対策プロジェクトでは，内子町の温暖化対策の中心的枠組みとなる温暖化防止計画の内容について，自然エネルギー学校で学んだ成果を活かしつつ具体的かつ実践的な活動を提言している．また，「地域づくり」にこだわり，環境分野にとどまらない広範な地域住民のネットワークを構築したため，分野横断的な政策提言も可能にした．つまり，個人の知識面でもコミュニティのネットワーク面でも，キャパシティ構築が温暖化防止計画の質を高めることに貢献しており，それが内子町の温暖化対策における住民のエンパワメント（住民意思の反映）につながっている．

なお，このような間接的なしくみの場合，行政が継続的に優秀な職員を輩出し市民重視の政策を実践していくこと，地域住民と行政の間にしっかりとした信頼関係が根付いていること，といった条件を満たしている必要があると思われる．特に行政職員については，異なる価値観や興味を有する地域住民と真摯に向き合い，住民間や住民と行政の間に信頼と成熟した関係を構築する高いコーディネーター能力を有することが重要になる．その意味では，地域住民やコミュニティのエンパワメントを志向するためには，住民らはもちろん，行政職員や行政組織そのもののキャパシティ構築もまた重要な要素になると考えられる．そして，現在の内子町には，本章で見てきたようにまさにこれらの要素が存在する．

このような間接的な「エンパワメント」を冒頭で紹介した Adamson and Bromiley（2008）の意味するものと同義に捉えることについては，さらなる議論が必要であろう．特に，地域運営の全体的な戦略の方向付けについて

は，このような個別分野からのアプローチでは限界もあると思われる．この意味で，内子町におけるエンパワメントの取り組みは，まだ発展途上であるといえる．ただ，地域住民のエンパワメントの本質は，住民の意思がどれだけ実質的に地域運営に反映されるのか，そしてそのような状態を地域の「文化」として将来に継承していけるのか，にある．単なるしくみにこだわることなく「人づくり」と「地域づくり」に地道に取り組んできた成果が今後さらに町内に浸透し，地域住民が当たり前のように地域運営を議論し，それがまた当たり前のように地域運営の実践に生かされるようになってはじめて，本当の意味でのエンパワメントが内子町で達成されると言えるのではないか．内子町はこれを実現させるための人材，経験，地域資源，組織力などあらゆる「キャパシティ」を備えている．今後の更なる発展に期待したい．

注
1) より直接的なエンパワメントのしくみを構築する挑戦としては，英国の「地域戦略パートナーシップ（LSP）」の例があげられる（的場2009）．また，本書第6章のウェールズでの取り組みも参照．

参考文献
内子町（2007）『町並み，村並み，山並みが美しい，持続的に発展するまち－内子町（内子町総合計画）』内子町．
鈴木茂（2006a）「内子町における地域づくりと観光振興政策(1)」『松山大学論集』18(1), 41-65．
鈴木茂（2006b）「内子町における地域づくりと観光振興政策(2)」『松山大学論集』18(3), pp. 13-33．
平岡俊一・的場信敬・井上芳恵・豊田陽介（2012）「地域づくり型温暖化対策の現状と展開戦略－愛媛県内子町を事例とした考察－」『北海道教育大学紀要（人文科学・社会科学編）』第63巻第1号．
的場信敬（2009）「英国における持続可能な社会形成と地域ガバナンス・システムの構築」，『日本公共政策学会2009年度研究大会報告論文集』，pp. 107-119, (6月)．
諸富徹（2010）『地域再生の新戦略』中央公論新社．
Adamson, D. and Bromiley, R. (2008) *Community empowerment in practice: Lessons from Communities First*, Joseph Rowntree Foundation.

Magis, K. and Shinn, C. (2009) "Emergent Principles of Social Sustainability", In Dillard, J., Dujon, V. and King, M.C. (eds.) *Understanding the Social Dimension of Sustainability*, New York: Routledge.

Manzi, T., Lucas, K., Lloyd-Jones, T. and Allen, J. (2010) "Understanding Social Sustainability: Key Concepts and Developments in Theory and Practice", In Manzi, T., Lucas, K., Lloyd-Jones, T. and Allen, J. (eds.) *Social Sustainability: Communities, Connectivity and the Urban Fabric*, London: Earthscan.

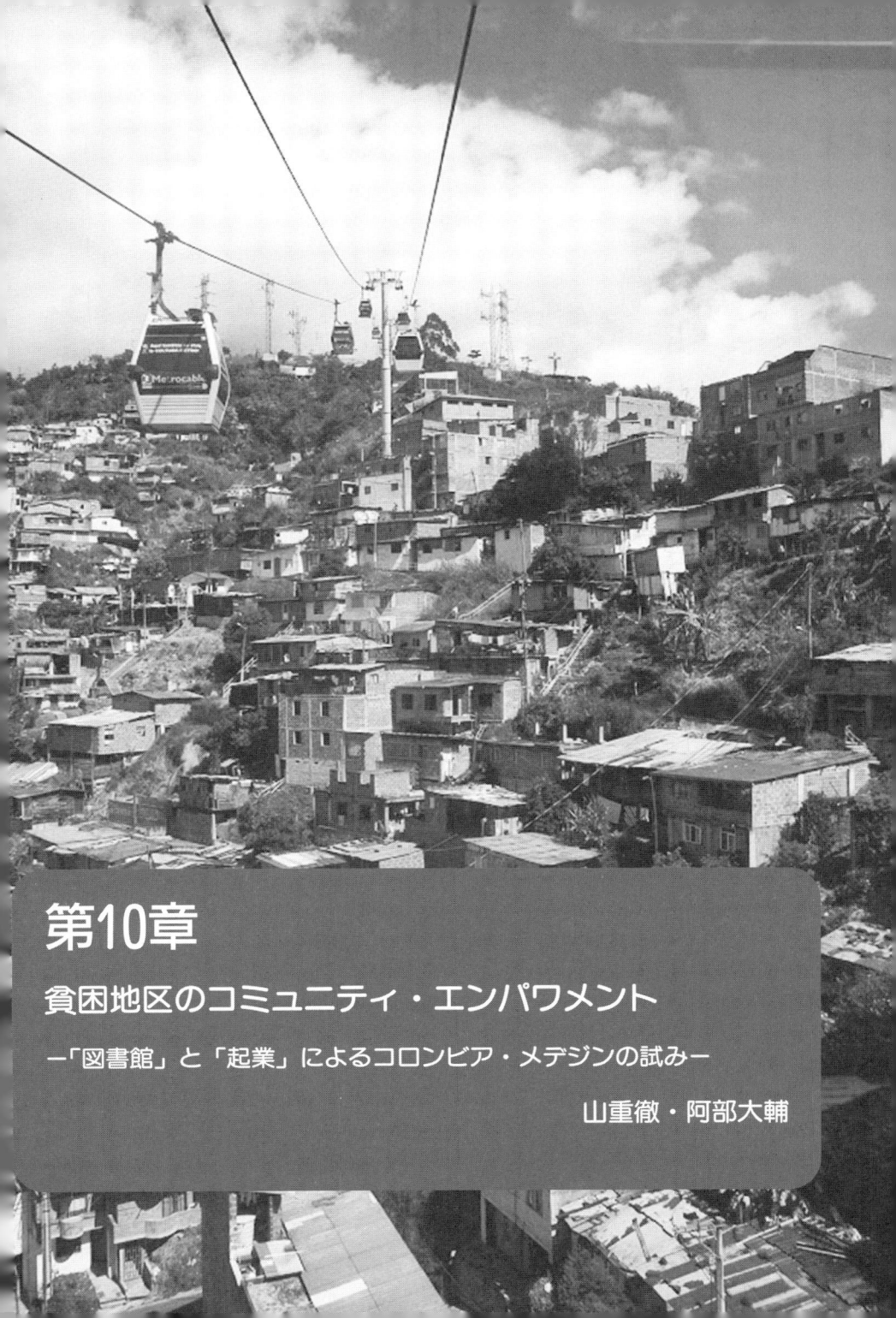

第10章
貧困地区のコミュニティ・エンパワメント
－「図書館」と「起業」によるコロンビア・メデジンの試み－

山重徹・阿部大輔

1. スラム地区の負の連鎖：麻薬と暴力の蔓延

(1) 都市形成の概要

　メデジン市は，コロンビア北西に位置するアンティオキア県の県都であり，人口（約225万人）・経済規模において，首都ボゴタに次ぐコロンビア第2の都市である．約380km²の市域のうち，70％を農村部が占める．コロンビアの中でも特に産業の発達が他市に比べて卓越しており国内の経済を牽引してきた[1]．1930年代にコーヒー産業によって資本を蓄積したアンティオキアの起業家が担い手となって同市に繊維産業を興したことが，産業の発展の契機となった．大規模なスラムが存在することもあり，失業率は14.5％，不完全雇用率は21.5％と高い．

　メデジン市は，アブラー渓谷と呼ばれる，南北にメデジン川が貫く谷状の地形を呈しており，谷の底部には行政・産業等の地区が，その周辺部には住宅市街地が集積している．また，メデジン川に沿って国内唯一の鉄軌道システム（Metro）を有しており，近年，メトロカブレ（Metro Cable）を山裾の東西方向へと拡張することで，周辺部の住民も利用できるようになった．また，昨年からメトロプルス（Metroplús）と呼ばれるバス高速輸送システム（Bus Rapid Transit; BRT）が試運転を開始している．

　また，メデジンの都市部と農村部は，それぞれ16のコムーナ（comuna）と5つのコレヒミエント（corregimiento）と呼ばれる行政区分により構成される．1つのコムーナには「Comuna1」または「Popular」のように，番号と名称の2つの呼び名がある．コレヒミエントに関しては，番号は割り振られておらず，名称のみである．また，それぞれのコムーナは13〜23の居住区を有しており，メデジンには合計で249の居住区が存在する．

　かつて，市街地は底部のメデジン川周辺に存在していたが，人口増加に伴い，南北および東西方向に開発が進んだ．東西方向にある山の急斜面は，地形的にリスクが高く開発には向かないが，移住してきた人々による不法土地

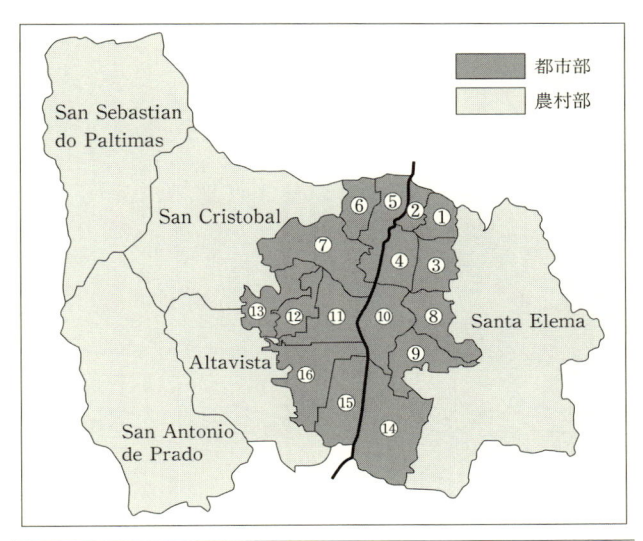

第10章　貧困地区のコミュニティ・エンパワメント

コムーナ	名称	人口	対総人口比 (%)
1	ポプラール（Popular）	131,254	5.84
2	サンタ・クルス（Santa Cruz）	105,889	4.71
3	マンリケ（Manrique）	153,514	6.83
4	アランフエス（Aranjuez）	158,030	7.03
5	カスティージャ（Castilla）	146,796	6.53
6	ドセ・デ・オクトブレ（Doce de Octubre）	190,387	8.47
7	ロブレド（Robledo）	172,813	7.68
8	ビジャ・エルモサ（Villa Hermosa）	140,262	6.24
9	ブエノス・アイレス（Buenos Aires）	134,312	5.97
10	ラ・カンデラリア（La Candelaria）	83,040	3.69
11	ラウレレス・エスタディオ（Laureles-Estadio）	116,535	5.18
12	ラ・アメリカ（La America）	88,040	3.91
13	サン・ハビエル（San Javier）	139,354	6.20
14	エル・ポブラド（El Poblado）	105,149	4.68
15	グアヤバル（Guayabal）	88,456	3.93
16	ベレン（Belen）	194,054	8.63
	総区画（都市部）人口	2,147,893	95.50
	総コレヒミエント（農村部）人口	101,180	4.50

表のデータは2006年のもの．
出所：筆者作成．

図1　メデジンの行政区分（コムーナ）

占拠が進み，現在では，市の周縁部の斜面地にへばりつくようにスラムが形成されている．スラムが形成されている居住区の数は，1992年は70区（37,000戸，185,000人），1994年には87区（45,000戸，202,500人），そして1998年には108区（50,000戸，250,000人）である．また，周縁部ではなく，川沿いの比較的中心部に近い場所にもスラムを確認することができる．

コロンビアにはエストラート（Estratificación）と呼ばれる制度がある．これは，居住者の経済能力に応じて市街地を6つに区分し（6が最上位，1が最下位），それぞれに公共料金の支払額等が異なるという，高所得層が低所得層の公共料金を負担するものである．市の南部と北部で，エストラートはそれぞれ最下位と最上位に区分されており，社会格差が明確な空間分離によっても顕在化していることが認識できる．エストラート6に属するコムーナ14（エル・ポブラード）は，豊かな緑地，歩道を備えた幅員の広い街路の中に高層マンション群が市街地を形成しているが，それとは対照的に，エストラート1および2に属するコム

写真1 社会的隔離が空間に表出するメデジンの景観：低所得者層の居住区（上）と富裕層の居住区（下）

ーナ1（ポプラール）および2（サンタ・クルス）は2階建てのバラック，稠密な街区，未整備のインフラ，道に溢れる粉塵，汚れた河川が日々の生活の舞台となっている．人口密度を比較すると，富裕層の居住区ではおおよそ100人/haであるのに対し，貧困層の居住区では500人/haを超えるところすらある．

(2) スラム形成のメカニズム

メデジンにおけるスラムの形成は，同市が繊維産業の興隆により急激な経済発展を遂げる1930年に端を発する（表1）．市の住宅政策は急激な人口増に追いつけず，貧困層が地理的に不利な土地にスラムを形成し始めた．地区の居住者の由来およびその土地の獲得手段は以下の通りである．

居住者の由来

① 地方から職を求めて離村してきた者
② 内戦の影響で強制移住させられた者：1946年に勃発した内戦は，主に地方において展開された．内戦で暗躍したゲリラや犯罪集団は，活動拠点や麻薬生成地を獲得するために，地方の人々を追い出し，土地の強奪を行った．追い出された人々は故郷を失い，大都市へ移住することを余儀なくされた（この強制移住はDesplazamientoと呼ばれる）．その結果，ボゴタやメデジンといった大都市の人口は爆発的に増加した．
③ 奴隷制の解放により行き場を失った者：1840年に奴隷制が開放された際，経済力および能力を持たない奴隷がそのまま都市に定着したケース．

土地獲得の手段

① 不法土地占拠：土地を無断で占拠し，自

表1 メデジンの人口の推移

年	総人口
1905	53,936
1918	79,146
1928	83,955
1938	168,266
1951	413,933
1964	983,823
1973	1,071,252
1985	1,468,089
1993	1,630,009
2005	2,216,830

助努力で住居を建設する．適切な材料や行程を経ずに建設されるため，その居住環境は劣悪なものがほとんどである．また，不法に土地を占有しているため，土地所有権を持たない．

②不法土地分譲：「不法土地分譲者」（urbanizadores piratas）と呼ばれる，基本的なインフラ整備がなされておらず，ゆえに法的に売却することのできない土地を「海賊的に」売却する業者により，土地の所有権を低価格で不法に購入する．この場合，購入した者は代金を支払っているために不法占拠とみなされないが，所有権自体は不法であるため，公的には認められない．法律では，この土地は不法なため買い手はいつでも支払いを止めることができるが，買い手は住居が必要であり，支払いを止めることによって今までに投資した分までも失うことを恐れているため，基本的には支払いを続ける．

比較的規模の大きな土地をもつ土地所有者は，都市の拡大により当該地域が市街化に取り込まれる際に，利用価値の低い土地を低所得者層に不法に分譲，売却することが多かった．こうして，本来であれば宅地化すべきではな

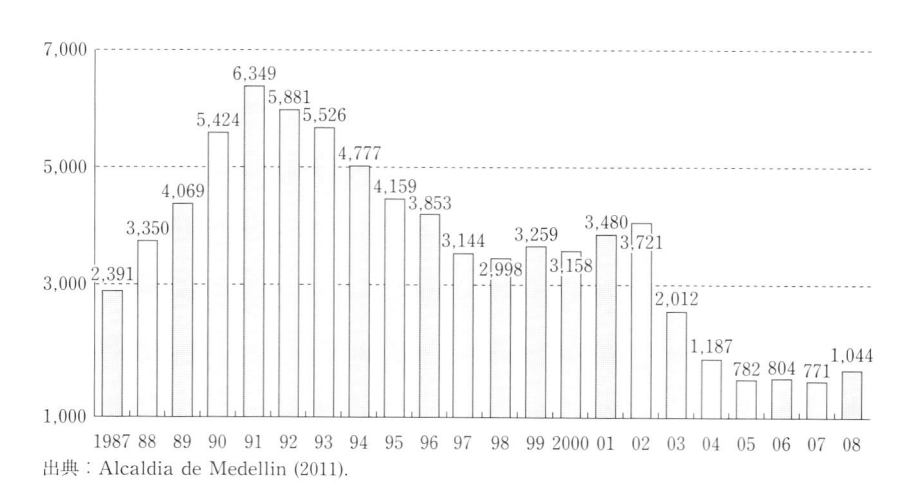

出典：Alcaldía de Medellín (2011)．

図 2 殺人件数の推移

い土地に居住性の低いバラック市街地が散発的に，しかし断続的に発生し，メデジンの都市周縁部はスラムとしての性質を色濃くしていく．

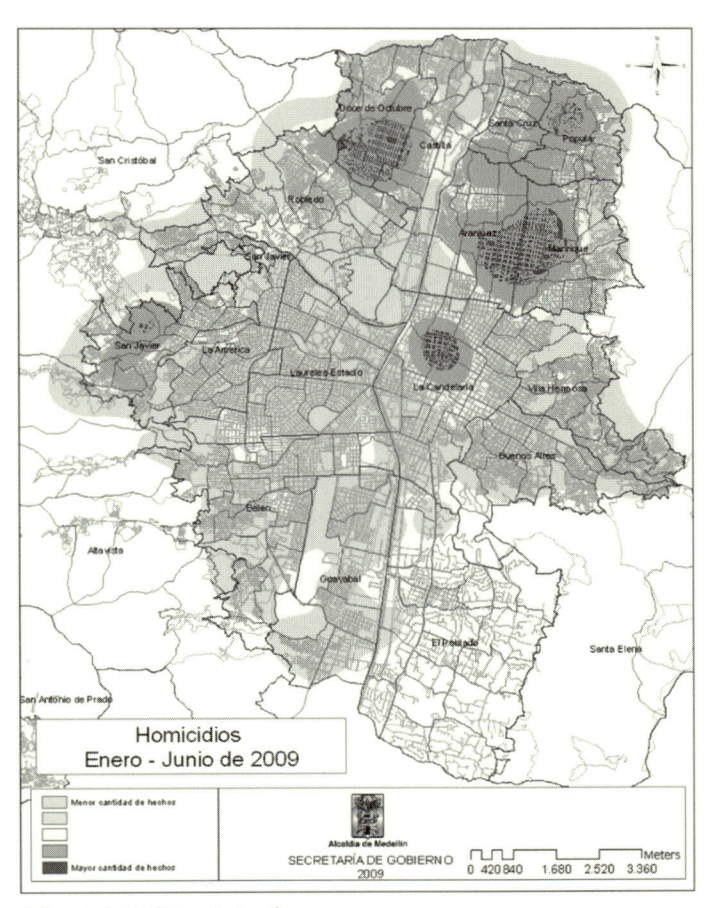

出典：メデジン市ホームページ．
図3　殺人発生現場の分布
　色の濃度が濃い箇所ほど発生率が高いことを示している．殺人率の高い場所は例外なく劣悪な環境化にあるスラム市街地である．

（3） 麻薬の拠点：治安の悪化

1946年に勃発した内戦の混乱に乗じて，1970年代には麻薬王パブロ・エスコバルがメデジン・カルテルを組織する．同組織は市内を舞台に暗殺や強盗・殺人，他組織との抗争に暗躍し，市内はほぼ無政府状態に陥った．1991年には世界で最も高い殺人率（年間の死者数は6,349人）を記録するなど，国際的にも最も治安の悪い都市としてのレッテルが貼られた（図2）．

これらの犯罪集団の温床となっているのがスラムである．市の周縁部に位置しているため行政の目が行き届きにくく，また，公共空間が極めて少ない猥雑な市街地には死角も多く，彼らの隠れ家として好都合であった．また，犯罪集団に加入するのは貧困層の若い男性が圧倒的に多い．学校等の教育施設の不足や経済的な理由から学費を払うことが困難な彼らはそのおよそ21％が教育を受ける機会にも恵まれず，したがって，就業上はそのほとんどが非正規部門，すなわちインフォーマル・セクターへと加入するか，失業状態に陥る．彼らの収入はつねに低く，教育や住宅の修繕へ投資することは稀である．また，彼らが収入を得るために犯罪へと手を染める悪循環も起きうる（サラサール1997）．このようにメデジンでは，地区の空間的特性と経済的特性の両者が構造的に絡み合い，スラム市街地において根深い貧困問題・治安問題として表出している（図4）．

出所：筆者作成．

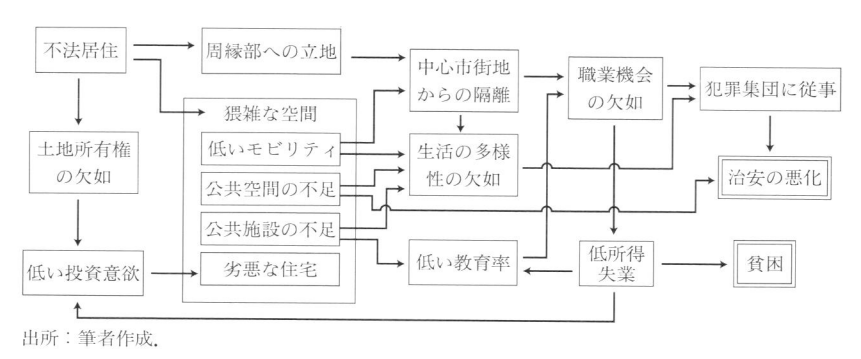

図4　メデジンにおけるスラム問題の構造

2. Medellín, La Más Educada 政策の展開

このようにスラムが都市の健全性を蝕む事態に陥っていたメデジンが再生に動き出すのは1990年代以降である．コロンビアの都市関連法制度が整えられた歴史はまだ浅く，1970年代後半までは社会問題の解決というよりも経済成長を追求する政策が主であった．曲がりなりにも制度が整えられるのは1991年のコロンビア憲法大改正以降である．同改正により，各基礎自治体が都市像を設定し，都市問題に柔軟に対応した計画を策定することが可能となった．その後の関連法の制定により，都市全体の長期的な物的整備方針を盛り込んだ計画として「地域整備計画」(Plan de Ordenamiento Territorial; POT)[2]を，そしてマスタープランとしてのPOTを社会・経済状況を踏まえながら具体的に進めていく戦略を示す「開発計画」(Plan de Desarrollo; PD) を，各基礎自治体が策定していくことが義務となった．

(1) セルヒオ・ファハルド市政における「社会的都市づくり」の推進

メデジンでは，1994年に上述の開発計画PD策定が義務化され，停滞した都市の活性化が図られていく．開発計画は，市長の4年の任期内における都市の開発方針を明記した計画であり，空間の観点だけでなく，都市の社会的側面・経済的側面を含めた総合的な視点から構想を描く，いわば市長のス

表2 歴代のメデジン市開発計画のスローガン

年	市長	スローガン
1994	法律152号制定：開発計画策定の義務化	
1995-1997	セルヒオ・ガブリエル	市民のそばにある都市
1998-2000	フアン・ゴメス	人間味あふれた都市に向けて
2001-2003	ルイス・ペレス	機会に満ちた都市
2004-2007	セルヒオ・ファハルド	最高の市民になるために
2008-2011	アロンソ・サラサール	連携と競争にあふれた都市

出所：筆者作成．

ローガンの実現過程を描いたシナリオである（表2）．それぞれの戦略に基づいて具体的なプログラム・プロジェクトが策定され，予算が充てられ，実行される．

　麻薬に代表される社会問題，未整備のインフラや劣悪な居住環境といった都市問題がそれぞれに連関するという悪循環に陥っていたメデジンが，都市政策の舵を大きく切るのは，セルヒオ・ファハルド（Sergio Fajardo）が市長に就任した2003年以降である．高い失業率や治安の問題は歴代の市制においても最優先課題であり続けた．しかし，ファハルドはインフラ整備や住宅整備といったハードの整備もさることながら，真の都市再生のためには，メデジンに住まう人々の再生が最重要であると認識していた．彼はメデジンの再生政策を"Medellín, la más educada"（メデジン，最高の市民へ向けて）とのスローガンに託した．教育や文化にアクセスする機会，そして就業に必要な能力開発の機会の不足こそが，スラム住民に代表される社会的弱者の存在を都市社会の中に固定化しているという認識がある．2004年に策定された開発計画PDは，それまで政策上軽視されてきたスラム地区に焦点を当て，スラム地区が抱える貧困・格差問題を市全体の社会問題と捉え，明確に政策課題化した（表3）．同計画は，メデジンのスラム地区が抱える貧困，

表3　2004年開発計画の方針とその内容

方針	具体的なアクション
①ガバナンスと参加の都市	(1)市民文化の促進，(2)市民の組織化・参加の促進，(3)透明性と部局の連携，(4)治安と共存
②社会的で包括的な都市	社会的弱者（女性や子供，強制移住者等）の社会サービスへのアクセスの確保．(1)教育，(2)医療，(3)連帯，(4)スポーツとレクリエーション，(5)社会的平等
③すべての市民が出会う場所	社会・経済活動が展開される空間の整備．(1)再生プランの実施，(2)公共空間の整備，(3)住宅の整備，(4)交通体系の整備，(5)環境整備
④生産的・競争的・支援的な都市	市民の生活の質の向上を目的に，起業家精神の醸成を通した内発的な経済的な発展の促進．(1)起業文化の促進，(2)経済開発と強化．
⑤地域と世界の交わる都市	アンティオキア州とメデジン市の連携および国際社会との連携

出所：Alcaldía de Medellín, Plan de Desarrollo, 2004より作成．

格差問題をメデジン全体の社会問題として真正面から捉え，後述するPUIやCEDEZOと呼ばれる独自のスラム地区再生プログラムを実施した点で，これまでの開発計画とは一線を画する（山重 2012）．

ファハルド市政下で推進された都市政策は，社会的なアプローチを重視したアーバンデザインやまちづくりを基盤としており，「社会的都市づくり」（Urbanismo Social）と呼ばれた．メデジンでソーシャルな課題と言えば，スラム住民の教育文化レベルの低さであり，それに起因する就業のインフォーマル化・地区の治安の悪化であり，それらが絡み合った貧困層の再生産という悪循環であった．そうした問題は，従来の物的環境整備だけでは解決できず，改善事業に並行して社会的包摂プログラムも進めていくことが重視されたのである．

(2) スラム再生の都市計画的手法

2004年の開発計画の実現を支えるツールとして位置づけられたのが都市統合事業（Proyectos Urbanos Integrales: PUI）である．PUIは疲弊したスラム市街地の再生に向けて，主に公共空間の整備，低廉住宅の整備を主眼とする空間整備を，住民参加を通して実現していく手法である（表4）．その実施を一元的に管理する市の組織として，EDU（Empresa de Desarrollo Urbano）と呼ばれる開発公社が2002年に設立された．ちなみにEDUはメデジンの再生を推進した象徴的な組織であり，組織内の3部局のひとつに，

表4　PUIの構成要素

PUIの構成要素		アクション
機関的要素	連携	機関間連携 部署間連携
社会的要素	住民参加および コミュニケーション	識別 活性化 参加 教育
物的要素	公共空間と モビリティ	公共空間の創出 公共空間の改善 モビリティの確保
	公共施設	公共施設の創出 公共施設の改善
	住宅	住宅の建設 住宅の改善 土地所有権の正規化
	自然環境	災害リスクの緩和

住民との緊密な関係性を構築しコミュニケーションを図るコミュニティ部局を設けるなど，社会的に排除されてきたスラムの住民との接触に細心の注意を払ってきた．

PUIでは事業の目的を，「市内の脆弱な地区に対して全ての資源を投入し，物的な再生を通して，コミュニティの活性化など社会的な再生を図る．そして，居住者の生活の質を向上させる」と設定しており，スラム地区における物的整備だけでなく，それを通したスラム地区住民の社会再生が着地点として認識されている．

(3) 雇用創出の新たなアプローチ：起業を支援するCEDEZO

ファハルド市長の政策の中で，PUIに基づく空間の再整備事業とともに，持続可能な都市づくりの両輪に位置づけられたのが雇用創出を軸とする社会的包摂プログラムで，その拠点となったのが「起業育成促進センター」（Centros de Desarrollo Empresarial Zonal）であり，頭文字をとった略称でCEDEZOと呼ばれている．

CEDEZOは表1で示した方針④における「起業家文化醸成プログラム」（Cultura E）の一環として整備された．その目的に「スラム地区における起業家の輩出を通して，ローカルな経済開発を刺激し，同時にスラム地区居住者の社会的なつながりを強化し，最終的に生活の質の向上を図る」ことを掲げている．地区の住民の中から新規事業者を発掘するために，ビジネス開発のための様々な支援を行なう拠点である．

設立の背景には，1980年代から続く不況および根強いインフォーマル・セクターの存在，高い失業率といった社会問題に対する危機感があった．特に，人も経済も物的環境も著しく衰退しているスラム地区では，①若い世代や女性，高齢の人々が職を得る機会が少ないこと，②インフォーマル・セクターが市場に入り込もうとすると競争に負けて生き残れないこと，の2点が問題視された．

スラム住民を長期的に支援して正規の雇用を生み出すことを目的に打ち出

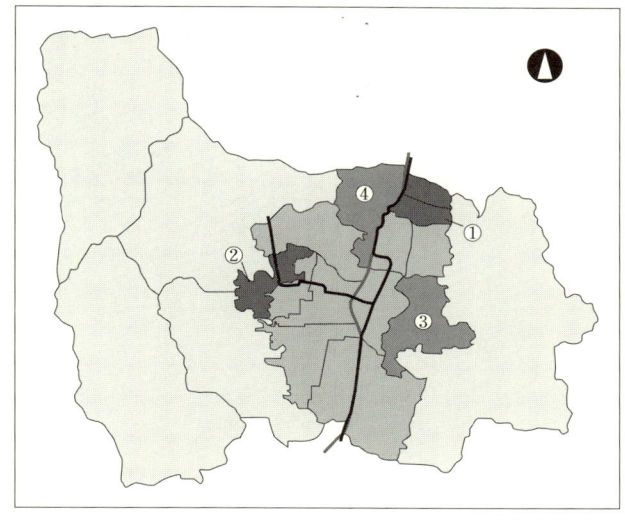

第10章 貧困地区のコミュニティ・エンパワメント

図注番号	1	2	3	4
開発計画	2004年度	2004年度	2008年度	2008年度
PUI名	北東地区	コムーナ13	東部地区	北西地区
対象コムーナ	1, 2	13	8, 9	5, 6
整備域(Ha)	160.27	450.8	1203.78	993.33
受益者人口(千人)	230	135	268	350
予算(百万ドル)	223	111	111	57

図5　PUIの実施された場所および規模

されたのがCultura Eであった．CEDEZOは，このCultura Eを展開するセンターとして構想，建設され，起業支援拠点として機能している．拠点としてのCEDEZOは，マイクロクレジットを行う公的機関である「機会提供バンク」（Banco de las Oportunidades），ビジネス支援のためのマイクロクレジットを行っている計20行の銀行から構成される「マイクロクレジット・ネットワーク」，実際に起業した住民が各々の商品およびビジネスアイデア

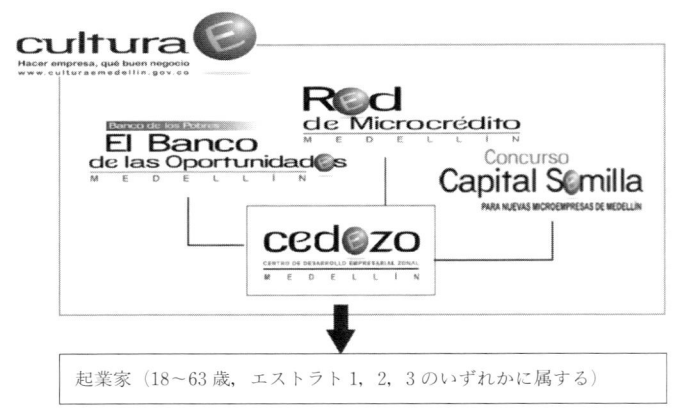

図 6　CEDEZO の機能

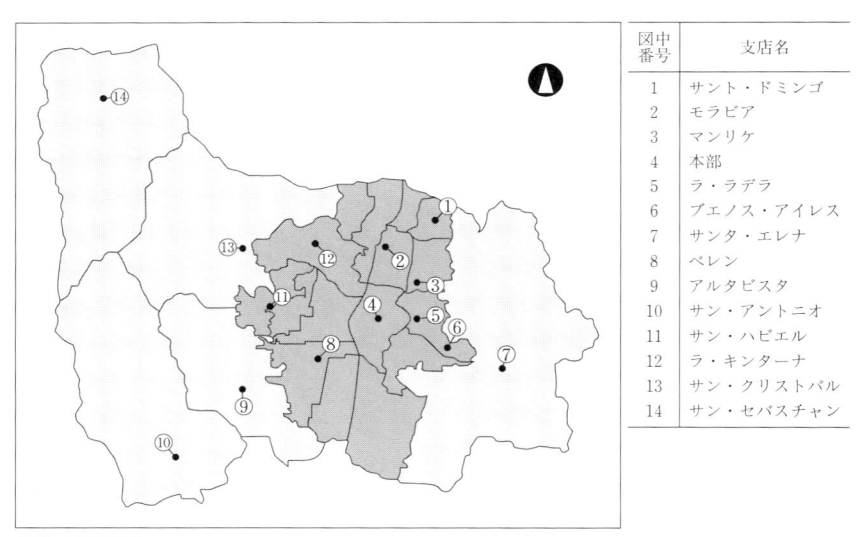

図 7　CEDEZO の分布

図中番号	支店名
1	サント・ドミンゴ
2	モラビア
3	マンリケ
4	本部
5	ラ・ラデラ
6	ブエノス・アイレス
7	サンタ・エレナ
8	ベレン
9	アルタビスタ
10	サン・アントニオ
11	サン・ハビエル
12	ラ・キンターナ
13	サン・クリストバル
14	サン・セバスチャン

出所：筆者作成．

を持ち寄って行われる年に一度の「シードキャピタル・コンペ」の3つのサービスを，個人のニーズに合わせながら提供する場である．CEDEZO には利用者の要望を聞くために決まった職員が常駐している．

第10章　貧困地区のコミュニティ・エンパワメント　　237

　CEDEZO は，スラムの住民にとって，これら「Cultura E」の窓口として機能している．CEDEZO は，2005年サント・ドミンゴ支店が建設されたのを皮切りに次々と市内に設置された．2012年現在では，1つの本部と13の支店の計14箇所設置されている（図7）．そして，本部を除きその全てが周縁部のスラム地区，またはコレヒミエントに存在している．

　以下，ファハルド市政の両輪をなした「教育施設と公共空間を軸とする空間整備」と「持続的な雇用創出サイクルを目指した社会的包摂プログラム」がどのように統合的に実施され，地区のソーシャル・サステイナビリティの向上に寄与したかを見ていく．

3. 公園図書館プロジェクトによる疲弊地区の「モニュメント化」

　2004年の開発計画 PD において，スラム改善のパイロット事業の対象となったのが「北東地区」および「コムーナ13」の2地区であった．麻薬王エスコバルが君臨していた時代から，両地区は犯罪集団の巣窟であり，犯罪率は市内の中でも特に高い値を示してきた．

　しかし，北東地区には2004年，すでにメデジン川沿いに整備されていた公共交通システム（メトロ）のアセベド駅（Acevedo）から，地区の中央を東西に貫くようにメトロカブレ（Metro Cable）と呼ばれるケーブルカーが通された．コムーナ1の中心的なコミュニティであり長らく治安の悪化が社会問題化していたサント・ドミンゴ地区に駅が設けられ，スラムの住民の「足」となる貴重な交通機関として機能している（写真2）．ま

写真2　スラムに導入されたケーブルカー
　　　　（サント・ドミンゴ地区）（筆者撮影）

た，市の北西に広がるコムーナ13においても，2008年から同様にケーブルカーが導入され，中心市街地とスラム市街地の接続が図られている．

PUIは「社会的都市づくり」理念に基づき，公共空間の整備を通して社会再生を図るというものであったが，その根幹をなしたのが公園図書館プロジェクト（Parque-Biblioteca）であった．これは，空間的・社会的に疎外されてきたスラムの住民が歴史的に文化施設に触れる機会が稀少であったことを踏まえ，「最も貧しい場所に，最も美しいものを」という考えのもと，優れたデザインの図書館を埋め込み，隣接して質の高い公共空間を整備することによって，図書館の機能に加えて地区内に不足していた住民が憩える公園的な空間を産み落とす意図がある．合計5つの公園図書館が，いずれも疲弊したスラム地区に戦略的に配置されている．内藤廣氏が設計したベレン図書館（Belén）もこのプロジェクトの一環に位置づけられている．また，CEDEZOも，公園図書館の立地を踏まえながら，その近傍に建設されていることが多い．

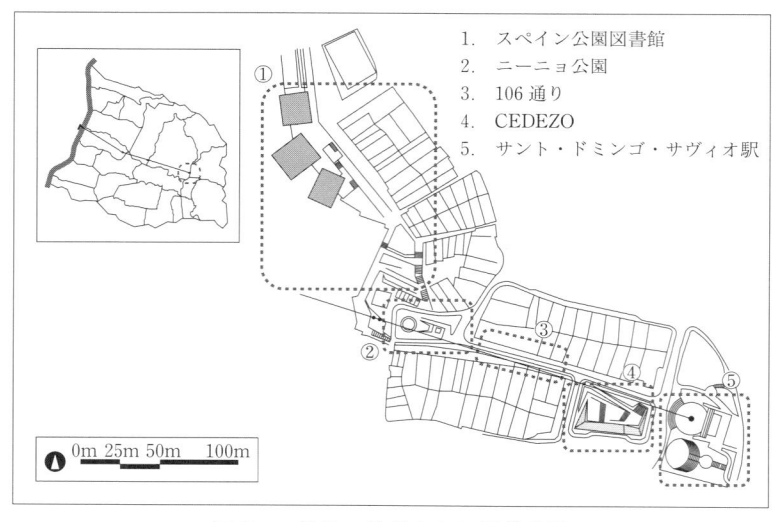

1. スペイン公園図書館
2. ニーニョ公園
3. 106通り
4. CEDEZO
5. サント・ドミンゴ・サヴィオ駅

図8　一体的に整備された駅前広場

第10章　貧困地区のコミュニティ・エンパワメント

（1）　北東地区

メトロカブレが整備された後，スペイン公園図書館が建設され，図書館からケーブルカーの駅に続くニーニョ公園，106通り，そしてCEDEZOが線的に整備された．スペイン公園図書館（Parque Biblioteca España）は，7階建ての直方体の形をした図書館が並ぶ構造となっており，もともと住宅地であった崖の上に建設されている．「公園」図書館の名の通り，その隣接した敷地には広場・公園が広がっており，周辺の通りを含めて一体的に整備された．図書館自体の敷地面積は5,000m^{2}であり，公園の面積は15,000m^{2}である．スペイン公園図書館の内部には，コンピュータールームや音楽ホール，コミュニティスペース，子供の遊び場，保育所等が入っており，周辺地域に住む人々の貴重な活動場所となっている（写真3，4）．

写真3　スペイン公園図書館（筆者撮影）

写真4　図書館の中にもうけられたパソコン・ルームで自習する小学生たち（左）と図書館の近傍に整備された広場（右）（筆者撮影）

（2）　コムーナ13

コムーナ13の玄関口であるサン・ハビエル駅周辺は計画的に開発された地区であり，整った街区が特徴である．しかし，コムーナ13は急斜面地に

写真5 整備された大通り

写真6 サン・ハビエル公園図書館

スラムが広がっており、また、スラム地区と駅周辺の境界では、道が入り組み不連続であり、中心部と周縁部で空間的・社会的な隔離が発生している。当地区のPUIでは、まずサン・ハビエル公園図書館（Sant Javier）が駅と直結して建設され、駅および図書館を中心にして、周縁部のスラム内へと続く線的空間が三方に広がるように創出されている。また、同時にスラム内にコミュニティセンターやレクリエーション広場をはじめとする公共施設が整備された。図書館の建設された地が、元は刑務所であったことも特筆すべきであろう。地区の絶望の象徴であった刑務所を、希望の象徴へと変え、スラム地区から駅へと続く動線が整備することにより、住民は気軽に中心部へとアクセスできるようになった（写真5，6）。

このように、PUIに基づく「社会的都市づくり」の空間の面から見た戦略とは、「フォーマルな」中心市街地と「インフォーマルな」スラム地区をまずはケーブルカーで接続し、荒廃したスラムの重要なコミュニティ（サント・ドミンゴやサン・ハビエル）に駅を設けるとともに、そこからのアクセスを考慮した立地に社会再生の象徴である図書館を建設し、その周辺に住民が気軽に集まり憩うことのできる公共空間を整備することで、当該地域を住民の社会的な交流が生まれる拠点へと転じることであった。公園図書館とい

う奇妙な響きの空間は，疎外されたスラムが社会的に持続性を回復していく際の，まさに「モニュメント」として機能しているのである．

4. 起業の文化を醸成する：コミュニティのエンパワメント

　もちろん，スラム住民のエンパワメントは，歴代の市長にとって大きな課題として認識されてきた．例えば，CEDEZO のような低所得者層への経済的な支援プログラムは，2004 年以前から存在していた．しかし，拠点となるべき施設のいずれもが CEDEZO のように居住区内ではなく，都心部に設置されていた．スラム住民は，サービスを利用するためにわざわざ都心へ行く必要があった．ケーブルカーは当時存在せず，就業支援施設はスラム住民に対してほとんど有効には使用されなかったのである（山重 2012）．そこで，そうした経緯を踏まえ，2004 年からは雇用創出の拠点を需要者の多くが住むスラム地区内に，人が集まりやすい地点に戦略的に設置した．スラム住民の生活圏内に拠点が存在することは，利用者が気軽に立ち寄れるだけでなく，運営者側が地区のニーズを詳細に把握できるという利点を持つ．

(1) サント・ドミンゴ支店

　北東地区を管轄とするサント・ドミンゴ支店（写真 7）は，サント・ドミンゴ・サビオ駅を降りると目の前に立地しており，施設は公園も有しているために存在を認識しやすく，空間的にも開放的な構造となっている．また，CEDEZO の前には 106 通りが通っており，ニーニョ公園，

写真 7 サント・ドミンゴ支店

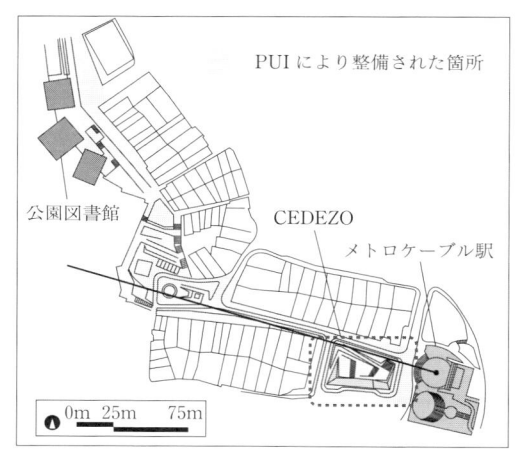

図9　CEDEZOの位置

スペイン公園図書館等へのアクセシビリティもよい．同施設は2005年，PUIによるサント・ドミンゴ・サビオ駅周辺の一体的な空間整備によって建設された．2008年から2011年末までに1,664人がCEDEZOに登録している．

(2)　コムーナ13支店

CEDEZOコムーナ13支店（写真8）は2006年，PUIの開始に合わせて公園図書館とともに建設され，同年より運営を開始している．そのすぐ北には，コムーナ13のメインストリートである99通りが走る．PUIによって整備された駅周辺区域一体は，同コムーナの中心地としての賑わいをみせており，CEDEZOの戦略的配置もその一端を担っている．2009年から2011年末までに718人がCEDEZOを利用した．

CEDEZOには，運営者である市の職員が3，4名常駐している．彼らは，CEDEZOへサービスを受けにきた起業家と長期的に相談に乗り，事業を作り上げていく．また，起業家の家へも定期的に訪問を行い，事業の様子を把握する．このように，運営者側が能動的に起業家へ関わっていくことにより，それま

写真8　サン・ハビエル支店

第10章 貧困地区のコミュニティ・エンパワメント 243

で市の政策から隔離され，深刻な対立が生まれていた地区住民との信頼関係の構築を図るのである．CEDEZO の利用者で，Cultura E の様々なサービスを通して革製品の製造/卸売り事業を興した起業家を例に取ると，政策が行われるまでは失業中であったが，現在では同地区住民から従業員を 7 人雇えるまでに成長し，CEDEZO 職員のことをパートナーとまで言及している．このように CEDEZO は，起業家との関係に着目すると，雇用創出だけでなく，崩れていた行政との信頼回復という機能を果たしているのである．

起業家以外の住民との関係に対して，CEDEZO はどのような役割を担っているのだ

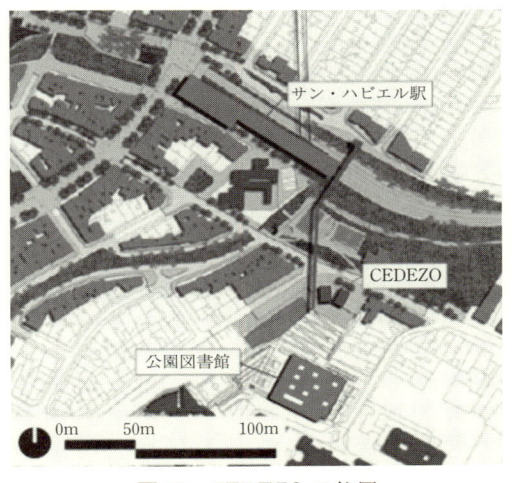

図 10 CEDEZO の位置

写真 9 起業家

ろうか．まず，毎週のスケジュールの中に，同施設の部屋をあらゆる地区住民に対して開放している．そこでは，例えば裁縫教室等のような日常生活に役立つ技術講習を提供しているのである．大学や専門学校から講師を招き入れ，住民はその講習を任意で，無料で受講することができる．同講習により，住民同士のコミュニケーションが図られるだけでなく，自らの手で作成した作品を店舗に売ったり，実際に CEDEZO から本格的なサポートを受けるよ

写真10 フリーマーケットの様子

うになったりするケースが見られる．また，当該CEDEZO支店において輩出された起業家の商品や活動内容を展示するイベントも不定期に行われている．地区住民同士との交流を通し，起業家側としては自身のビジネスのプロモーションの機会になると同時に，住民側としてはどのような起業家が自身のコミュニティにいるのか，また，そもそもCEDEZOがどのような機関なのかを知る貴重な場として機能している．フリーマーケットが開催される空間は，北東地区の事例で言うと，サント・ドミンゴ・サビオ駅から106通り，CEDEZO前の公園，ニーニョ公園にかけて行われる．このように，他の事例でも同様に，CEDEZOによるイベントは，PUIによって整備された，コムーナの中心となるエリアにて行われるのである．これは，上記のような住民同士の交流という機能以外にも，「市によって新しく整備された空間が，地区の中心としての働きをもっている」という，地区のある種のアイデンティティを醸成する機能を有していることが示唆される．

5. 空間整備と雇用創出の統合的アプローチ

メデジンのスラム住民は，政策が行なわれる以前は市の中心市街地に降りていくことを「メデジンに行く」と言っていた．すなわち，市内に住んでいるにもかかわらず，彼らには「メデジン市民である」という自覚がなかったのである．それは，中心市街地からの空間的な隔離以上に，教育機会の不足，文化施設の欠如，雇用機会の不均等といった社会格差がスラム住民の心に隔離を生み出していたからに他ならない．それが，住民の生き方の選択肢を限

りなく狭め，結果として麻薬や暴力に手を染めてしまい，それがまた次世代へ継承されてしまうという貧困の連鎖に陥っていた．そのような背景があるメデジンのスラム地区においては，住環境改善だけの対策はあくまで化粧直しが進んだことにしかならない．Medellín, La Más Educada 政策は，彼らが自力で暮らしていけるだけの選択肢を広げ，希望を感じながら自らを磨いていく「エンパワメント」を後押しした．

　公園図書館に代表される，優れたデザインの，公共性の高い空間を整備することによって，スラムに社会再生の象徴を生み出した．そして，そこに雇用創出の拠点である CEDEZO を整備することによって，地区内における持続的な雇用の創出および収入の増加を実現し，スラム住民の生活の質の向上に貢献した．CEDEZO の意義は，雇用創出のみに限定されるものではない．市の職員がそこに常駐し，長期的に起業家と付き合っていくこと，また施設の開放や周辺空間においてフリーマーケットを定期的に行なっていくことで，住民のエンパワメント，そして再生拠点としての拠点性の強化を実現している．すなわち，スラム住民に生き方の多様性を提供することで，彼らの「市民性」を回復し，社会的包摂を試みた．「雇われる」側から「雇う」側へ．メデジンの経験は，社会的に衰退した地域における就業概念の再考の必要性を示している．

注
1) コロンビア経済の中心は 20 世紀中盤まではコーヒーの生産であり，1830 年代から，東部サンタンデール地方およびボゴタ周辺のクンディナマルカ地方を中心に発展していたが，アンティオキア地方の開拓が進むにつれて，栽培地域が飛躍的に拡大した．このようなアンデス山麓におけるコーヒー産業の発展とともに，サンタマルタ，カルタヘーナ，バランキージャ等の主要輸出港と鉄道建設によって接続され，メデジン市をはじめ地域経済発展が促進された．
2) 対象都市の長期的な物的整備方針を示した計画である．その内容は，都市全体の整備方針を記した総括編と具体的な計画を盛り込んだ都市地域編および周辺地域編により構成される．8 種類にゾーニングされた土地利用計画に基づいて作成される．計画は，広域な範囲を扱う「特別計画」，街区単位の詳細な計画である「部分計画」，そして戦略のみを示し，具体的な内容は開発計画の裁量に委ねる

「都市統合アクション」により構成される．地域整備計画 POT の計画期間は 9 年間とされており，現在，約 99% の地方自治体が策定済みである．

参考文献

阿部大輔・山重徹（2012）「貧困地区のコミュニティ・エンパワーメント：メデシン市地区企業支援センター CEDEZO と公園図書館」（アーバンデザインセンター研究会編）『アーバンデザインセンター　開かれたまちづくりの場』理工図書，pp. 169-172.

アロンソ・サラサール（1997）『暴力の子供たち－コロンビアの少年ギャング』朝日選書．

東京大学都市持続再生研究センター（2013）（阿部大輔・Nelcy Echeverría 編）"Governing the Informality in Bogotá and Medellín", *Sustainable Urban Regeneration*, Vol. 29.

幡谷則子（1986）「ラテンアメリカにおける「都市インフォーマル・セクター論」」『アジア経済』27(12), 45-65.

山重徹（2012）「メデジン市におけるスラム地区再生手法に関する研究－空間再生と雇用創出の視点から」，2011 年東京大学大学院工学系研究科都市工学専攻修士論文．

Alcaldía de Medellín (2009) *Medellín. Transformación de una ciudad*.

Michel Hermelin Arbaux *et al*. (eds.) (2010) *Medellín. Medio Ambiente, Urbanismo, Sociedad*. Medellín: Universidad Eafit.

Carolina Blanco and Hidetsugu Kobayashi (2009)「コロンビアにおける区画整理の適用：PUI を通じた市街地環境整備への対応」，日本建築学会技術報告集，Vol. 15, No. 31, pp. 887-892.

Carolina Blanco and Hidetsugu Kobayashi (2009) "Urban transormation in slum districts through public space generation and cable transformation at Northeastern area: Medellin, Colombia", *Journal of International Social Research*, Vols. 2, No. 8, pp. 75-90.

Torres Tovar and Carlos Alberto (2009) *Ciudad informal colombiana. Barrios construidos por la gente*, Bogotá: Universidad Nacional de Colombia.

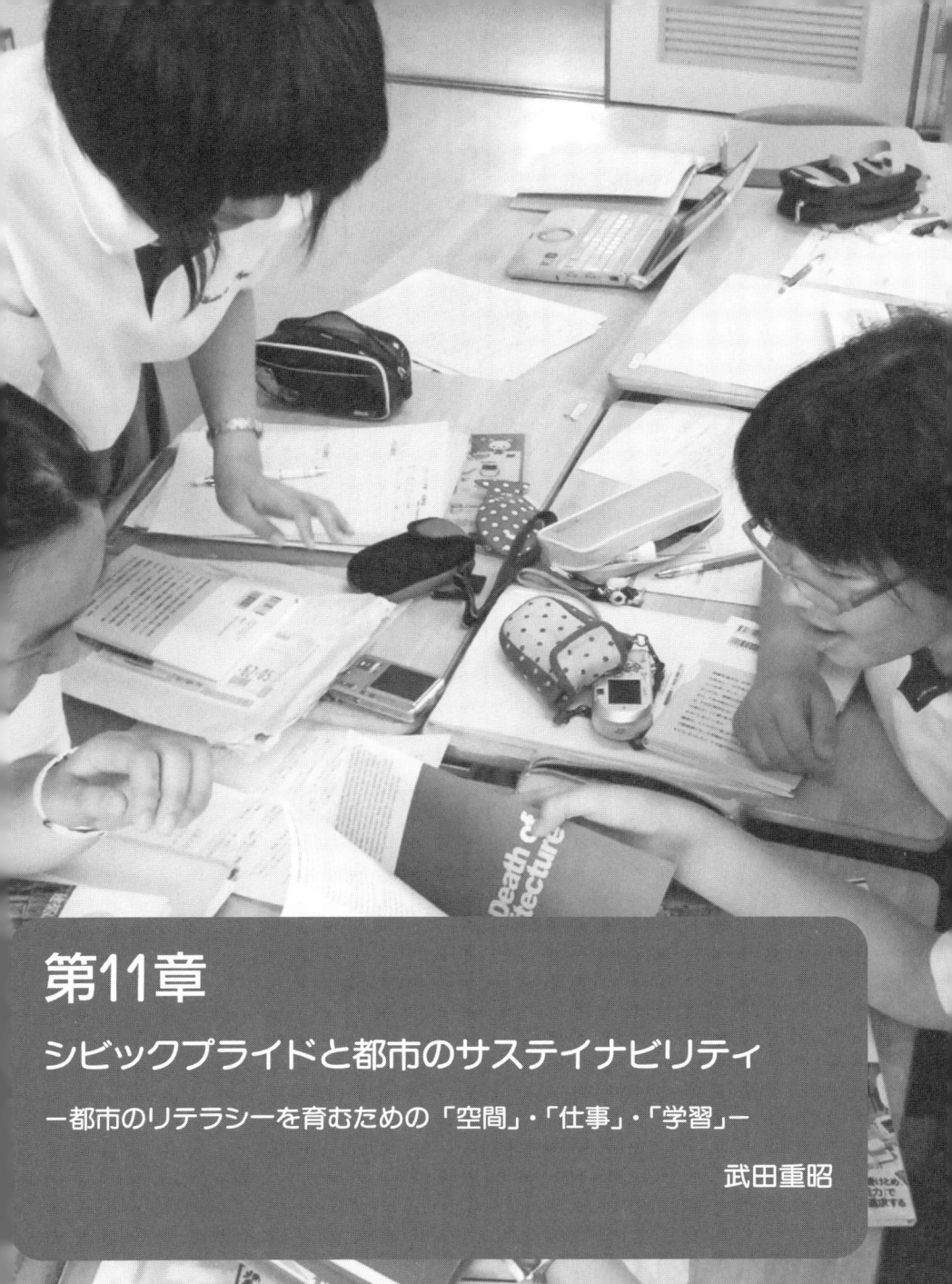

第11章
シビックプライドと都市のサステイナビリティ
―都市のリテラシーを育むための「空間」・「仕事」・「学習」―

武田重昭

1. なぜシビックプライドが必要か

(1) シビックプライドとは何か

　市民が都市に対してもつ自負心や誇りのことをシビックプライドという．日本で言う郷土愛や愛郷心とは少しニュアンスが異なり，自分の出生や育った環境とは直接的に関係がない都市に対しても持ち得る感情で，自分はこの都市の一部であり，ここをより良い場所にするために関わっているのだという，ある種の当事者意識に基づくものである．したがって，単に都市を愛でたり，楽しんだりするための対外的な環境として捉えるのではなく，自らの生活や人生と不可分な存在として捉え，自分自身も都市を構成する要素の1つであり，その成り立ちに主体的に関わっているのだというアクティブな感覚を伴うものであると言える．

　シビックプライドは，狭義には住み，働き，学ぶと言ったそこに暮らす人たちがその都市に対して持つ誇りのことである．しかし，私たちははじめて訪れた都市であっても，例えば目抜き通りを歩くだけで，歴史や経済の背景を全く知らなくとも，その都市の状況を敏感に感じ取り，リアルな印象を持つことができる．そして，好きや嫌いといった感覚はもとより，また訪れてみたいとか，ここに住んでみたいとか，この都市でなら何か新しい人生の希望が開けそうだといった，生きる心地の感覚を都市に抱く．シビックプライドは，広義にはこのような都市への愛着を含むものと考えることもでき，そこでの暮らしに直接的に関与しない観光者や来訪者に対しても伝達可能な感覚である．

(2) シビックプライドが求められる背景

　このようなシビックプライドが注目されるのには，都市の再生が大きな課題となっているという社会背景がある．これまでの拡大成長の時代には，それぞれの都市には，ある種の固定的かつ発展的なイメージがあって，人々は

第11章　シビックプライドと都市のサステイナビリティ

そのイメージを信じて生きて行くことができた．この都市は工業都市だとか，このまちはベッドタウンだとかいう普遍的な都市のイメージを共有することがごく自然であった．しかし，産業構造の転換や人口減少社会への移行など，社会構造の大きな変化にともなって，都市の再生が叫ばれるようになると，都市がそれまで築いてきたそれぞれのイメージも大きく転換が迫られるようになっている．

　シビックプライドの概念がはじめて重要視されたのは，産業革命期のイギリスであるとされる．市民階級が力を持ちはじめることで，市民が自らの手で都市をつくっていくというプライドが芽生えた．道路や橋といったインフラとあわせて，市庁舎や音楽ホールなど，競うようにして建てられた都市の繁栄を誇示する建築物は，当時の市民にとってのシビックプライドの象徴であった．これらの建築物は，それぞれの都市の特徴的なイメージを築きあげ，都市に流入する多様な人々に対するシンボルとして機能した．さらにシビックプライドの形成は，都市間競争の激化に伴ってますます強化されていった．

　このような状況から1世紀を経た現在，社会状況の変化に伴う都市再生の潮流のなかで，再びシビックプライドを喚起することが求められている．都市の基盤が十分に整備され，インフラも建物もその量的な充足が満たされたなかで，それぞれの都市は産業革命期とは違った方法で都市のイメージを再構築し，その魅力を市民に伝えていかなければならない．また，グローバリゼーションの進展に伴い，近隣都市との競争だけではなく，その都市の持つ独自の魅力を世界に向けて情報発信しながら，存在意義を示し，勝ち抜いて行くことも求められている．表層的な情報の操作だけの都市ブランディングやキャンペーンでは，もはや観光客を呼び込み続けることも，都市の魅力を保持し続けることも難しくなってきている．一方向的な消費型の情報発信ではなく，循環型・持続可能型の都市の魅力づくりにつながる本質的な付加価値化が必要である．シビックプライドの必要性は，このような状況に呼応するものであると言える．

(3) シビックプライドと都市のサステイナビリティ

　都市の持続的な魅力や活力のためには，そこに住み，働き，暮らす人たちの日常的な都市への関わりが不可欠である．シビックプライドに訴える都市戦略の考え方は，これまでのような都市の魅力を対外的に発信するキャンペーンの手法をやめ，そこに暮らす市民に向けて都市の本質的な価値を問いかけるコミュニケーションを行うことで，市民にあらたな誇りや自負心を芽生えさせ，それに依拠する魅力や活力を育んでいこうとするものである．さらに，都市ブランディングの視点からは，そのような市民に向けられた施策が外部から眺められた時に，その都市に暮らす人たちのことが羨ましく映ることが重要である．外からの目線にも配慮したプロモーションを行うことで，そこに暮らす人以外にも，そこに行ってみたい，住んでみたいと思ってもらえるような，その都市に対するシビックプライドを目覚めさせ，来訪者や流入人口の増加といったインバウンドにつなげることも意図するものである．

　このようなシビックプライドを醸成する取り組みは，都市のサステイナビリティにおいても重要な役割を果たす．狭義のシビックプライドであるそこに暮らす人々の都市に対する誇りや自負心は，彼らの行動と都市の成り立ちとの関係性を強める．市民1人ひとりの都市に対する責任ある行動は，都市の持続可能性において何よりの原動力となるはずである．また，産業革命期の市民階級の台頭とは違った形で，市民主体のまちづくりが求められる社会背景のなか，自らの都市を自らが主体的にマネジメントして行こうという自治の精神や自律的な都市への働きかけは，その都市の活力を高めるとともに暮らしに根づいた持続可能な魅力を高めていくことにもつながると考えられる．一方でまた，広義のシビックプライドとして，誰しもが抱くことのできるその都市に対する愛着を考えた場合には，来訪者としての関わりや外部からの経済的な貢献など，交流人口や関心を持つファンが増えることで，多様な主体による複合的な都市への働きかけが増し，硬直化しがちな少ないステイクホルダーによる都市運営に比べて，より強靱で持続性の高い都市がつくられると考えられる．このように，狭義・広義のシビックプライドを育むた

めの施策は，都市再生の大きな視点となり得るとともに，都市のサステイナビリティを考える上でも不可欠な要素となるであろう．

シビックプライドは都市の魅力を高める原動力となるものである．市民が自ら進んで都市の広告塔になる，市民と行政の間に協力関係があり，都市の成長や目指すべきビジョンを共有しているというような場合に，シビックプライドは都市のブランディングに結びついていると言える．都市の良い面だけをアピールするようなプロモーションを繰り返すだけでは，既存の魅力を消費するだけに留まり，都市の価値を向上していくための糧にはなり得ない．都市の最大の資産は市民であり，また市民同士のコミュニケーションから発生する社会的な影響力である．これらと都市の政策をうまく結びつけ，市民1人ひとりの人生とその都市の魅力が呼応するような都市こそがこれからの都市間競争で生き延びる都市であると言える．

個人の持つプライドが都市で共有されるシビックプライドへと育まれることで，個人の意思が都市に還元される．また，反対に都市が市民に誇り高い人生を提供することで，都市と自分自身とを重ねるアイディアや技術が生まれ，それが都市にとっての最良の財産となり得る．そのようなリソースを集めて編集し，都市政策として打ち出すことでシビックプライドが都市の魅力を展開させていく力になっていくのである．

(4) 市民の生活と都市の魅力をつなぐ

シビックプライドを醸成する都市戦略においては，市民1人ひとりの生活の質と都市の魅力とがきちんと整合して，共に向上していくということが重要である．都市再生のためにいくらハードの再開発を繰り返したところで，それが市民生活と何ら関係を持ち得ないものであれば，持続性のない単なるカンフル剤にしか過ぎない．市民の生活は大変多様なものであるが，それらの質を総合的に向上させていくためには，都市に対する個別の要望に応えることばかりではなく，多様な価値観を都市全体の魅力に統合していく強い方向づけが必要である．シビックプライドとはこのような都市の目指すべき方

向を示す視座であり，これを起点とすることで市民の生活と都市の魅力の両方が相乗的に向上してくサステイナブルな都市の可能性が開けてくる．

　そして，このような関係性の構築によって市民が感じる都市への誇りや愛着が行動として表出することで，都市にムードがつくられていく．都市のムードとは，その場に身をおくことで感じることができる都市の雰囲気であり，単なる物理的な空間の構成だけでなく，人と空間，人と人との様々な関係性によって醸し出される気分や印象の総体である．観光者や来訪者として，はじめてその都市を訪れた人であっても，そこに暮らす人々が醸し出すムードは敏感に感じ取ることのできるものである．それぞれの都市が持つムードは，一朝一夕につくられるものではなく，市民の都市に対する想いの積み重ねによるものであり，いかにうまく都市の魅力の情報発信を試みたところで，実際の都市にムードがなければ白々しいものとなってしまう．このようなムードを持つ都市は，人々を惹きつける力を持った都市であると言える．都市のムードがつくられることは，さらにシビックプライドの醸成を促進させるというプラスのスパイラルを生み出していく．

　ムードを直接つくり上げることができないように，シビックプライドそのものをデザインすることはできない．シビックプライドを醸成するための技術は，都市におけるコミュニケーションをいかにデザインするかということにあり，それによって市民のリテラシーがいかに高まるかということが重要である．WEBやグッズ，ポスターといったプロモーションのためのツールによる情報発信はもちろんのこと，建築や公共空間，イベントといった都市のトータルなコミュニケーションをいかに戦略的にデザインするかが重要である（図1）．これらは個別に都市と市民を関係づけるだけでなく，それぞれが相互に作用しあいながら関係性を持ってデザインされることで，シビックプライドを育てる効果が相乗的に発揮される．

　このようなデザインの対象となる都市のコミュニケーションポイントは多岐にわたるが，それぞれの視点から都市全体に寄与する戦略を考えることが求められる．それぞれのコミュニケーションポイントで考えられる市民と都

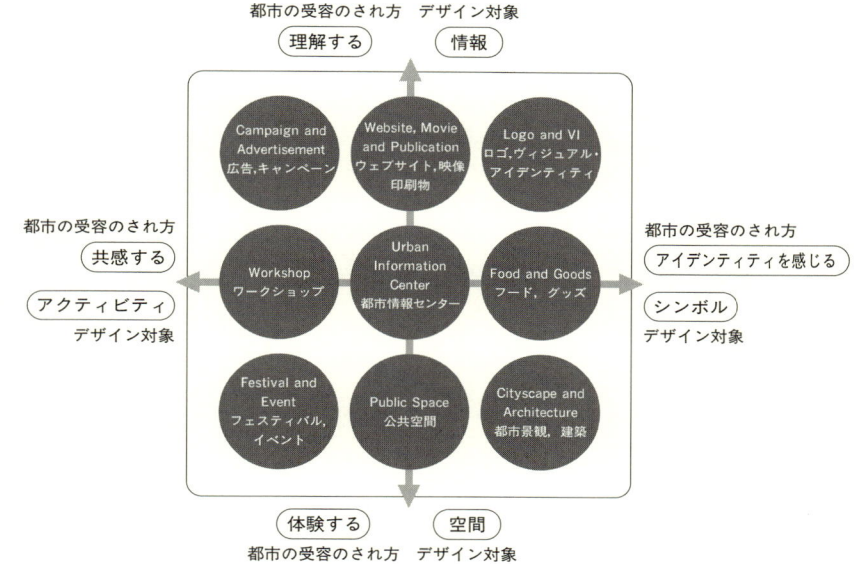

第 11 章　シビックプライドと都市のサステイナビリティ　　　253

```
                    都市の受容のされ方　デザイン対象
                         ┌理解する┐  ┌情報┐

              Campaign and    Website, Movie    Logo and VI
              Advertisement   and Publication   ロゴ,ヴィジュアル・
              広告,キャンペーン  ウェブサイト,映像   アイデンティティ
                               印刷物

都市の受容のされ方                                              都市の受容のされ方
 ┌共感する┐    Workshop      Urban         Food and Goods    ┌アイデンティティを感じる┐
              ワークショップ   Information    フード,グッズ
 ┌アクティビティ┐              Center                          ┌シンボル┐
   デザイン対象               都市情報センター                    デザイン対象

              Festival and    Public Space    Cityscape and
              Event           公共空間          Architecture
              フェスティバル,                   都市景観,建築
              イベント

                         ┌体験する┐  ┌空間┐
                    都市の受容のされ方　デザイン対象
```

出所：『シビックプライド』より．

図 1　都市のコミュニケーションポイント

　市との関わりをシビックプライドという視点からうまく編集することができるかどうかが鍵を握る．特に日本のコミュニケーションデザインは，広告を中心とする単なる情報発信に留まっており，都市の様々なコミュニケーションポイントをうまく組み合わせて活用していく方策が重要となる．

　シビックプライドを高めるためには，このようなコミュニケーションデザインによって，市民の都市に対するリテラシーをどのように育んでいくことができるかが問われる．本章では，このようなシビックプライドを醸成する取り組みを「空間」・「仕事」・「学習」の 3 つの視点から捉え，どのように都市のリテラシーを育むことが可能かを考えてみたい．

2. 人生に寄り添う都市空間

(1) ミーニングへの挑戦

ケヴィン・リンチは『都市のイメージ』のなかで,「明瞭さとわかりやすさは,決して美しい都市のためのただ1つの重要な特性ではないが,空間,時間,複雑さの点で都市のスケールを持つ環境について考える場合に,それは特に重要である.このことを理解するためには,われわれは,都市をものそれ自体としてばかりでなく,そこに住む人々によって感じ取られるものとして考えてみなければならない」と述べ,人々が感じる都市のわかりやすさの重要性を説いている.さらに,そのようなわかりやすい都市のイメージを構成する要素は,"アイデンティティ（そのものであること）","ストラクチャー（構造）","ミーニング（意味）"の3つの成分に分類できるとしている.しかしリンチは,「そもそも都市における意味の問題は複雑なもので」あり,「われわれの目的が様々な背景をもつ無数の人々の喜びのための都市,そして将来の目的にもかなう都市をつくることにあるのならば,イメージの物理的明瞭さに集中し」,「少なくとも分析の初期段階では,意味を形態から切り離してもよいだろう」として,"ミーニング"の問題はひとまず棚上げにしている.

『都市のイメージ』が日本で出版されたのは,新都市計画法が公布された1968年.これまでの日本の都市づくりは,まさにリンチの考えたように"アイデンティティ"と"ストラクチャー"のための物理的環境の整備に邁進してきたと言えるのではないだろうか.環境整備の「量から質への転換」が叫ばれて久しいが,未だに日本の都市再生は物理的環境のリ・ストラクチャリングやアイデンティティの上書きを繰り返すことしか成し得ていないように思えてならない.私たちの生活に必要な環境はすでに十分整っている.都市の本質的な魅力を共有していくために,そろそろつくる対象を物理的環境から,リンチがひとまず後送りにした"ミーニング"に向けても良い時期

がきているのではないだろうか．

　リンチが指摘するように，都市の意味は個々人によって様々である．その人が育ってきた環境や文化的背景，教育や思想，ましてやその時々の感情の変化によってさえ異なる意味を持ち得るであろう．これらに個別に対応することは不可能に違いない．都市の意味をデザインするためには，都市が持つ本質的な魅力をより多くの人々が共有していくという仕組みづくりが重要であろう．そのためには，都市と人々との間の潤滑なコミュニケーションとそのためのリテラシーが求められる．その都市が持つ魅力を1人ひとりの気持ちに届け，都市がそれぞれの人生にとってかけがえのない存在となり，シビックプライドを感じるような場所として育まれていくための都市のコミュニケーションをデザインする挑戦が求められている．

(2) パブリックスペース／パブリックライフ

　都市に対してそれぞれの個人が抱く意味を考える時，都市空間での生活の質は重要や役割を果たす．市民一人ひとりが充実した都市との関係性を持って生きて行く上で，特に公共空間で他者と直接的・間接的に関わりを持ちながら過ごす社会的な生活（パブリックライフ）は，最も基本的なコミュニケーション活動であり，誰もが気軽に他者と触れ合い，刺激を受け，都市のムードを共感すると言った経験は，都市の意味を深める本質的な行為である．私的な生活がどれほど豊かになり，私的空間の選択性がどれほど高まったとしても，その価値を共有することができなければ，都市の魅力はますます細分化され，消費されて行くばかりである．都市の持続可能性のためには，人々が集まって住むことの意味を最大限発揮させるパブリックライフの充実が必要である．

　都市の公共空間とは，個人では持ちえない空間を共有することでそのメリットを分かち合うものである．公園は共有の庭であり，道路は共有のみちである．これらを誰のためでもないものとして低未利用地に留めるのではなく，市民1人ひとりが深く関わり，利用し，維持管理していくことで，それぞれ

の意味を見出していくことができ，それを通じて都市生活の豊かさを享受することができる空間のはずである．

(3) パブリックスタイルの確立を目指して

　戦後の日本の都市づくりを支えてきたのは間違いなく「官」であったと言えよう．しかし，それ以前は財界をはじめとする「民」がノブレス・オブリージュの精神のもとに道路や橋を建設することは珍しいことではなかった．このような歴史的な背景を持ちながらも，現代の日本においては「公」＝「官」といった印象が非常に強い．そしてこのイメージは，「公」＝「自分とは関係のないもの」という考え方にさえ転換されているように思われる．

　「ここはみんなの公園です」と書かれた看板はどこの公園でもよく目にするが，「ここは私たちの公園です」と書かれた看板を見かけることはない．それらの看板には，みんなのための公園なのだから「○○をしてはいけません」という禁止行為が並べられているばかりであり，活発な利用を促すためのものにはなっていない（写真1）．様々な行為の規制は，公共空間に対する能動的な関わりの意志を断つことにもつながっている．みんなのための公

写真1　禁止行為が並ぶ公園の看板（筆者撮影）

第 11 章　シビックプライドと都市のサステイナビリティ　　　257

園はいつしか誰のためにもならない公園となってしまっており，日常的に関わり，愛情を持って育む空間となっていない．

　ここでは，筆者の参画する NPO 法人パブリックスタイル研究所（Research Institute for Public Style，以下「RIPS」という）における公共空間の使いこなしによるあたらしいパブリックスタイルの確立をめざした2つの活動を見て行きたい．

①水辺の魅力を再発見するピクニック

　高速道路が上空を覆う大阪都心の東横堀川の水辺は，ピクニックを楽しむ人々の笑顔がつくる開放的なムードに包まれた．『e－よこ水辺ピクニック』（写真2）と題されたこの一連のピクニックイベントは，地元住民・企業等が人と水のつながりを取り戻そうと魅力的な水辺再生のために立ち上げた東横堀川水辺再生協議会（略称：e－よこ会）が主催し，RIPS の企画・運営によって開催された小さな都市再生の試みである．e－よこ会の設立3周年記念に開催された「アニバーサリー・ピクニック」にはじまり，「キッズ・ピクニック」や「アフターファイブ・ピクニック」といったテーマを設けた計

写真2　e－よこ水辺ピクニックの様子（筆者撮影）

5回のピクニックでは，川を境に校区を隔てられた地域の子供たち，都心業務地区のそれぞれの職場で働くオフィスワーカーやまちへの来訪者らが共に水辺に集い，芝生の上で会話を交わし，それぞれに東横堀川の水辺へ想いを馳せた．会場として，供用開始されたものの防犯等の理由からフェンスが回され，鍵が掛けられた公園の一角を選び，普段は立ち入ることのできない空間を利活用した．フィナーレとなる「ピクニック・ミーティング」では，専門家も交えた意見交換が行われ，参加者全員の水辺への想いが10項目に取りまとめられた．

②コミュニティを育むパークライフ

宅地開発にともなう提供公園は，開発のコンセプトとは無縁に，区画のへた地に立地されたり自治体の管理のしやすさに重きがおかれた整備になることが多い．そのようななか，大阪府岬町の『リフレ岬』では，住民が主体となって様々なプログラムが展開され，新しく住み移った人々のコミュニティを育む場となっている（写真3）．この取り組みは，事業者である積水ハウス㈱がRIPS及び大阪府立大学，立命館大学へワークショップ等のコーディ

写真3 リフレ岬での公園の使いこなし（RIPS提供）

ネートを委託し，地元自治会との協働のもとで展開されてきた取り組みである．アンケートやヒアリングによる公園へのニーズの把握にはじまり，コーディネーターがプログラムを提供して地域住民が参加するという段階から，現在では，地域が主体的に様々なプログラムを提案し，実践するに至っている．地域に住む人々がそれぞれに自分の特技を活かしながら，「キャンドルナイト」や「流しそうめん」，「こどもプール」，「サークル活動の発表会」など様々な使いこなしが展開され，まさに地域共有の場として活発に利用されるようになってきている．

(4) 使いこなしによる公共空間の可能性

このように公共空間での生活を楽しむことは，都市における最も魅力的な過ごし方の1つである．にもかかわらず，私たちのまわりの身近な公園や街路で，こうした豊かな生活が営まれることは稀ではないだろうか．このような使いこなしを通じて，豊かな時間を過ごした参加者は，公共空間に新しい意味を重ねていくことができる．それは，私的に閉じた生活の楽しみとしてではなく，参加者はもちろん，そこを通りがかった人々をも包み込むまちのムードとして共有され，今後も育まれていく可能性を持つ共有の意味となるのではないだろうか．

これからの公共事業にはこれまでのような，いかにつくり，いかに効率よく管理するかといった「建設・管理」型の事業から，つくったものをいかに使いこなし，都市の魅力として伝えていくかといった「利用・PR」型の都市マネジメントへの転換が求められている．継続的な公共空間の使いこなしは，まちのマネジメントへの第一歩でもある．地域主体で公共空間が管理運営されることは，自治体による維持管理コストの軽減だけでなく地域コミュニティの再生にもつながる．道路や公園などのハードの社会資本（インフラストラクチャー）を量的に確保するための計画から，その上で展開される人々の生活とそのネットワークといった豊かな生活環境としての社会資本（ソーシャルキャピタル）の形成をサポートするための施策への転換が不可

欠である．

　公共空間はそこでのパブリックライフの充実を通じて都市へのリテラシーとそれによるシビックプライドを育み，地域の自治意識やコミュニティの再生に貢献する重要な場所である．

3. 都市の魅力を生み出す仕事

(1) 魅力的な都市には魅力的な人と仕事が存在する

　私たちが，いま魅力的だと感じる都市には，必ずそこに魅力的な人と，その人が都市に関わる方法としての仕事が存在している．都市の魅力は一朝一夕につくられるものではなく，個々人の都市への働きかけが積み重ねられた結果として醸し出されるものである．このような人々の働きかけによる魅力の積み重なりが都市のサステイナビリティをつくり上げる．「都市をつくる仕事」とは，個人の都市への関わり方の1つの形態である．仕事を通して都市との関わりを持つことで，都市と人生に対して誇りを持つことができる．魅力的な「都市をつくる仕事」があることはシビックプライドを高めるための優良な材料となる．

　都市の「つくり方」はこれまで以上に多様になってきている．都市計画による大きな空間の創出や一律的なコントロールといった手法ばかりが都市を「つくる」ことではなく，既にあるコミュニティに向き合い，都市のあり方や使い方を考え，そのためのルールや主体づくりを通じて都市全体の魅力や公共性のある活動を育むような関わり方も「都市をつくる仕事」と言える．ハードの創出や改変を行わなくても都市の価値を新たに生むことに携わることは十分に可能である．高度経済成長期のようにハードをつくり続けることで保たれる社会システムのままでは，都市とそこでの生活が立ち行かなくなっていることは既に明らかである．このような時代にこれからの都市のあり方やそのための仕組みを考えていくには，私たち1人ひとりの都市との関わり方を考えなおすことが不可欠である．都市のこれからをビジョンとして示

第 11 章　シビックプライドと都市のサステイナビリティ

すことは，これまで以上に私たちの生き方そのものを問うことと密接につながっている．シビックプライドは，都市で生きる人にとって，都市と自分の人生とをつなぐために欠かせない存在である．自分の人生が誇り高いものであるために，そしてその都市で生きて行くことが価値あるものであるために，都市との関わりを通じて，都市に抱く誇りや自負心が私たちの人生を支える．そのためには，都市のリテラシーを高めることが必要である．いま，都市を輝かせているものは，人々の営みの魅力にほかならない．1 人ひとりが持つ個性や能力を仕事を通じてどのように都市の魅力につなげていくことができるか．それによって都市はより人生に寄り添った，かけがえのない存在になるはずである．

(2) いま，「都市をつくる仕事」を考える

ここでは，次世代の「都市をつくる仕事」研究会の成果から見えてきた都市の魅力をつくり出す仕事のあり方について見ていきたい．次世代の「都市をつくる仕事」研究会は，都市計画学会関西支部が 20 周年を迎えるにあたって設置した研究会であり，メンバーは 20～30 代のコンサルタントや建築家などの実務者，行政職員，研究者や学生などである．都市への関わり方のスタンスはメンバーそれぞれによって様々である．若手なりの都市や都市計画を考える視点を検討するうちに，実際に生き生きと魅力的な仕事をしている同世代の実践者たちに話を聞く中から，今後の可能性が見出せるのではないかということで「都市をつくる仕事」の探求がはじまった．約 2 年半に及ぶ活動の成果は 2011 年 11 月に書籍『いま，都市をつくる仕事　未来を拓くもうひとつの関わり方』（学芸出版社）としてまとめられている．

ここで言う「都市をつくる仕事」という言葉には，2 つの意味を託している．1 つは都市の「つくり方」が多様になってきているということへの期待である．高度経済成長期のようなハードとしての建設行為だけを「つくる」というのではなく，ソフトを生み，支えるような関わり方も含めて，主体的に都市に関わる行為を「つくる」と捉えた．もう 1 つは，このような都市へ

の働きかけをどのように「仕事」にするのかという戸惑いである．実際にどうすればそのような魅力的な仕事ができるのか，そして，またそのような仕事で生計を立てることが可能なのか．これは学生だけでなく，社会に出た実務者たちであっても日々逡巡している問題かもしれない．生業としての営みだけが「仕事」なのか，ボランタリーな都市への関わり方もまた「仕事」と呼べるものなのか，といった境界の曖昧さに明確な解があるわけではないが，結果的には，このようなあいまいさそのものが現在の都市への関わり方が変化している状況を良く示しているということができるのではないだろうか．公務員らしい仕事とか，コンサルタントらしい働き方というような既存の職種や職能の持つイメージは，それぞれの現場で求められている仕事の質とは必ずしも一致しなくなってきている．従来のように確立された業界の仕事の領域をはみ出した都市への関わりが出てきているからこそ，そこに新たな可能性が見出せるのであり，その領域が確固たる仕事として社会的に位置づくかどうかはこれからの私たちの取り組みの積み重ねでしか答えの出せない問いである．

(3) 都市に関わる4つのアプローチ

研究会ではまず，現在の「都市をつくる仕事」の領域の広がりをみるため，研究会メンバーの人脈を頼りに20～30代の実践者10名を選び，公開セミナー形式のインタビューの場を設けた．10名の選定では，既存の職種の枠の中でこれまでにない挑戦をしている方をはじめ，これまで十分な注目を浴びてこなかった領域や「都市をつくる仕事」として見なしにくかった領域で活躍している方にも視野を広げてみることを意識した．このセミナーから見えてきた都市へのアプローチを見ていきたい．

図2は，セミナーでとり上げた実践者たちにみる「都市をつくる仕事」へのアプローチを4つの視点から整理したものである．これは結果として，現在進行形で試行される実践者の都市へのアプローチの整理であって，ここで紹介されているアプローチをとれば，誰しも優れた実践者になれるという確

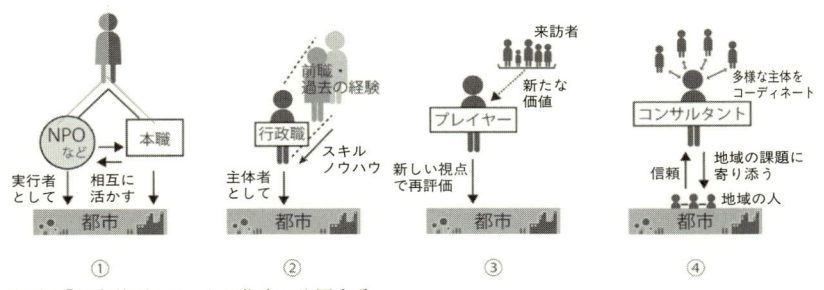

第 11 章　シビックプライドと都市のサステイナビリティ

出所：『都市計画 297』より作成：片岡由香．

図 2　「都市をつくる仕事」への 4 つのアプローチ

立した道筋を示したものではない．むしろこれらのアプローチは，それぞれの実践者たちの生き生きとした都市づくりの仕事へのこだわりの表れとみるべきであろう．このような観点からすれば，ここでは同様の職種あるいは仕事に携わる実践者，またはこれから都市をつくる仕事に関わる者が，このようなアプローチをとる実践者の存在によって元気づけられたり，都市とそれを育む仕事への関心やその関係性を見なおす機会が生みだされたりするものとしての整理と言うことができる．

1 つ目は「複数の立場に見をおき，仕事につなげる」というアプローチ．まちづくりのコンサルタントを生業としながらも，一方では NPO としてその地域に働きかけるプレイヤーとして活躍するというもので，支援者と主体者という 2 つの立場を行き来しながら仕事をしていると言える．主体者として挑戦的な取り組みを実施し，そこで確立された都市の魅力や活力の伸ばし方について，支援者として仕事に適応するという 2 つの顔を持つ働き方である．2 つ目は「いろいろな経験を活かし，行政で挑戦する」というアプローチ．不正ばかりが取り上げられる日本の行政であるが，もちろん質の高い仕事に取り組んでいる人も多い．特にここでは行政に所属する以前の自身の経歴から得た視点を活用し，挑戦的な仕事に取り組む有効性が確認できる．3 つ目は「あたりまえを再発見し，自らまちを変える」というアプローチ．これまではあたりまえであったり，価値がないと思われていた身近な人や環境

に新たな意味づけを行いながら，そこに主体者として滞在し，コミュニティに働きかけながら仕事を生み出していくような方法である．4つ目は「裏方に徹し，地域に寄り添う」というアプローチ．まちの主体的な存在となるわけではなく，地域の人たちの課題に真摯に向き合い寄り添うことで，多様な主体をつなぐコーディネーターとしての役割や，人々へのエンパワメントを行うような役割を果たす働き方である．

このような都市へのアプローチは，変化する都市への理解の結果として生まれた新しい関わり方であると言える．魅力的な活動を重ねる実践者の仕事の成果は，都市へのリテラシーとその結果から彼らが導き出した魅力のあり方が映し出されたものであると言える．

(4) 都市をつくる仕事は終わらない

このようなアプローチの整理によって，これからの都市計画を担う職業像が明確に立ち現れてくるというわけではない．しかし，都市に対する関わり方が多様化していることは事実であり，それをどうやって仕事にして行くのかの模索が日々，あらゆる実践の現場で行われていることは，はっきりと確認できる．「都市をつくる仕事」は，個人のみの力によって成立し得ない．研究会で取り上げた数々の仕事の共通点として挙げられるのは，ネットワークをいかにしてつくるかということである．これまで都市計画を担ってきた行政，コンサルタント，大学では手の行き届かないところで起きている現在の社会の課題において，その課題解決を担う実行部隊としてのネットワークをつくっていくことが，さらに都市への多様な関わり方とその結果としての新たな魅力をつくり出すはずである．

これまで以上に柔軟な態度で「都市をつくる仕事」に臨むことが求められている．そのためには，ここで見てきたような多様なアプローチで都市のリテラシーを高めることが，1つの有効な方法である．私たち1人ひとりの仕事を通じた都市への関わり方は，都市の魅力として積み重なっていく．個々人の取り組みが孤独な局地戦としてだけではなく，都市を大きく変えていく

ための全体としてのブレイクスルーの兆しであるという期待を実感しつつ，それぞれの立場での取り組みの質を高めていくことが，これからの都市を持続的に輝かせる大きな可能性を持っているのではないだろうか．

4. 都市と主体的に関わるための学習プログラム

(1) 「衣・食・住」に対するリテラシー

　日本の「衣・食・住」に対する意識や関心のレベルを考えてみると，「衣」については誰しも自由な服を着飾ることで自己表現を行うことができ，ファッション界でも世界的なレベルで評価を受けるブランドがいくつも存在する．「食」についても2005年に食育基本法が制定され，学校教育において食生活の重要性についての教育がなされるようになっているほか，食糧自給率の低さに対する認識や地産地消の考え方などが広まりってきている．しかし「住」については，まだまだ一般的な理解のレベルが低いと言わざるを得ない．自分の家を買うという行為は市民1人ひとりが「住」に関わる主体的な行為であるが，この一生に一度の買い物ですら，その選択の幅や本質的な理解の深まりはなく，表層的な情報によって選択がなされている．部屋のインテリアなどのプライベート空間における自由度は高まってきているものの，家を一歩出たまちや都市といった住環境に対する興味や理解となると，ほとんどの人が自分と関わりのあるものとして捉えておらず，どこかの専門家が勝手につくり出した環境に身を置いているという感覚に過ぎないのではないだろうか．

　市民参画型のまちづくりは，特に阪神・淡路大震災後に全国で展開されるようになったが，まだまだその適用の範囲は限定的であり，何かの建設事業が行われる際には住民への呼びかけがなされるものの，都市に対するリテラシーを高めるための平時の働きかけは皆無といっても良い．このような住環境に対する理解や関心を高めるためには教育や学習の機会の創出が不可欠である．

自分たちが住む都市は一体誰がどのようなルールに基づいてつくったものなのかを知ることは，シビックプライドを育む上で最も基本的な要件である．日本の教育においても，自分たちの身近な住環境を題材に，都市そのものの成り立ちについて学ぶことが少しずつ進められはじめている．例えば2004年に閣議決定された『環境保全の意欲の増進及び環境教育の推進に関する基本的な方針』では，「環境や環境問題に関心・知識を持ち，人間活動と環境とのかかわりについて総合的な理解と認識の上にたって，環境の保全に配慮した望ましい働きかけのできる技能や思考力，判断力を身につけ，より良い環境の創造活動に主体的に参加し環境への責任ある行動が取れる態度を育成する」ことが定められた．その後も2011年に「環境教育等による環境保全の取組の促進に関する法律」が公布され，2012年にはこれに基づく「環境保全活動，環境保全の意欲の増進及び環境教育並びに協働取組の推進に関する基本的な方針」が閣議決定された．このように環境問題への認識や理解を進める教育は少しずつ広まっているものの，より良い環境の創造活動に主体的に参加する態度を育成するための学習の仕組みはまだまだ緒に就いたばかりであり，都市のリテラシーを育むための教育が求められている．

（2）　兵庫県立大学附属中学校での学習プログラムの位置づけ

　ここでは，筆者が取り組んでいる中学生に対するまちづくり学習の事例を通じて，都市のリテラシーを高めるための方策について検討してみたい．ここで紹介する学習プログラムは，兵庫県赤穂郡の播磨科学公園都市に位置する兵庫県立大学附属中学校にて実施されたものである．播磨公園科学都市は，昭和60年にテクノポリス法に基づく開発承認を受けて建設が開始された．21世紀の科学技術の発展を支える学術研究機関が集積し，快適な居住環境や余暇機能などを総合的に備えた「人と自然と科学が調和する高次元機能都市」をめざしてつくられたニュータウンである．計画・設計にあたっては，磯崎新，安藤忠雄，渡辺真理，ピーター・ウォーカーらによってアーバンデザイン計画が作成され，これに基づき，地形・修景緑化・建築などが都市機

第 11 章　シビックプライドと都市のサステイナビリティ　　　267

能と景観の両面からデザインされ，快適な居住環境と優れた研究環境を備えたデザイン性の高い街並みがつくられており，他の都市開発とは趣を異にする斬新なまちが形成されている．

　兵庫県立附属中学校に通う生徒のほとんどは近隣市町から電車とバスを利用して通学をしており，2地域間を移動しながら日常生活を送っている．本学習プログラムの対象である2年生5名の女子生徒も全員が地域外居住者である．播磨科学公園都市のアーバンデザインの成果や2つの生活環境を行き来する中学生を対象とするという特徴に鑑み，本学習プログラムでは，生徒たちがそれぞれ居住するまち（以下，「住むまち」という）と播磨公園科学都市（以下，「通うまち」という）の2地域間の比較を通じて，シビックプライドの醸成を促す基礎的な知識や理解を養うことを目的とした．

　学習プログラムは表1に示す通り，平成23年5月から平成24年2月にわたって，1回2時間程度，計10回にわたって附属中及び現地で実施した．10回のプログラムは大きく3つの学習段階に分けることができる．

　ステップ1のまちに『気づく』段階では，まちに興味を持つきっかけをつくり，シビックプライドの醸成を支える基本的な素養であるまちの様々な魅力や課題に気づくことのできる力を育むことを目指した．住むまちと通うまちのそれぞれについて実際に現地を歩き，気になる場所を写真に撮りながら，まちの魅力や課題について感じたことを自由に記録してもらった．さらに，それぞれの生徒が撮った写真を持ち寄り，お互いの気づきについて話し合うことで，まちの見方が広がって行くプロセスを共有した．また，できるだけ各回ごとに宿題を出すことで，授業中だけでなく普段の生活の中でも日常的にまちへの興味が持続するよう配慮した．

　次に，ステップ2のまちを『知る』段階では，まちの魅力や課題とその向上や解決の方法について考える力を身につけることを目指した．住むまちと通うまちの比較を通じて，それぞれのまちの良いところや悪いところの違いを認識することで，まちの持つ魅力や課題を確認し，さらに文献調査を通じてその原因を詳しく調べることで，知識の幅が伸びるようにプログラムを展

表1 学習プログラムの内容

日程	学習内容	対象 住むまち	対象 通うまち	学習段階
第1回 (5/10)	【オリエンテーション】 ・学習プログラム全体の目標とスケジュール等について説明			ステップ1 『気づく』
第2回 (6/7)	【住むまちの現地調査】 ・まちの魅力をつくる要素(景観, 自然との共生, マネジメント等)について説明 →(宿題)自分の住むまちの気になるところの写真を撮ってくる	●		ステップ1 『気づく』
第3回 (7/26)	【住むまちに対する評価】 ・宿題をもとにそれぞれが住むまちの魅力や課題, その違いについてディスカッション ・まちのつくられ方(旧市街地とニュータウンの違い, 計画設計のプロセス等)について	●		ステップ1 『気づく』
第4回 (8/26)	【通うまちの現地調査】 ・通うまちを全員で写真を撮りながら歩いて調査 →(宿題)現地調査で発見したこと・感じたことをまとめてくる		●	ステップ1 『気づく』
第5回 (10/11)	【通うまちに対する評価】 ・宿題をもとに通うまちの魅力や課題についてディスカッション →(宿題)住むまちと通うまちの良いと思うところ, 悪いと思うことをまとめてくる		●	ステップ1 『気づく』
第6回 (11/15)	【住むまちと通うまちの比較】 ・宿題をもとに, 住むまちと通うまち魅力や課題の違い, それらの向上や改善方法についてディスカッション	●	●	ステップ2 『知る』
第7回 (12/13)	【通うまちの文献調査】 ・通うまちに関する参考文献の紹介・解説 →(宿題)現地調査で発見したことを中心に関連する書籍・webで調べてくる	○	●	ステップ2 『知る』
第8回 (1/24)	【パンフレットの構成検討】 ・宿題をもとに通うまちの魅力をどのように他者に伝えればよいかディスカッション	○	●	ステップ3 『伝える』
第9回 (2/7)	【パンフレットの作成・発表準備】 ・目次に沿って, 不足する情報を調べながらパンフレット作成 ・学習プログラム全体の過程と成果物についてのプレゼンテーション準備	○	●	ステップ3 『伝える』
発表会 (2/16)	【最終成果発表】 ・全校生徒を対象にプレゼンテーション(約10分)	○	●	ステップ3 『伝える』

注:●:直接対象, ○:比較対象.
出所:筆者作成.

第 11 章　シビックプライドと都市のサステイナビリティ

表 2　生徒らがあげた住むまち・通うまちの良い・悪いところ

	住むまち	通うまち
良いところ	■歴史性 ・歴史や伝統がある（A, C）・神社がある（A） ■計画性 ・店が多い地域と住宅が多い地域とに分けられている（D） ■利便性 ・生活に必要なものが揃う（C）・交通が便利（A, B, C, D, E） ■多様性 ・いろいろなお店がある（A, B, D）・くねくねした道や細い道などいろんな道を楽しめる（A）・観光スポットが多い（D） ■コミュニティ ・コミュニティがある（A）・学校があり住宅がありたくさんの人が集まって賑やか（C） ■自然環境 ・田んぼなどの風景（B）・自然の緑が多い（E） ■雰囲気 ・あたたかい感じがする（A）・住んでいて楽しい（A）・住みやすい（B）	■計画性 ・設計された緑なので道路や建物とうまく共存している（A）・店がかたまっていて住宅を侵略していない（A） ■デザイン性 ・見ていて楽しいオブジェや緑（A）・建物1つひとつのデザインが凝っている（A, C, D）・見た目が美しく美術館にいるよう（B, C）・近代的でかっこいい（C, E） ■利便性 ・地図の看板が多い（A, D）・道路が整備されていてすっきりしている（D） ■コミュニティ ・芝生広場など人々がゆったりふれあえる場所がある（A, C） ■自然環境 ・周りに自然が多く綺麗（B, C, D, E）・空が碧く空気がきれい（E） ■住環境 ・ゴミがない（B） ■雰囲気 ・静か（B, E）
悪いところ	■計画性 ・住宅地と店の区分がはっきりしていないところがある（C）・緑がある部分とない部分に分かれている（C）・おなじまちのなかに都会と田舎の差がある（A）・直線の道が多い（E） ■利便性 ・道路が整備されていない（A）・観光しづらい環境（A）・神戸・大阪などの都市部から遠い（D） ■コミュニティ ・人口減少の一途をたどっている（A）・地域によって人口の差が大きい（D） ■住環境 ・騒音問題（A, B, C）・ゴミ問題（B, C）・洪水が来たらすぐに浸水する（E）・車が多く道路が狭かったり十字路が多く事故が起こりやすい（C）	■デザイン性 ・どこも同じようなデザイン（A） ■利便性 ・交通の便が非常に悪い（A, C, D, E）・病院や店がない（A, B, D, E）・設備の整っていない場所がある（A）・店や病院などの施設があまり揃っていない（C）・あまり利用されていない施設が多い（A, C） ■コミュニティ ・人が少ない（E） ■自然環境 ・植えられた木が多いので不自然（A） ■雰囲気 ・人工的で冷たいイメージ（A, B, C, D）・ずっと住むには不向き（B）

注：生徒：A，B，C，D，E の意見をグルーピングしたもの．
出所：筆者作成．

開した．表2は，生徒があげた住むまちと通うまちの良いところと悪いところをそれぞれの区分ごとにグルーピングしたものである．各区分において「利便性」や「コミュニティ」等の共通する視点が確認でき，2つのまちを比較することによって，同じ視点から違う環境を見ることで，それぞれのまちに対する気づきや理解を深める効果があると考えられる．一方，「歴史性」や「デザイン性」などのそれぞれのまちに特異な視点も指摘されており，反対にそれぞれの特異性を際立たせる効果もある．

最後にステップ3のまちを『伝える』段階では，これまでに気づき，知った内容を他者に伝えるという行為を通じて，より深く体得するとともに生徒たちの中に芽生えたシビックプライドを共有し，伝播させることを目指した．昨今，リトルプレスやコミュニティプレスと呼ばれる個人や小規模なグループがつくる小冊子をメディアとして，まちの魅力を伝えたり，コミュニケーションツールとして活用したりすることでネットワークを広げたりすることの有用性が確認されていることから，ここでは通うまちの魅力を紹介する小さなパンフレットを制作することをアウトプットとした．パンフレットの対象は通うまちとしたが，掲載する内容や魅力の伝え方については，住むまちとの比較で得た知見を活用しながら作業を進めたことから，住むまちについても間接的な比較対象となっていたと考えられる．

(3)　学習プログラムの成果

本学習プログラムの効果を確認するために，2012年4月に生徒たちにアンケート調査を実施した．アンケートではまず，本学習プログラムを受ける前の住むまち・通うまちのそれぞれの評価について「とても好きだった」から「とても嫌いだった」までの5段階で回答を求めた．次いで本学習プログラム受講後のそれぞれのまちに対する評価の変化について「とても好きになった」から「とても嫌いになった」までの5段階で回答を求めるとともに，どのような点が好きに・嫌いになったかを自由記述方式で回答してもらった．自由記述の回答は，意味内容から下線で示した要素に分解し，凡例に示した

第11章　シビックプライドと都市のサステイナビリティ　　271

項目にグルーピングを行った（表3, 4）．
　その結果，学習前の評価では，住むまちの方が通うまちよりも評価が高かった．加えて学習後の評価の変化についても住むまちの変化では「とても好きになった」と回答した者が多く，直接の対象としてパンフレットを制作した通うまちよりも住むまちに対する評価を向上させる効果があることが確認できた．その内容としては，4人が「まちの魅力の再発見」を挙げており，改めて住むまちを好きになった主な要因としている．一方，通うまちに対する評価の変化も3人が「少し好きになった」と回答しており，概ね向上していると言え，学習プログラムの効果が確認できる．内容としては，全員がアーバンデザイン計画等に基づく「計画や設計の工夫や独創性」を指摘してい

表3　住むまちに対する評価

生徒	学習前[1]	学習後[2]	どのように変化したか[3]
A	4	↑↑	・いつも見ている風景が，あたりまえだけど他のまちにはないたった一つのものだなと思うと，大切にしないとと思った①から好きになった． ・今まで大嫌いだった坂道もまちのいいところだと捉えられるようになった．②
B	4	↑↑	・よく見つめなおしてみると，いいところがたくさんありました．① ・例えば，コミュニティが充実していたり，地域の輪があるというような住んでいて楽しいまち③だと思いました．
C	3	↑	・テクノと違って自分の住んでいるまちには，昔からあるものがあるということに気づき①，まちに人が住むことによって発達していったこと③がいいなあと思いました．
D	4	→	・変わらないけれど，イベント・祭り，100円バスなど，観光に力をいれているところ③は好きだし，これからも住んでいたいと思えるまちです．
E	2	↑↑	・私のまちは田舎でなんにもないな……と思っていましたが，他のまちと比較すると，自然とよくかかわっていたり，交通が便利だったり①と今まであたり前だと思っていた事が実はすごいことだったりした事が多くて③好きになりました．

注：1）　5：とても好きだった　4：少し好きだった　3：どちらともいえない　2：少し嫌いだった　1：とても嫌いだった
　　2）　↑↑：とても好きになった　↑：少し好きになった　→：変わらない　↓：少し嫌いになった　↓↓：とても嫌いになった
　　3）　グルーピングによる項目：①まちの魅力の再発見　②今までと違うまちの捉え方　③具体的なまちの魅力
出所：筆者作成

表4 通うまちに対する評価

生徒	学習前[1]	学習後[2]	どのように変化したか[3]
A	2	↑	・よく知れば，へえ～と思うことがたくさんありました．ひどく人工的な印象をもち，生活しづらいイメージだったのに，おもしろい建物や工夫された植物デザイン①を知った． ・イベントの開催も多いことを知り「地域の輪」みたいなもの②を感じました．
B	3	→	・良いところも悪いところも見つけました．良いところはきれいだとか静か①だとかいうことで，悪いところは店がないとか病院がない③とかいうことです． ・住むには不便③でデメリットが大きい気もします．しかし研究のまち①としてあるものだと思います．
C	3	↑	・テクノは設計されてつくられたまちなので，道路，建物がキレイ……というところもありますが，緑がちゃんと残されていること，その緑に合うように信号の色が茶色，道に建てられている地図が見やすい……など，いろいろな工夫①がされているところが好きになりました． ・冷たい印象④を受けるのが少し残念です
D	3	→	・知らない施設をたくさん発見することはできましたが，実際に訪れている場所は少なく，ただ「知っている」だけで終わってしまったので，あまり大きな変化はないです．しかし，テクノの科学に特化している部分や医療も充実している点①は良いと思います． ・毎日来ているまちだし愛着⑤もあります．
E	2	↑	・この町は不便の塊と思っていましたが，調べていくにつれてユニークな建物が多くあり，とてもおもしろい町①だということがわかりました．

注：1) 5：とても好きだった 4：少し好きだった 3：どちらともいえない 2：少し嫌いだった 1：とても嫌いだった
2) ↑↑：とても好きになった ↑：少し好きになった →：変わらない ↓：少し嫌いになった ↓↓：とても嫌いになった
3) グルーピングによる項目：①計画や設計上の工夫や独創性 ②コミュニティの存在 ③利便性の低さ ④冷たい印象 ⑤愛着
出所：筆者作成

る．2つのまちを対象としたことで，特にパンフレット制作の対象としなかった住むまちに対する評価の向上が確認され，2地域に対する理解や愛着が相補的に向上したものと考えられる．また，住むまちに対する「まちの再発見」や通うまちに対する「計画や設計の工夫や独創性」については，どちらも学習プログラム前には気がつかなかった日常風景や環境の魅力を指摘しているものであり，学習の有意性が確認できる．以上のことから，2地域間の

比較を通じた本学習プログラムの実施によって，共通性や特異性の視点からそれぞれのまちに対する対照的・相補的な気づきが促進されており，まちに対する誇りや愛着を持つ端緒をつくることの有効性が検証できた．

(3) 都市の魅力づくりと学習の連鎖

このような地域間比較を通じた都市の評価は，私たちの日常生活においてもよくなされているものである．私たちが様々な都市に旅行に行ったり，出張先で出会う街並みに心躍らされたり，または反対に自分の住むまちの風景を愛しく思う感性は，狭義・広義のシビックプライドを育む絶好の機会となるはずである．そのためには地域間比較を行う際の視点を学習しておく必要がある．生徒たちが「利便性」や「デザイン性」といった共通の視点を見出したようなプロセスを日常生活の中で養う仕組みや機関が求められる．そのためには，学校教育の体系のなかでの指導要綱等における位置づけはもちろん，本来は学校教育だけでなく，生涯学習の仕組みの中で，まちなかの体験を通じて学習できるような博物館等の社会教育施設が有効に機能することが必要である．欧米の都市では，そこに暮らす人にとってのまちの再認識という側面と来訪者への観光情報の提供とをあわせ持つようなシビックプライドセンターが都市の中心的情報発信施設として機能している例が散見される．日本でも，アーバンデザインセンターと呼ばれるような，都市に関する情報発信・交流の施設の重要性が広まりつつあり，既にいくつかの実践が見られるが，今後ますます展開が求められるところである．

本学習プログラムは，現在も継続中である．次年度には生徒たちの自発的なアイディアによる都市との関わり方を模索する取り組みとして，いくつかの活動が展開されている．1つは設計者へのアンケート調査を実施した．学習の過程で学んだ知識を補い，さらに深めるためにアーバンデザインに関する疑問点や考え方について生徒らが各施設の設計者らに郵送にてアンケートを実施した．多くの設計者から寄せられた回答には，都市に対する熱い思いが溢れており，生徒たちの心に深く都市への誇りを植え付ける契機となった

ことは間違いない．さらに，学習成果を活かした都市とのコミュニケーションの実践として，地域で開催されるお祭りへのブース出展を行った．生徒らが都市について学んだことを広く一般の方々に自らの言葉で伝えることそのものが学習成果を振り返り，足りないところを確認する作業となったこととあわせて，来場者の意見を知ることで，一般の人の都市に対する理解とそれを深めてもらうためにはどういうことが必要かを学ぶことで，パンフレットのブラッシュアップを行う予定となっている．

　このような学習のプロセスで芽生えたものは，生徒らの都市に対する誇りや愛着だけにとどまらず，生徒の保護者，中学校の教員，アンケートに答えたお祭りの来場者など，多くの人に影響を与え，まちに対する興味や関心を持つきっかけの輪を広げてきた．さらには，新聞やケーブルテレビなどの地元のメディアにも取り上げられたことで，直に接していない多くの人たちにも波及的な効果が及んでいるものと考えられる．生徒らの都市に対するリテラシーを高めるだけでなく，直接的・間接的な影響を与えながらシビックプライドの連鎖が広がって行くことが，都市での実践活動を伴う学習プログラムの持つ本質的な効果であると言えるのではないだろうか．都市は教材としての対象となるだけでなく，そこに直接的に関わる体験型の学習を行うことで，よりダイナミックな関係性の変化や多くの人を巻き込んだシビックプライドの醸成を育む可能性を持っており，このような学びの連鎖を形成することは，都市そのものの活力や持続性を高めていくことにもつながっていると言える．

参考文献

シビックプライド研究会編（2008）『シビックプライド―都市のコミュニケーションをデザインする』宣伝会議．
ケヴィン・リンチ（1968）丹下健三・富田玲子訳『都市のイメージ』岩波書店．
奥野信宏・栗田卓也（2010）『新しい公共を担う人々』岩波書店．
山脇直司（2001）『公共哲学とは何か』筑摩書房．
日本都市計画学会次世代の「都市をつくる仕事」研究会編（2011）『いま，都市をつ

くる仕事　未来を拓くもうひとつの関わり方』学芸出版.
武田重昭・穗苅耕介・片岡由香（2012）「領域の変化から見た「都市をつくる仕事」の可能性と展望」,『都市計画297』61(3), pp. 27-30.
日本建築学会編（2004）『まちづくり教科書⑥まちづくり学習』丸善.
加藤文俊（2011）『まちに還すコミュニケーション－ちいさなメディアの可能性』場のチカラプロジェクト.
アーバンデザインセンター研究会編著（2012）『アーバンデザインセンター　開かれたまちづくりの場』理工図書.

おわりに：地域空間の包容力を求めて

　本書は，龍谷大学地域公共人材・政策開発リサーチセンター（LORC）の第1研究班「地域公共政策」研究班における，ソーシャル・サステイナビリティ研究会の研究成果をまとめたものである．LORC は 2003 年から 3 期 10 年間にわたって，持続可能な地域社会の実現のためのガバナンス・システムと，それを担う人材（地域公共人材）の養成のための理論・実践研究を進めてきた．

　第 3 期「人口減少時代における持続可能な地域づくりのための制度的インフラと地域公共人材育成の実践的研究」では，急激な少子高齢化や気候変動，東日本大震災からの復興など，大きな変化に直面する日本の地域社会が活力を向上させつつ持続型・成熟型へと進化していくために，環境・経済・社会の 3 つの側面を統合した持続可能な地域づくりにむけた都市ならびに農村の地域政策を具体化すること，そして，これからの協働型地域社会を担う地域公共人材の育成について展望をひらくことを目的として研究を続けている．

　本書のメインテーマである「社会的持続性」については，第 1 章でも紹介したとおり，その理論的検討や言葉としての普及度，そして現場での実践などについて，環境的，経済的持続性と比べると遅れているという議論がある．この要因としては，持続可能な発展が，国際的なレベルにおいては，先進国と途上国の間での「環境保全の義務」と「経済発展の権利」の対立として捉えられることが多かったこと，また，日本においては，持続可能な発展が環境問題の概念として理解された歴史があることや，失業者や犯罪，移民問題などの社会的に深刻な課題が，本書で紹介した諸外国ほどには顕在化してこなかったこと，などが考えられる．さらには，明治以降の中央集権体制の中で，地域を単なる「空間」としてとらえ，そこに住む人々のニーズや各地域

の社会的・文化的独自性を軽視して，効率的だが画一的な地域開発を進めてきた歴史も，人々の「生活の質（Quality of Life）」に直結する社会的持続性の議論が広まらなかった要因として挙げられよう．

しかし，2008年に人口のピークを迎えた後，都市空間はもちろん，地域経済を維持する活力や地域社会を担う人材力，地域の安全を確保するコミュニティ力といった，地域のあらゆる力（キャパシティ）が縮小するとともに，雇用や教育，社会福祉サービスを受ける機会など，人々の基本的な生活を営む機会も危機にさらされている．さらに，東日本大震災により破壊された地域コミュニティの根本的な再構築という問題にも直面している．つまり，「都市縮小の時代」への対応を検討する際には，単なる都市空間の縮小だけでなく，地域社会のあらゆるキャパシティや機会の縮小を包括的に捉える必要がある．そこで我々は，この地域のキャパシティの減少を「地域空間の包容力」の縮小と捉え，これに地域社会で包括的に対応していくための，新たな方法論やアクターの関係性について検討することを，本書の目的として設定した．

この目的へのアプローチとして，まず執筆陣のコアメンバーによる研究会を重ね，上述した社会的持続性の課題への対処に必要な地域社会の要素を抽出する作業を行った．この議論と並行して，これらの要素に統合的かつ創造的に取り組んでいる国内外の先進事例を検討し，議論をさらにブラッシュアップした．その結果，地域社会の持続性を支える多くの要素が選定されたが，それらを3つの大テーマ「空間・コミュニティの再構築」「政策への日常的参加」「人的資源の継続的創出」に分類して図式化したものが，「はじめに」で提示した図1（3ページ）である．本書でも，この3つのテーマを章構成の骨格にすえて事例を整理した．

各テーマの概要と着眼点については「はじめに」に譲るとして，改めて全体を見通して明らかになることは，社会的包摂を実現するための新たな地域空間の創出が，すべての事例において重要視されていることである．ある地域社会が持続的であるためには，そこに住むすべての人々の基本的なニーズ

おわりに：地域空間の包容力を求めて

が満たされている状態を整える必要があるが，言い換えればそれは，これまで地域社会で疎外されてきた人々を包摂していくプロセスに他ならない．本書では，そのための新たな公共空間をイノバティブに創り出している事例を紹介した．例えば，第3章のスペイン・カタルーニャ州やイタリア・トリノ市では，広場や街路といった公共空間の再生と移民等の社会的弱者の生活の再生を連動させる意欲的な取り組みを展開していた．第4章では既存のコンパクトシティ政策を批判的に再検討し，都市縮小の際に対象となりうるエリアの社会的意義を踏まえた実践的な「たたみ方」を検討した．また，第5章の「たなカー&ぷらっと」の例では，公共空間を必要に応じて移動させるという大胆な発想により，既存の公共空間やサービス供給圏から疎外されてきた住民を巻き込むことに成功していた．さらに，第10章のコロンビア・メデジン市での取り組みでも，空間的に疎外されてきたスラム地区に，優れたデザインの図書館と広場，さらには起業支援センターという新たな公共空間を創出することで，空間的にも経済的にもスラム地区の住民を社会につなげていく試みを行っていた．これらの例に限らず，新たな公共空間の創出は，本書で紹介した事例すべてに共通した特徴であり，「地域空間の包容力」の再生のために欠かせない要素として考えることができる．

では，そのような地域の公共空間は誰によってデザインされ，どのように運営されていくのか．これについても本書では，さまざまな可能性を提示することが出来た．デザインする主体については，まずは，第6章の内子町や第9章のウェールズでの取り組みに見られるような，地方自治体がリーダーシップを取る従来の形があった．もっともこれらの地域においても，その公共空間をデザインしている政策（例えばウェールズのコミュニティーズ・ファースト事業）は，巻き込んだ地域住民のキャパシティを高めて，より主体的に地域運営を担ってもらう，いわば地域住民のエンパワメントを目的としたものであり，新しい公共空間づくりへの試みであった．また，上述した第5章や第8章の西淀川，第11章のシビックプライドのケースのように，地域内外のNPOが新たな公共空間を設定するという例もある．特に西淀川の

事例では，交通公害に端を発した「あおぞら財団」の取り組みが，地域の環境問題全般について議論・活動する場（公共空間）を地域社会に提供するまでに広がっていくプロセスが鮮やかに示された．一方，公共空間の運営については，第2章の岡山県の公立中学校や第7章の旧足助町の例のように，ステイクホルダー間の協力によって担われる形が望ましい，というのが，本書の事例に共通した認識であった．

このようにして創り出された公共空間を，維持・発展させていくために必要な要素のひとつとして，本書では，人的資源の継続的創出の必要性に注目し，第9~11章で3つの事例を紹介したが，上述したように「社会的包摂を実現するための新たな地域空間の創出」がすべての事例の共通の特徴である以上，その担い手の継続的な確保もまた共通の課題であるといえる．地域再生政策やまちづくり活動が，地域社会に実質的な効果を継続的にもたらすためには，当初に地域で生まれたモメンタム（勢いや機運の意）を，人材面でも活動面でも維持し次の世代につなげていくことが決定的に重要になる．本書では，地域内外のNPOが継続的にプロジェクトの遂行や人材育成に関与することによってそのしかけを持続させる手法（第5章，第9章の例）のほか，第11章のシビックプライド（その地域社会への誇りや愛着）のように，個人の地域への想いを広げ繋いでいくことで，このモメンタムを維持・発展させるのに寄与しようとする試みを紹介した．いずれにしても，人的資源の創出は長期間のコミットメントが必要なテーマである．これらの事例の今後の動きに引き続き注目したい．

本書では，紹介した事例を便宜上3つのテーマに分類したが，これまでの議論からも明らかなように，各事例は3つのテーマすべての要素を少なからず包含している．「地域空間の包容力を高めるための社会的持続性」を追求するということはつまり，この「空間・コミュニティの再構築」「政策への日常的参加」「人的資源の継続的創出」という3つの要素の相互関係と発展の最適なあり方を地道に検討していく，ということであろう．その先にある答えは当然，地域の歴史的・文化的・社会的・経済的・地理的・空間的独自

おわりに：地域空間の包容力を求めて　　281

性によって異なってくるし，そのアプローチのための手法も，図1の「政策の新たなデリバリー・モデル」で示したようなさまざまなオプションから，地域に合ったものをステイクホルダー間の協議で選択する必要がある．共通のチャレンジは，社会的に疎外されている人々への細やかな配慮と，包摂していくための地域のアクションを増やし継続していくことである．それが地域空間の包容力を高め，縮小社会においてより多くの人々のニーズを満たし，地域の社会的持続性を達成することにつながるのではなかろうか．

　本書では，そのような地域の社会的持続性の追求について，ごく一部の社会構造を切り出して議論した．図1に示しているだけでも，社会的持続性の要素は多岐にわたっており，例えば企業のCSRや住宅政策，女性の参加問題などについては，紙幅の制約から取り上げることが出来なかった．これらの課題については，次の機会に検討したい．

　本書の出版および研究の一部は，2011-13年度文部科学省私立大学戦略的研究基盤形成支援事業により行われた．
　最後に，本書の編集・刊行にあたっては，日本経済評論社の清達二氏に一方ならぬご尽力を頂いた．若手中心の執筆者陣に出版に関する様々なご指導を頂き，またこちらの無理な要望にもすべて応えて頂いた．末筆ながら執筆者を代表して心より感謝申し上げたい．

参考文献
白石克孝・新川達郎（編）(2008)『参加と協働の地域公共政策開発システム（地域公共人材叢書第1巻）』日本評論社．
白石克孝・新川達郎・斎藤文彦（編）(2011)『持続可能な地域実現と地域公共人材　日本における新しい地平（地域公共人材叢書第2期第1巻）』日本評論社．

索引

[あ行]

アーバンデザイン　14-5, 21, 23, 58, 104, 126, 233, 266-7, 271, 273
　──センター　273
アーバン・ビレッジ　14-5
アーバン・ルネッサンス　17
アイデンティティ　254
あおぞら財団　181, 184, 199, 280
青森　22
アカウンタビリティ　28
アキ・アーバン　19
アクセシビリティ　26-7, 64, 66, 71, 104-5, 178
足助
　──支所　167-9, 171
　──シャングリラ計画　163
　──地域会議　167, 170-2
　──地域自治区　167-172
　──の町並みを守る会　161
　──まちづくり推進協議会　168
　──まちづくりの会　161
足助町　160-5
　──観光協会　169
　──地域づくり計画　164-5, 170-1
　──地域づくり計画推進要綱　164
　──役場　163-4
　──まちづくり委員会　164, 170
足助らしさ　168
アセット・マネジメント　93
アムステルダム　26
　──条約　18
アメリカ大都市の死と生　21
アワニー原則　14
生き方　261
意思決定　138, 206

石畳地区　211-4
　──の水車　212-3
石畳の宿　213
石畳を思う会　212
一貫した教育（学び）　39, 48, 51
移動権　⇒交通権
移動ショップ・なかよし　107-12
移動販売　105, 107-19, 126
移民　17-8, 25, 57, 61, 68, 74, 76
インバウンド　250
インフォーマル・セクター　230, 234
インフラストラクチャー　259
ウェールズ政府　135-7, 147, 149-50
内子座　209
内子フレッシュパークからり　210
うちこ未来づくり協議会　217-8
エストラート　226
エンパワメント　18, 29, 58, 67, 134, 138, 142, 146-7, 150, 206-7, 219-21, 241, 245, 264, 279
オープン・ガーデン　123
オールボー憲章　16
温暖化防止計画　216-7

[か行]

買い支え　117
買い物難民（買い物弱者）　104, 120
界隈法　26, 59-68
カシニワ制度　125, 129
柏市・柏の葉地域　120
柏ビレジ　120
カステッラーニ，バレンティーノ　72-3
過疎地域　170
カタルーニャ州　26, 58, 61-2
学区　38, 40, 42
学校運営協議会　36-7, 40-2, 51

索引

合併（市町村合併） 109
合併特例法 157
香取市・山倉地区 109
金沢 23
ガバナンス 18, 28, 142, 148, 178
カルソープ，ピーター 20
株式会社三州足助公社 169
環境教育 266
環境正義 179
環境政策室 216-7
観光 56, 77, 113, 163, 167, 208-9, 213
間接民主制 147, 206
企画推進委員会 42
キャパシティ構築（ビルディング） 129, 134, 142, 144, 146, 150, 206-7, 214-5, 219-21, 279
キャンペーン 249
教育委員会 36, 40
教育改革国民会議 36
強制移住 227
協働 163-5, 170-1, 184-5, 209, 215
共働 166, 174
協同学習 47
共働活動の要 167
共同集配送 93
空間整備 233, 237
グラウンドワーク 144-5
クリエイティブ・シティ ⇒創造都市
クリントン政権 19
クロイツベルグ地区 26
限界集落 104, 113-4
権限（パワー） 138, 206-7
合意形成 99
公園図書館 237-40, 242, 245
公害反対運動 179, 181, 184-5, 197
公共空間 13-4, 64, 66-8, 70-1, 124, 178, 237-8, 253, 255-7, 259, 279-80
公共交通 13-4, 16, 20, 89
——指向型開発（TOD） 15
公共性 206
交通権 84, 91-3
交通システム 92
交通困難者 ⇒交通弱者

交通弱者 120, 179
交通まちづくり 178-9, 183, 185, 188, 191-3
コーディネーター 264
コーホート要因法 86
国土交通省 22, 85, 88, 182
公民館 49-51
香嵐渓 160-1
高齢化（社会） 12, 19, 86, 104-6, 126
高齢者 44, 46
こどもたなカー 121-3
コミュニケーションポイント 252-3
コミュニティ開発 143
——オフィサー 137, 142, 144-8
コミュニティ・スクール 36-40, 52
コミュニティーズ・ファースト事業 136-51, 279
コミュニティ・トレーニング・キッチン 141
コミュニティ・ニューディール 26
コミュニティプレス 270
コムーナ 224, 244
—— 13 237-9, 242
雇用 137
——創出 234, 237, 241, 243, 245
コレヒミエント 224
コンサルタント 263
コンパクトシティ 13, 15, 20, 22-3, 84, 88, 91, 94, 104, 279

[さ行]

サードセクター組織 134, 144-5
災害時要援護者 194-5
サステイナビリティ 12-3, 16-7, 20-1, 28, 178
サステイナブル・コミュニティ 18
サステイナブル・シティ 15-6, 19, 20, 22, 24, 178
サステイナブル・デベロップメント ⇒持続可能な発展
サステイナブル・トランスポート ⇒持続可能な交通
三州足助屋敷 163, 165, 169
サンタカテリーナ 70

三分の一原則　138
ジェイコブス，ジェーン　21
ジェントリフィケーション　25, 56-7, 68
自然エネルギー学校・うちこ　218
持続可能
　　――性　⇒サステイナビリティ
　　――な交通　178, 183
　　――な都市　⇒サステイナブル・シティ
　　――な発展　17, 24, 27, 134, 277
自転車まちづくり　187
指導困難校　38
シニアスクール　43-8, 51
シビックプライド　248, 279-80
　　――センター　273
市民参画型まちづくり　265
社会格差　226, 244
社会再生　234, 238, 240, 245
社会的結束　17, 20, 27
社会的持続性　12, 17, 19, 23-4, 27-9, 134, 139, 142, 151, 159, 206-7, 277-81
社会的資本　⇒ソーシャル・キャピタル
社会的弱者　16-8, 24, 57
社会的都市づくり　231, 233, 238, 240
社会的排除　17-9, 57
社会的包摂　16-8, 23-6, 29, 58, 60, 64, 66-7, 73, 233, 278, 280
社会都市　26
社会問題　232-4
シャングリラ足助　164, 170-1
就学援助　38
就業支援　142
集約型都市構造　22
重要伝統的建造物群保存地区　161, 168, 208
自治会　211-4
失業者対策　140-1
住工混在地域　180
住民参加　143, 149, 206, 215-6, 219
シュリンキング・シティ　15
食の安全　211
ジョブ・クラブ　140-3
ジョブセンター・プラス　140, 142
人口置換水準　87
人口減少　12, 86, 173-4

人口モメンタム　87
信頼関係　50, 215, 220
ストラクチャー　254
ストラスブール　13
スマート・グロース　20
スラム　224, 226-7, 229-34, 237-8, 240-1, 244-5, 279
成果（アウトカム）　149
生活の質（Quality of Life, QOL）　86, 96, 135, 214, 278
政策的アプローチ　179, 183
成長管理政策　20
生徒指導　40, 42
政府セクター　137, 142, 146, 148-9
製蠟業　207
セーフティネット　115
選択アーキテクチャー　99
総合計画　216-7
創造産業　14, 23
創造都市　14-5, 23
ソーシャル・キャピタル　28, 143, 150, 259
ソーシャル・サステイナビリティ
　　⇒社会的持続性

[た行]

多孔質化　68, 70
たなカー　105-7, 111-2, 121
　　――＆ぷらっと　105-7, 125-6, 279
多文化共生　23, 25, 68
多様性　23, 26
タラゴナ　58, 65
たんころりん　161, 167
治安　230, 232, 237
地域協働学校　38-42, 52
地域空間の包容力　277-81
地域公共人材・政策開発リサーチセンター（LORC）　277
地域コミュニティ　⇒コミュニティ
地域再生　136, 143
地域サービス理事会（Local Service Board）　150
地域資源　209, 213, 216-7, 219-21
地域自治活動　211

地域自治組織　172
地域担当職員制度　164, 168
地域づくり　37, 210, 215, 220-1
　　――計画　211
　　――型温暖化対策　216, 220
地域とともにある学校　36-8, 52
地域の核　51-2
地域発　183
地域予算提案事業　166-7, 170-1
地域力　165, 171
地縁型活動　197
知的農村塾　209, 214
チャールズ皇太子　14
中央教育審議会　36
中学校区　39, 51
中山間地域　104, 126, 160-1, 168
中心市街地　13, 22, 57, 84, 244
中馬のおひなさん　161, 167
直接民主制　206
津和野町　113
低速交通　183
テーマ型活動　197
デマンドバス　93
デュッセルドルフ　13
テラッサ　13
討議　188, 196
統合的アプローチ　24, 26
道路公害　179, 181-2, 198
道路提言　182-3, 185
道路連絡会　181
都市アジェンダに向けて　17, 25
都心回帰　88
都市型複合汚染　180-1
都市間競争　27, 126, 249
都市環境緑書　16
都市計画　22, 60, 127, 178, 264
都市郊外部　120, 126
都市再生　14, 24, 27, 68, 249
　　――運動　12-3, 25
都市縮小　25, 278
都市デザイン　⇨アーバンデザイン
都市と農山村の共生　169
都市のイメージ　254

都市ブランディング　249-51
都市へのアプローチ　262-4
都市問題　231-2
都市をつくる仕事　260
土地所有権　228
トップダウン　145
富山　22, 89-91, 94
土曜寺子屋　47
豊田市　166
トランジットモール　89
トリノ　26, 58, 71-5
トリプル・ボトム・ライン　23
トレーサビリティ　211
トレードオフ　24, 27, 92

［な行］

内戦　227, 230
西淀川公害患者と家族の会（患者会）　181
西淀川大気汚染裁判　181-2
西淀川地区道路環境沿道に関する連絡会（道路連絡会）　181-3
ニュー・アーバニズム　14-5
ニュータウン　25
ネットワーキング　143, 150, 219-20
農業活性化　210
農業再生　209
農業の総合産業化　210
農作物直売所　210
ノブレス・オブリージュ　256

［は行］

パークライフ　258
パートナーシップ　28-9, 73, 75, 134, 184, 206, 216
　　――組織　136, 138, 141, 150
派生需要　92
バックキャスティング　85
パブリックライフ　255
バリアフリー　64, 92, 178, 182, 191-3, 196
播磨科学公園都市　266
バルセロナ　13, 57-8, 60-1, 68, 71
　　――現代文化センター　13-4
　　――・モデル　68, 70-1

犯罪集団　227, 237
ピクニック　257
人づくり　214-5, 221
ひとり親　38, 48
避難訓練　195-7
開かれた学校　36
貧困層　226-7, 230, 233
ファハルド，セルヒオ　231-4
フィルム・アカデミー　141
フードマイレージ　186-7
フォーディズム　13, 58
福祉センター百年草　163, 165, 169
物流システム　93
不法土地占拠　224, 227
不法土地分譲　228
ブラウンフィールド　13
ぷらっと　105-7, 110-1, 123
　　──ガーデン　123-5
ブランディング　250
ブリストル協定　18-9
フルーツパーク構想・基本計画書　210
ブルントラント委員会　20, 24, 27
ブレア政権　134
プレイヤー　263
フレーミング効果　99
プロモーション　250
平成の大合併　156-8
ベルリン　26
北東地区　237, 239, 241, 244
歩行者空間　13, 16
保存という名の新たな開発　161
ボランタリー組織　138, 150
ボランティア　48-51, 141
ポルタ・パラッツォ　26, 72-8

[ま行]

マスタープラン　73, 84, 89, 231
まちづくり　24, 120-3, 265
　　──学習　266
　　──三法の改正　22
マドリード　13
町並み保存　161, 165, 168
マネジメント　125, 259

ミーニング　254
見守り　108, 114-5, 118-9
ムード　252
村並み保存　213
メインストリーム・サービス　138, 149
メガシティ　12
メデジン　224, 227, 229-33, 244-5
メトロカブレ　224, 237, 239
モバイル施設　105-7
文部科学省　40, 44

[や行]

山里あすけに暮らす豊かさを求めて－あすけ
　　振興計画　164-5, 170-1
八日市・護国地区　207-9
八日市護国地区町並み保存会　207
八日市・護国町並み保存センター　208
横浜　23

[ら・わ行]

ライプチヒ憲章　19
ラバル地区　26
ラ・ヴィレット公園（パリ）　14
利害関係者　135-6, 150
リテラシー　252
リトルプレス　270
リンチ，ケヴィン　254-5
歴史的町並み保存　207-9
労働市場　143
ロードサイド　85, 94
ロードプライシング　99, 183
ロケッタス　70
ロッテルダム会議　19
ロンダ・カノン・タフ市　139

わくわく事業　166-7, 170

[欧文]

balloon　104, 107, 127-9
CEDEZO　233-8, 241-5
CulturaE　234-5, 237, 243
EDU　233
FIAT　71-2

FTN 18
LRT 89
Medellín La Más Educada 231-2, 245
PeMeLL（パメル）の会 128
PD 231-2
POT 231, 246
PTA 38, 41

PUI 233-4, 240-2, 244
The Gate プロジェクト 74-8
UPP 14, 16, 73, 75
URBAN 14, 16-7
URBACT 18
urban design partners 127
2006年地方政府法 135

執筆者紹介（五十音順）

井上芳恵（いのうえよしえ）（第9章）
龍谷大学政策学部准教授．1976年生まれ．奈良女子大学大学院人間文化研究科修了．博士（学術）．専攻は，都市計画，まちづくり．

金森　亮（かなもりりょう）（第4章）
名古屋工業大学特任准教授．1975年生まれ．名古屋大学大学院環境学研究科都市環境学専攻博士課程修了．博士（工学）．専門は交通計画，交通行動分析．

清水万由子（しみずまゆこ）（第8章）
龍谷大学政策学部講師．1980年生まれ．京都大学大学院地球環境学舎博士課程修了．博士（地球環境学）．専攻は環境政策，環境社会学．

鈴木亮平（すずきりょうへい）（第5章）
東京大学大学院工学系研究科都市工学専攻博士課程．1986年生まれ．NPO法人 urban design partners balloon 代表．㈱MeHiCuLi 代表取締役．専攻は都市計画，都市デザイン．

多比良雅美（たいらまさみ）（第9章）
内子町役場環境政策室係長．1971年生まれ．1994年内子町役場入庁．町並保存対策課（現町並・地域振興課）を経て環境担当部署に異動，環境政策に従事する．

武田重昭（たけだしげあき）（第11章）
兵庫県立人と自然の博物館研究員．1975年生まれ．大阪府立大学大学院生命環境科学研究科博士後期課程修了．博士（緑地環境科学）．専攻は緑地計画．

谷内久美子（たにうちくみこ）（第8章）
公益財団法人公害地域再生センター特別研究員（大阪大学大学院特任研究員と兼任）．1976年生まれ．大阪大学大学院工学研究科地球総合工学専攻博士課程修了．博士（工学）．専門は交通計画，住民参加．

豊田陽介（とよたようすけ）（第9章）
NPO法人気候ネットワーク主任研究員．1977年生まれ．立命館大学大学院社会学研究科博士課程前期課程修了．修士（社会学）．専攻は温暖化，環境エネルギー政策．

平岡俊一（ひらおかしゅんいち）（第9章）
北海道教育大学教育学部釧路校講師．1978年生まれ．立命館大学大学院社会学研究科博士課程後期課程修了．博士（社会学）．専門は地域環境政策，市民参加・協働．

平阪美穂（ひらさかみほ）（第2章）
龍谷大学地域公共人材・政策開発リサーチセンター博士研究員．1983年生まれ．京都女子大学大学院発達教育学研究科博士後期課程修了．博士（教育学）．専攻は教育行政学．

藤江　徹（ふじえいたる）（第8章）
公益財団法人公害地域再生センター（あおぞら財団）事務局長．1972年生まれ．神戸大学大学院自然科学研究科前期博士課程修了．技術士（都市及び地方計画）．

三浦哲司（みうらさとし）（第7章）
同志社大学高等研究教育機構助手．1983年生まれ．同志社大学大学院総合政策科学研究科博士後期課程修了．博士（政策科学）．専攻は行政学，地方自治論．

山重　徹（やましげとおる）（第10章）
エリクソンジャパン株式会社勤務．1987年生まれ．東京大学大学院工学系研究科都市工学専攻修士課程修了．修士論文ではコロンビア，メデジン市の都市政策について研究．

編者紹介

阿部大輔(はじめに,第1章,第3章,第10章,おわりに)
龍谷大学政策学部准教授.1975年生まれ.東京大学大学院工学系研究科都市工学専攻博士課程修了.博士(工学).専攻は都市計画,都市デザイン.

的場信敬(はじめに,第1章,第6章,第9章,おわりに)
龍谷大学政策学部准教授.1973年生まれ.英国バーミンガム大学都市地域研究センター(CURS) Ph.D. 課程修了.Ph.D. in Urban and Regional Studies.専門は地域ガバナンス,サードセクター研究.

地域空間の包容力と社会的持続性

2013年3月29日　第1刷発行

定価(本体4000円+税)

編　者　阿　部　大　輔
　　　　的　場　信　敬

発行者　栗　原　哲　也

発行所　株式会社　日本経済評論社
〒101-0051 東京都千代田区神田神保町3-2
電話 03-3230-1661／FAX 03-3265-2993
E-mail: info8188@nikkeihyo.co.jp
振替 00130-3-157198

装丁＊渡辺美知子　　　　　藤原印刷／誠製本

落丁本・乱丁本はお取替いたします　　Printed in Japan
© D. Abe and N. Matoba et al. 2013
ISBN978-4-8188-2267-2

・本書の複製権・翻訳権・上映権・譲渡権・公衆送信権(送信可能化権を含む)は,㈳日本経済評論社が保有します.
・JCOPY 〈㈳出版者著作権管理機構　委託出版物〉
本書の無断複写は著作権法上での例外を除き禁じられています.複写される場合は,そのつど事前に,㈳出版者著作権管理機構(電話 03-3513-6969, FAX 03-3513-6979, e-mail: info@jcopy.or.jp)の許諾を得てください.